August Weckerling

Die römische Abteilung des Paulus-Museums der Stadt Worms

August Weckerling

Die römische Abteilung des Paulus-Museums der Stadt Worms

ISBN/EAN: 9783744623339

Hergestellt in Europa, USA, Kanada, Australien, Japan

Cover: Foto ©ninafisch / pixelio.de

Weitere Bücher finden Sie auf **www.hansebooks.com**

Die

Römische Abteilung

des

Paulus-Museums

der

Stadt Worms.

Von

Dr. August Weckerling.

Die

Römische Abteilung

des

Paulus-Museums

der

Stadt Worms.

Von

Dr. August Weckerling.

WORMS.
Druck von Eugen Kranzbühler.
1885.

Die römische Abteilung

des Paulus=Museums der Stadt Worms nebst einer Besprechung der früher in Worms und seiner Umgebung gefundenen, jetzt aber nicht mehr vorhandenen oder in anderen Sammlungen befindlichen römischen Altertümer.

Einleitung.

In der hier folgenden Abhandlung soll eine Übersicht gegeben werden über die im Paulus=Museum der Stadt Worms bis jetzt vereinigten römischen Altertümer; später soll sich dann dieser Be= sprechung eine solche der prähistorischen und der fränkischen Abteilung desselben Museums in einer besonderen Schrift anschließen, und so dem Mangel eines Katalogs dieser 3 Abteilungen des Museums ab= geholfen werden.

Der Zweck dieser Besprechung ist bestimmend für die Art und Weise derselben. Die Aufgabe derselben soll sein, die Bewohner von Worms, insbesondere die Schüler des Gymnasiums mit den im Paulus= Museum vereinigten römischen Originalen bekannt zu machen und dadurch zugleich denselben zu vergegenwärtigen, welche Bedeutung unsere Stadt schon in römischer Zeit gehabt hat, dann aber auch für solche Besucher des Museums, die sich nicht gerade eingehend mit den Zuständen des römischen Reichs beschäftigt haben, ein Führer durchs Museum zu sein. Daher wird es weniger darauf ankommen, hier

1*

nur neues noch nicht veröffentlichtes Material vorzubringen, als das an den verschiedensten Orten zerstreute zusammenzustellen und durch eingehendere Besprechung des einen oder anderen Gegenstandes für die Sache zu interessieren.

Der Boden der alten Stadt Worms muß einst außerordentlich viele römische Altertümer in seinem Schoße geborgen haben. Denn obwohl nun schon seit Jahrhunderten fortwährend solche an den Tag gekommen sind, ist derselbe doch immer noch nicht erschöpft. Von jeher hat man zwar gern in Worms auf diese Funde und das durch sie be= wiesene Alter der Stadt hingewiesen; gleichwohl hat es sich leider lange nicht fügen wollen, daß auch hier eine Sammelstätte für dieselben geschaffen worden wäre. Während in Speyer schon im Jahre 1827 auf Veranlassung des um pfälzische Geschichtsforschung hochverdienten Regierungspräsidenten der Pfalz, des Staatsrats Joseph von Stichaner ein Museum angelegt und von der Regierung dauernd gefördert wurde, blieben in Worms die gefundenen Altertümer bis Ende der siebenziger Jahre nur zum kleinsten Teile wenigstens in der Stadt, wenn auch im Privatbesitz, bei weitem die meisten wanderten nach außen in fremde Sammlungen von Museen und Privaten. Es hatte den Anschein, als ob ebenso, wie die französischen Raubscharen eines Ludwig XIV. 1689 das alte Worms des Mittelalters, das so oft die deutschen Kaiser und die deutschen Reichstage in seinen Mauern beherbergt, so gründlich zerstörten, daß, wie sie sich rühmten, fast kein Stein auf dem anderen blieb, nun auch noch die Zeugen für die älteste Geschichte unserer Stadt und ihrer Umgebung, die die Erde treu so viele Jahrhunderte in ihrem Schoße bewahrt hatte, in alle Winde zerstreut werden sollten. Vielfach war schon die Meinung verbreitet, daß es bereits zu spät sei, in unserer Stadt noch eine Sammlung römischer Altertümer an= zulegen, da man nicht hoffen könne, noch irgend Wesentliches hier zu vereinigen. Glücklicherweise hat diese kleinmütige Stimmung, die sich vieler bemächtigt hatte, nicht verhindert, daß eine Anzahl Männer sich entschlossen, das so lange Versäumte, ein Museum der Stadt Worms zu gründen, dennoch zur Ausführung zu bringen. Es war ein glückliches Zusammentreffen, daß, als am 14. Juli 1879 der Altertumsverein der Stadt Worms gegründet wurde, gleich in der ersten Ver= sammlung der damalige Bürgermeister der Stadt den Anwesenden die er= freuliche Mitteilung machen konnte, daß ein hochherziger Bürger unserer

Stadt, nämlich Herr Major Heyl, sich entschlossen habe, die ganz verwahrloste und zur Ruine gewordene Pauluskirche wieder herstellen und zu einem Museum einrichten zu lassen. Damit wurde geschaffen, woran es bis dahin immer gefehlt hatte, so daß alle gelegentlich gemachten Versuche, eine Sammlung anzulegen, wieder vereitelt wurden, ein schönes, durchaus zweckentsprechendes Lokal. Nur wer die Pauluskirche in ihrem früheren Zustande gekannt hat, weiß zu würdigen, was Herr Major Heyl für die Stadt hier geleistet hat. Das Wirken des Altertumsvereins aber ist durch diese großartige Stiftung des Herrn Heyl geradezu erst möglich geworden. Denn erst die schönen Räume der Pauluskirche, die nun von dem leider so früh verstorbenen Münchener Künstler Lorenz Gedon im Auftrage des Herrn Heyl zum Museum eingerichtet wurden, haben für die Bestrebungen des Vereins den bei weitem größten Teil der Bürgerschaft interessiert. Diese hochherzige That hat allgemein aufmunternd gewirkt, so daß bald der Wormser Verein an Mitgliederzahl die Vereine weit größerer Städte, ja Provinzialvereine erreichte und selbst übertraf und in Bezug auf die Zuwendungen, die ihm von verschiedenen Seiten zu teil wurden, von manchem anderen Vereine beneidet wurde. Es soll darum auch hier allen denjenigen, die durch größere oder kleinere Zuwendungen das Zustandekommen des Museums ermöglicht und die Entwickelung desselben gefördert haben, bester Dank ausgesprochen werden.

Das Paulus = Museum wurde am 9. October 1881 eingeweiht, worauf Se. Königliche Hoheit der Großherzog huldvollst das Protektorat über dasselbe übernahm. Das Museum ist also jetzt erst im 4. Jahre seines Bestehens. Weit zahlreicher, als irgend jemand hier gehofft hatte, haben sich in Stadt und Umgegend noch sowohl römische, als prähistorische und fränkische Altertümer und solche der mittleren Zeiten gefunden, die nun in dem Museum vereinigt wurden. Ja die Gründung des Museums hat alsbald zur Folge gehabt, daß, wie früher die Funde in unserer Stadt nach außen gingen, nun bereits nicht wenige auswärtige Funde Aufbewahrung im Paulus=Museum gefunden haben, so daß dasselbe schon jetzt nach dreiundeinhalbjährigem Bestehen gar manchem älteren Museum sich ebenbürtig an die Seite stellen kann.

Die zahlreichen römischen Denkmäler allerdings, die früher hier gefunden und zerschlagen wurden, oder in fremde Museen gekommen sind, sind unwiederbringlich für unsere Stadt verloren. Da aber jetzt durch die Vereinigung zahlreicher römischer Funde im Paulus-Museum dem allgemeinen Verlangen nach einer solchen Sammlung genügt ist, liegt die Gefahr nahe, daß die Nachrichten über die zahlreichen früher gemachten, für die Geschichte des römischen Worms wichtigen Funde mehr und mehr vergessen werden. Es soll deshalb im folgenden, nachdem die wenigen Nachrichten mitgeteilt sind, die uns römische Schriftsteller über Worms und seine Bewohner überliefert haben, mit der Besprechung der im Paulus-Museum vereinigten Altertümer eine Zusammenstellung alles dessen verbunden werden, was dem Verfasser über früher in Worms und seiner Umgebung, dem Kreis Worms, gemachte römische Funde, über frühere Bemühungen dieselben zu sammeln und das Schicksal derselben bekannt geworden ist.

Bei der Zusammenstellung dieser Nachrichten wie bei der ganzen Arbeit ist der Verfasser wesentlich unterstützt worden durch seinen Freund, Herrn Dr. Köhl, der überhaupt durch sein umfassendes archäologisches Wissen und seine unausgesetzten Bemühungen um das Paulus-Museum sich die größten Verdienste erworben hat. Für die hier folgende Arbeit hatte Herr Dr. Köhl insbesondere die Freundlich= keit, das Resultat seiner eingehenden Untersuchungen über die bei Worms zusammentreffenden römischen Straßen in einer besonderen Arbeit zusammenzustellen, die als dritter Teil in diese Arbeit ein= gereiht werden sollte. Leider mußte aber zuletzt doch hierauf verzichtet werden, damit diese Arbeit nicht allzusehr über den in Aussicht ge= nommenen Umfang hinausgehe. Herr Dr. Köhl wird seine Arbeit im Laufe des Sommers anderwärts veröffentlichen. Wer da weiß, wie wenig die vorhandenen Arbeiten über römische Straßen gerade für unsere Gegend bis jetzt geleistet haben, der wird gewiß mit dem Ver= fasser es bedauern, daß es nicht möglich war, die zuverlässigen Aus= einandersetzungen des Herrn Dr. Köhl über diesen Gegenstand mit dieser Arbeit zu vereinigen.

Noch eine andere Einschränkung mußte des knapp zugemessenen Raumes wegen vorgenommen werden. Die Sammlung römischer Münzen im Paulus-Museum sollte ursprünglich in einem besonderen Teile am Schluß dieser Arbeit besprochen werden. Hierauf konnte um so eher verzichtet werden, obwohl die Sammlung bereits mehrere Tausend Stück umfaßt, weil durch sie für unsere Stadt und ihre Umgebung nichts gerade besonders Charakteristisches geboten wird. Es soll deshalb später die römische

Abteilung der Münzsammlung zugleich mit anderen Abteilungen derselben besonders behandelt werden.

Wir werden deßhalb nun im ersten Abschnitt dieser Arbeit die Nachrichten der alten Schriftsteller über das römische Worms und seine Bewohner zusammenstellen und dann im allgemeinen die in Worms und die im Kreis Worms gemachten römischen Funde besprechen. Darauf wollen wir in dem zweiten Abschnitt die im verflossenen Sommer erfolgte Ausgrabung der römischen Thalstraße auf dem Tafelacker der Firma Dörr und Reinhart etwas genauer beschreiben. Im dritten Abschnitt werden wir sowohl die jetzt im Paulus=Museum vorhandenen als auch die nachweislich früher hier und in der Umgegend gefundenen, aber entweder wieder verschwundenen oder in fremde Museen gekommenen inschriftlichen Denkmäler aus der römischen Zeit zusammenstellen. Im vierten Abschnitt soll die im Paulus=Museum befindliche Sammlung griechisch = italischer Thongefäße und die etrurische Sammlung des Museums besprochen werden. Der fünfte Abschnitt endlich soll die übrigen römischen Altertümer des Paulus = Museums behandeln. Die dieser Besprechung beigegebenen Abbildungen verdankt der Verfasser seinem Kollegen, Herrn Gymnasiallehrer Soldan, der dieselben gezeichnet und autographiert hat, wodurch allein es möglich geworden ist, ohne die für die Herstellung dieses Programms vorhandenen Mittel allzu sehr zu überschreiten, die im folgenden besprochenen römischen Gegenstände zum Teil wenigstens durchs Bild zu veranschaulichen.

Um nicht die folgende Darstellung durch öftere Verweise auf die benutzten Bücher unterbrechen zu müssen, lassen wir hier ein Verzeichnis derselben folgen. Der Verfasser fühlt sich verpflichtet, an dieser Stelle Herrn Bibliothekar Dr. Velke in Mainz besten Dank dafür auszusprechen, daß er in der freundlichsten und entgegenkommendsten Weise diejenigen dieser Schriften, die in der Bibliothek des Paulus=Museums noch nicht vorhanden sind, aus der Mainzer Stadtbibliothek dem Verfasser zur Verfügung gestellt hat.

Verzeichnis der im folgenden benutzten Bücher:

Annalen des Vereins für Nassauische Alterthumskunde und Geschichtsforschung.

Archiv für hessische Geschichte und Alterthumskunde nebst den Quartalblättern.

Archäologische Zeitung. Herausgegeben von dem Archäologischen Institut des deutschen Reichs J. XXXIV (1876).

Becker, Dr. Jacob. Die römischen Inschriften und Steinsculpturen des Museums der Stadt Mainz. Mainz 1875.

Blümner: Das Kunstgewerbe im Altertum. 2 Teile 1885.

Brambach, G. Corpus inscriptionum rhenanarum —. Elberfeldae MDCCCLXVII.

Friedberg. Aus deutschen Bußbüchern. Halle 1868.

Fröhner, G. Inscriptiones terrae coctae vasorum intra Alpes Tissam Tamesin repertas. Gott. 1858.

Grotefend, Dr. C. L. Die Stempel der römischen Augenärzte. Hannover 1867.

Ders. Imperium romanum tributim descriptum. Die geographische Verteilung der römischen Tribus im ganzen Reiche. Hannover 1863.

Harster, Dr. W. Die Nationen des Römerreichs in den Heeren der Kaiser. Speier 1873.

Haug, Prof. Ferdinand. Die römischen Denksteine des Großh. Antiquariums in Mannheim. Konstanz 1877.

Heron de Villefosse et Thedenat: Cachets d'oculistes Romains. Tome I. Paris 1882.

Jahrbücher des Vereins von Alterthumsfreunden im Rheinlande. Bonn.

Klein, Karl. Die Hessische Ludwigsbahn oder Worms, Oppenheim und die anderen an der Bahn liegenden Orte. Mainz 1856.

Katalog des Museums bei der Universität Bonn. Bonn 1876.

Kurze Vorstellung deß heiligen Reichs-Freyen Stadt Worms Anfang, Fortgang und Untergang, nebenst einer umständlichen Erzehlung, derer daselbst durch die Franzosen verübte Grausamkeiten und Mordbrennerischen Abscheid. Beschrieben durch einen, der alles mit Fleiß selbsten beobachtet hat. Franckfurt am Mayn 1690.

Lange, Dr. Georg. Geschichte und Beschreibung der Stadt Worms. Worms 1837.

Lehne, Fr. Die römischen Alterthümer der Gauen des Donnersbergs. 2 Teile. Mainz 1837.

Lindenschmit, L. Die Alterthümer unserer heidnischen Vorzeit. 3 Bde. Mainz 1858—1883.

Lindenschmit, L. Tracht und Bewaffnung des römischen Heeres während der Kaiserzeit. Braunschweig 1882.

Lindenschmit, L. Handbuch der deutschen Alterthumskunde. 1. Teil. Braunschweig 1880.

Marquardt, Joa. Römische Staatsverwaltung und das Privatleben der Römer. Leipzig 1876—82.

Mehlis. Prähistorische Karte der Pfalz und der angrenz. Gebiete 1884.

Mommsen, Th. Ephemeris epigraphica (1884).

Sohannat, Joann. Frid. Historia Episcopatus Wormatiensis. Francofurti 1734.

Schuermans. Sigles figulins (époque romaine). Bruxelles 1867.

Walther, Dr. Ph. A. F. Die Alterthümer der heidnischen Vorzeit innerhalb des Großherzogthums Hessen nach Ursprung, Gattung und Oertlichkeit. Darmstadt 1869.

Westdeutsche Zeitschrift für Geschichte und Kunst. 3 Jahrgänge. Trier 1882—1884; nebst Korrespondenzblatt der Westdeutschen Zeitschrift.

Wilmanns, Gust. Exempla inscriptionum latinarum. 2 Bde. Berlin 1873.

Zorn, Friedrich. Wormser Chronik. Herausgegeben von W. Arnold. Stuttgart 1857.

Zeitschrift des Vereins zur Erforschung der rheinischen Geschichte und Alterthümer. 2. Bd. 1863.

I.

Das römische Worms nach den Angaben von Schriftstellern des Altertums und den römischen Funden in Worms und seiner Umgebung.

Schon lange vor der Ankunft der Römer war der Boden unsere Stadt bewohnt; einzelne hier gemachte Funde, auch das Paulus-Museum besitzt solche, gehen in die frühesten Zeiten menschlicher Ansiedelung zurück. Als die Römer in unsere Gegend kamen, wohnte hier der kürzlich erst eingewanderte germanische Stamm der Vangionen. Dieser hatte hier bereits eine Stadt der früheren Bewohner der Gegend, der Kelten, vorgefunden, wie der Name der Stadt beweist. Derselbe lautete Borbetomagus oder Borbitomagus; die älteste Angabe des Namens findet sich bei einem griechischen Schriftsteller, dem Geographen Claudius Ptolemäus, der etwa in der Mitte des zweiten Jahrhunderts lebte. Da derselbe II o 9 den Namen $Bo\rho\beta\eta\tau\acuteo\mu\alpha\gamma o\varsigma$ $\tau\tilde{\omega}\nu$ $O\dot{v}\alpha\gamma\gamma\iota\acuteo\nu\omega\nu$ schreibt, so setzt dieses eigentlich die Form Borbitomagus voraus, da damals wohl allgemein schon r, wie l gesprochen wurde. Das Itinerarium Antonini aber gibt die Form Borbetomagus, die Peutingersche Tafel wohl mit Verschreibung Borgetomagus. Auf die Entstehung dieses Namens wollen wir hier nicht weiter eingehen; der zweite Bestandteil desselben ist bekannt und kommt in einer Reihe von keltischen Ortsnamen vor (Durnomagus, Marcomagus, Nobiomagus, Rigomagus), wo er offenbar soviel wie Stadt oder Wohnstätte bedeutet, die Bedeutung des ersten Teiles Borbeto dagegen hat bis jetzt noch nicht mit einiger Sicherheit ermittelt werden können, obwohl gerade aus diesem der mittelalterliche Name unserer Stadt Wormez hervorgegangen ist. (Derselbe tritt zum ersten Male auf in der Notitia imperii betitelten Schrift aus dem Ende des vierten Jahrhunderts und zwar in der Form Warmatia.) Soviel ist nur sicher, daß das Wort Borbeto ebenso wie magus nicht der deutschen, sondern der keltischen Sprache angehört, also bereits vorhanden war, als der deutsche Stamm der Vangionen sich in unserer Gegend ansiedelte. Dieses geschah zu der Zeit des Ariovist und Cäsar, als die germanischen Stämme der Tribocer, Nemeter und Vangionen das ganze linke Rheinufer von oberhalb Straßburg bis unterhalb Bingen besetzten. Die Vangionen besetzten den nördlichsten Teil des bezeichneten Gebietes, etwa das ganze heutige Rheinhessen; hier wohnten sie, als die Römer von Cäsars Zeit an in unsere Gegend kamen. Die Stadt Borbetomagus war der Vorort des ganzen Stammes der Vangionen, der ebenso wie die beiden anderen vorhin genannten Stämme nach gallischer Art zu einer civitas, das heißt zu einem Gemeindeverband constituiert war. Die Vor- steher dieses Verbandes hatten eben in Borbetomagus ihren Sitz. Das Bestehen einer solchen civitas hat inschriftlich erst neuerdings Professor Zangemeister nachgewiesen im 76. Band der Jahrbücher des Vereins von Altertumsfreunden im Rheinlande. S. 226. In den epigraphischen Handschriften des Accursius aus dem 16. Jahr- hundert in der Bibliotheca Ambrosiana zu Mailand finden sich nämlich 2 Kopien einer römischen Steininschrift aus Worms, die nach der Ergänzung Zangemeisters lautete: Victoriae L. Romanius Respectus decurio civitatis Vangionum libens ex voto in suo posuit, d. h.: „Der Siegesgöttin hat L. Romanius Respectus, Decurio des Gemeindeverbandes der Vangionen (diesen Stein) bereitwilligst infolge eines Gelübdes auf seinem Grundstück geweiht."

Es wird also ausdrücklich in dieser Inschrift die civitas Vangionum und ein decurio derselben genannt, so daß diese Inschrift für unsere Stadt von besonderer Bedeutung ist. (Näheres über dieselbe siehe unten im III. Teil d, 13). Mehrere Jahrhunderte war nun unsere Stadt der Hauptsitz der Vangionen. Die benachbarte größere Stadt Mogontiacum, das heutige Mainz, war die Hauptstadt von Germania superior und Sitz der römischen Verwaltung, aber nicht die Haupt= stadt der Vangionen. Uebrigens gehörte Worms wie Obergermanien überhaupt zum Bezirk des römischen Statthalters von Gallia belgica. Der alte keltische Name unserer Stadt Borbetomagus erhielt sich unter der römischen Verwaltung zwar fort, doch trat, da für die Römer die Beziehung zu dem zur Gemeinde verbundenen Stamm die Haupt= sache war, bei diesen meist statt des alten Namens die Bezeichnung civitas Vangionum oder auch kurz Vangiones ein.

Wann die Vangionen in Abhängigkeit von den Römern geraten sind, ob sie schon alsbald, nachdem sie in unserer Gegend sich nieder= gelassen, von Cäsar, oder erst später unter Augustus unterworfen worden sind, ist nicht ganz sicher. Lucan führt in seinem Gedicht über den Kampf des Cäsar und Pompeius Pharsal. I 430 die Vangionen unter den Cohorten an, die Cäsar als Hilfsvölker aus Gallien zum Kampf gegen Pompeius nach Italien führte. Sie müßten sich also, wenn sie nicht durch Cäsar und seine Feldherrn unterworfen worden wären, freiwillig nach der Niederlage des Ariovist zum römischen Dienste gestellt haben. Die Stelle Lucans lautet:

Et qui te laxis imitantur, Sarmata, braccis / Vangiones.

„Und Vangionen, die dich, Sarmate, durch weite Hosen nachahmen." Die germanischen Vangionen unterschieden sich also damals durch ihre weiten Hosen von den Galliern, die eng anliegende trugen, weßhalb sie Lucan mit den Sarmaten in Südrußland vergleicht.

In der folgenden Zeit werden die Vangionen noch öfters von römischen Schriftstellern erwähnt. Als Tacitus seine Germania schrieb, also etwa 150 Jahre nach der Einwanderung der Vangionen in ihre linksrheinischen Wohnsitze, hatten sie nach dem Urteil dieses Schrift= stellers ihren germanischen Ursprung noch treu bewahrt (cf. Germ. c. 28 ipsam Rheni ripam haud dubie Germanorum populi colunt. Vangiones, Triboci, Nemetes). Die Vangionen dienten, wie es scheint, regelmäßig als Hilfsvölker in den römischen Heeren. Für

das Jahr 50 erwähnt Tacitus ann. XII. 27, daß der römische Feld=
herr P. Pomponius die Hilfsvölker der Vangionen und Nemeter mit
bundesgenöffifchen Reitern gegen die räuberifchen Chatten ausschickte
und denfelben eine Niederlage beibrachte. Die Vangionen dienten
alfo damals in Obergermanien. Außerdem aber ift infchriftlich ihre
Anwefenheit in Britannien bezeugt. Bei Walwick=Chefters, dem alten
Cilurnum, an dem römischen Grenzwall in Britannien hatte die
Cohors I Vangionum ihr Standquartier, wie mehrere Infchriften
ausweifen, über die Henzen im 13. Band der Bonner Jahrbücher
Seite 85 gehandelt hat. Sie findet fich zuerft in Britannien er=
wähnt in einem Diplome vom Jahre 106, ferner in einem folchen
von 123. Außerdem in folgenden an demfelben Orte gefundenen
Infchriften:

Coh. I Vang. / fecit curante / Jul. Paullo trib. /

„Die erfte Cohorte der Vangionen hat es gefertigt, unter der
Leitung des Tribunen Julius Paullus.“

D. M. S. Fabi(a)e Honor/at(a)e Fabius Hon;oratus tribun. /
coh. 1. Vangion. / et Aurelia Eglic/iane fecer/unt fili(a)e
d/ulcissim(a)e.

„Den Schattengöttern geweiht. Der Fabia Honorata ließen Fabius
Honoratus, Tribun der erften Cohorte der Vangionen, und Aurelia
Egliciane, der geliebteften Tochter, diefen Grabftein fetzen.“

Endlich noch in folgender:

Deo. invicto / Herculi sacr(um) / L. Aemil(ius)
Salvianus trib(unus) coh. 1. Vang. / V. S. L. M.

„Dem unbefiegbaren Gotte Hercules geweiht. Der Tribun der
erften Cohorte der Vangionen L. Aemilius Salvianus erfüllte fein
Gelübbe gern und nach Gebühr.“

Im Jahre 69 n. Chr. beteiligten fich nach Tacitus (Hist. IV,
70) die Vangionen an dem von den Batavern unter Claudius Civilis
ausgehenden Aufftande gegen die Römer, bevor Vefpafian allgemeine
Anerkennung gefunden hatte, unterwarfen fich jedoch alsbald wieder.
Als im Jahre 310 n. Chr. Conftantin zum Kampfe gegen Maxi=
minianus alle Truppen vom Rheine wegzog, benutzten nach Nazar. in
paneg. Const. Vangionen zugleich mit zahlreichen anderen deutfchen
Stämmen diefe Gelegenheit, fich gegen die Römer zu erheben, doch

wurden sie auch diesmal bald wieder unterworfen. Auch im Jahre 356 wagten sie wieder am Kampf gegen die Römer sich zu beteiligen, wurden aber nach Ammian. Marc. XVI cap. 4. von Julianus vollständig geschlagen. Dieser Niederlage folgte eine neue im Jahre 364 unter dem Kaiser Valentinianus. Als dann in den Stürmen der Völkerwanderung im Jahre 407 Vandalen und Alanen den Rhein überschritten und weithin alle Orte plünderten und verwüsteten, da vernichteten sie auch die Vangionen nach langer Belagerung (longa obsidione deleverunt. Salvianus).

Wir wollen aber hier auf die Geschicke der Stadt in den Zeiten der Völkerwanderung nicht weiter eingehen, im allgemeinen teilte dieselbe das Schicksal der rheinischen Bevölkerung überhaupt.

Daß während der Zeit der römischen Herrschaft dauernd in unserer Stadt eine Abteilung römischer Soldaten gelegen, wird zwar nicht von Schriftstellern, wohl aber hinlänglich durch die hier gefundenen Grabsteine römischer Soldaten bezeugt. Nach den Grabsteinen zu urteilen, scheint vorzugsweise eine Reiterabteilung hier in Garnison gelegen zu haben, die wahrscheinlich von Mogontiacum hierher beordert und von Zeit zu Zeit wieder durch eine andere abgelöst wurde. Dasselbe gilt wohl auch von den wenigen Legionen, die hier Spuren von sich zurückgelassen haben. Die 22. Legion, die so lange in Mainz gestanden und dort auf zahlreichen Denkmälern erwähnt wird, hat hier nur wenige Zeichen ihrer Anwesenheit hinterlassen. Schannat führt in seiner Historia episcopatus Wormatiensis S. 3 eine fragmentierte römische Inschrift an, die früher an der Mauer des bischöflichen Palastes eingemauert gewesen sei und gelautet habe:

LEGI. XX PP   Julius Primus, Soldat der 22. Legion
IVL. PRIMVS.   der erstgeworbenen, getreuen.

Wie der Beiname der Legion zeigt, muß es nicht XX, sondern XXII heißen. Ferner haben sich einige Ziegel mit dem Stempel dieser Legion hier gefunden; doch sind es auch dieser nur wenige. Im Paulus-Museum sind bis jetzt nur 4 Stück. In einer früher hier vorhandenen Sammlung soll allerdings eine größere Anzahl dieser Steine vorhanden gewesen sein. Ferner wird auf einer früher hier gefundenen Inschrift ein Reiter der 16. Legion erwähnt, die in der ersten Hälfte des 1. Jahrhunderts in Obergermanien stand, so daß diese Inschrift wohl die älteste der in Worms gefundenen Inschriften ist. (Näheres siehe im III. Teile c. Nr. 1.) Auch ein Tribun der VII. Legion kommt auf einem Grabstein vor, derselbe war aber, als er in Worms starb, zum Reiterpräfecten avanciert, so daß der Stein für die Anwesenheit der VII. Legion nichts beweist. Endlich ist auf einem vor 2 Jahren an der Schillerstraße gefundenen Grabsteine ein custos armorum (siehe II. Teil b. Nr. 6) der II. Legion, der Parthischen, genannt.

Weit zahlreicher sind dagegen die Abteilungen von Hilfsvölkern, deren Anwesenheit am hiesigen Orte durch Inschriften bezeugt wird, nämlich: die (erste) Cohorte der Rätier (in Tyrol und der Schweiz), die siebente Cohorte der Breuci (in Pannonien), die erste der Thracier, ferner die alae Hispanorum, Scubulorum, Sebosiana, Agrippiana und Indiana.

Die Zeit, wann die betreffenden Steine gesetzt worden sind, ist auf keinem angegeben, es ist deshalb auch nicht zu bestimmen, wann und in welcher Reihenfolge die betreffenden Abteilungen hier gelegen haben. Da es aber nach der Zahl der Steine und der auf ihnen genannten Heeresabteilungen doch jedenfalls wahrscheinlich ist, daß dauernd eine römische Garnison, wenn auch keine große, hier gelegen hat, so wird man wohl auch ein römisches castellum für unsere Stadt anzunehmen haben, obgleich dasselbe bis jetzt noch nicht sicher nachgewiesen ist. Man müßte dasselbe jedenfalls an der höchsten Stelle des Bodens der Stadt suchen, also am Luginsland und Neusatz. Gerade dort nun soll im Anfang der 50er Jahre römisches Mauerwerk aufgedeckt worden sein, auch soll der unten näher zu beschreibende Altar des Mercurius und der Rosmerta an dieser Stelle gefunden worden sein; ebenso wurde dem Verfasser versichert, daß bei dem Bau der früheren Lederfabrik Wormatia in der Nähe dieser Stelle zahlreiche römische Funde gemacht worden seien. Es wird daher Aufgabe des Altertumsvereins sein, in den nächsten Jahren auf diesem Gebiete umfassende Nachforschungen anzustellen, um womöglich das Vorhandensein eines Castells an dieser Stelle bestimmt zu constatieren. Vom älteren Drusus haben wir die Nachricht, daß er zahlreiche Castelle am Rhein entlang angelegt habe; es ist nicht unwahrscheinlich, daß auch Borbetomagus einer der Orte war, die damals durch eine militärische Anlage gesichert wurden. War doch der Ort in der That für die Römer jedenfalls von nicht geringer Bedeutung. Denn nicht bloß ist Worms,

von Oppenheim abgesehen, von Mainz an weit rheinaufwärts der
einzige Ort, wo ein Höhenzug bis dicht an den Rhein heranreicht,
sondern es liegt auch an dem Ausgang mehrerer weit ins Innere der
Pfalz führenden Thäler und bildete deshalb auch zur Zeit der Römer
den Knotenpunkt eines verzweigten Straßennetzes.

Von den bürgerlichen Zuständen der Stadt erfahren wir aus den
Schriftstellern und den gefundenen Inschriften noch weniger als über
die militärischen Verhältnisse derselben. Die Stadt war ein municipium,
wie sie von Ammianus Marcell. XV 11 ausdrücklich genannt wird, sie
hatte also römisches Bürgerrecht. Wie wir oben schon gesehen, war
sie mit den umliegenden Orten zu einer civitas constituiert, wie sie
Ammianus XVI 2 und in der von Professor Zangemeister entdeckten
Inschrift genannt wird. Daß wie in anderen Municipien auch hier die drei
Stände Decuriones, Augustales und plebs vorhanden waren, ist für die
beiden ersten inschriftlich bezeugt. Auf der schon mehrfach erwähnten Inschrift
wird ein decurio d. h. ein Mitglied des Senates genannt, auf einem im
vorigen Jahrhundert leider auch zu Grunde gegangenen mit einer
Inschrift versehenen Steinsarg wurde ein VI vir Augustalis corporis
iuniorum genannt; das heißt, der in diesem Sarg Beerdigte gehörte
zu den Augustales, einer Bürgerklasse, die wie die römischen Ritter
die Mitte einnahm zwischen den Decuriones (Senatoren) und der
Plebs, dem niederen Volke. Dieser Stand bildete sich aus dem für
jedes Jahr neu gewählten Kollegium von sechs Männern, die die
Ausübung des Kaiserkultus und die Feier der kaiserlichen Feste zur
besonderen Aufgabe hatten. Dieser Stand zerfiel nach unserer Inschrift
in ein corpus seniorum und in ein corpus iuniorum, d. h. eine
Abteilung der älteren und eine solche der jüngeren Bürger.

Wann das Christentum bei der hier wohnenden Bevölkerung
eingeführt worden ist, darüber fehlt jede bestimmte Nachricht. Interessant
ist jedoch, daß hier in der Nähe der Liebfrauenkirche auf dem ältesten
fränkischen Friedhofe sich frühchristliche Grabsteine in lateinischer Sprache
gefunden haben, die zu den ältesten Steinen dieser Art gehören. Wir
werden die Inschriften unten am Schlusse des III. Abschnittes mitteilen.

In der heidnischen Zeit scheinen Jupiter und Juno sich hier
besonderer Verehrung erfreut zu haben, denn es haben sich hier 4
dem höchsten Gott geweihte Altäre gefunden, während 5 ihm und der
Juno zugleich geweiht sind. Außerdem hat sich ein Altar des Mer=

curius und der keltischen Gottheit Rosmerta gefunden. Ferner waren Herkules, Vulkan und Merkur auf einer Ara bildlich dargestellt, auf einer anderen Juno, Herkules und Merkur. Auf einer im Hof des Herrn Franz Valckenberg in einem römischen Brunnen 1880 gefundenen mit Relief geschmückten Sandsteinplatte stehen Minerva, Merkur und Vulkan nebeneinander. (S. Tfl. V. 1.) Vor zwei Jahren endlich wurde in dem benachbarten Wiesoppenheim ein Denkstein der Parcae entdeckt und ins Paulus=Museum verbracht. Aus verschiedenen Um= ständen läßt sich, wie wir sehen werden, schließen, daß die als Parcae bezeichneten Gottheiten in Worms und Umgegend ganz besondere Ver= ehrung genossen haben. — Auch die Inschriften der hier gefundenen Altäre enthalten keine Zeitangaben. Mit Ausnahme eines Steines, den ein Präfekt der Reiterei weihte, sind alle anderen von Privat= leuten gestiftet, deren Stand nicht weiter angegeben zu werden pflegt. Die Namen derselben aber sind echt römische Namen, die nicht wie die auf den oben erwähnten frühchristlichen Grabsteinen dem Deutschen sich nähern.

Wenn aber auch somit die Inschriften uns nur wenig über die bürgerlichen Verhältnisse unserer Stadt in römischer Zeit mitteilen, so können wir doch die Bedeutung der Stadt und die Wohlhabenheit der Bewohner derselben sowohl aus den zahlreichen wertvollen römischen Funden erkennen, als auch aus dem großen Umfang, den die bürger= liche Niederlassung nach den an die Stadt sich anschließenden Begräb= nißstätten gehabt zu haben scheint.

Es befinden sich nämlich zwei große römische Begräbnißstätten im Norden und im Süden der heutigen Stadt. Einen kleinen Teil des südlichen Gräberfeldes hat der Altertumsverein im Sommer 1882 untersucht, nämlich den südlich von Maria=Münster hinziehenden Schildweg und ein Stück Land südlich dieses Wegs. Dieses Gräber= feld hat sich aber sowohl südlich des Weges noch weithin ausgedehnt, als auch nördlich desselben das ganze Gebiet der heutigen Fabrik= anlagen in Mariamünster bedeckt. Seitdem Mariamünster im Besitz der Heyl'schen Familie ist, sind daselbst zahlreiche römische Altertümer gefunden worden, und ist eben dadurch auch der Verein zu seiner Ausgrabung im Jahre 1882 veranlaßt worden. Schon der erste Inhaber der Firma Heyl, der Großvater der jetzigen Herren, hat gelegentlich bei Bauten zahlreiche römische Aschenurnen

gefunden, die jetzt zum großen Teil im Museum aufbewahrt werden.
Der Herr Geh. Kommerzienrat Heyl teilte dem Verfasser mit, daß er
sich deutlich aus seiner Jugend erinnere, daß man einst auf einen
kellerartigen Raum gestoßen sei, in dem eine ganze Anzahl römischer
Aschenurnen sich befunden hätte. Die Richtigkeit dieser Mitteilung
vorausgesetzt, würden wir es hier offenbar mit einem römischen
Kolumbarium zu thun haben, d. h. einer gemeinsamen Grabkammer,
in der in Nischen die Urnen der hier Bestatteten aufgestellt sind.
Leider erinnert sich Herr Heyl nicht mehr genau der Stelle, wo der
Fund gemacht wurde, und der Arbeiter, die die betreffenden Erdarbeiten ausgeführt haben; daher war es bis jetzt noch nicht möglich,
eine anderweite Bestätigung dieser Mitteilung zu erhalten. Herr
Kommerzienrat Heyl hat in späteren Jahren auch besondere Ausgrabungen vornehmen lassen und zwar in dem zunächst nördlich von
dem genannten Schildweg gelegenen Gebiet. Hierbei wurden die zahlreichen Urnen, die noch heute in einer Nische des Heyl'schen Gartens
aufgestellt sind, ebenso Kinderspielzeug, ein Vögelchen aus Thon, verschiedene Gläser und römische Münzen gefunden. Da bei dieser Ausgrabung, geraume Zeit vor der Gründung des Paulus=Museums,
nur die ganz geblieben Fundstücke aufbewahrt wurden, die meisten
Sachen aber wohl ebenso wie südlich des Weges trotz der größten
Vorsicht zerbrochen aus der Erde kamen, so kann man aus der Menge
des doch noch Vorhandenen auf die große Zahl der einst hier im
Boden begrabenen römischen Objekte schließen. Bei fast allen Neubauten ferner in Mariamünster sind regelmäßig, so z. B. noch im
vorigen und vorvorigen Jahre römische Gräber aufgedeckt worden.
Selbstverständlich sind aber in den früheren Jahrhunderten bei Errichtung der früher hier dicht an dem Turm Aul stehenden Meinhardskirche,
der Klostergebäude von Mariamünster, der Festungsmauer und dem
Festungsgraben und anderen Gelegenheiten ebenfalls, möglicher Weise
noch zahlreichere römische Funde hier gemacht worden. Doch ist darüber
nur wenig Bestimmtes überliefert. In einer handschriftlichen Aufzeichnung
aus dem vorigen Jahrhundert findet sich folgende Notiz in lateinischer
Sprache, die ich in deutscher Sprache etwas verkürzt hier wiedergebe: „Bei
der St. Meinhardskirche ist ein Grabhügel, der für den eines Riesen gilt;
in der Nähe ist der Heidenkirchhof. Bei diesem wurden, wie auch sonst
hier Gräber, Urnen, Lampen, Münzen, Schalen gelegentlich gefunden

2

worden find, am 23. August d. J. 1728 von Arbeitern beim Roden Glasgefäße neben einem menschlichen Leichnam in einem Steinsarg gefunden. Außen lag ein Krug und eine irdene Schale. Die Leiche war noch wohl erhalten und hatte noch sämtliche Zähne. Die um die Leiche stehenden Glasgefäße waren Schalen ähnlich und fast mit Wasser gefüllt. Der Sarg selbst war 6 Schuh lang, 2 breit und ebenso hoch, aber leider ohne Inschrift." Südlich des Schildweges aber wurden westlich von dem vom Altertumsverein untersuchten Gebiet beim Sandabfahren durch Herrn Schüttler und Herrn Märthesheimer ebenfalls zahlreiche römische Gräber entdeckt. Die gefundenen Gegenstände wurden von denselben verschenkt und dann nach außen verkauft; sie sind jetzt nicht mehr im einzelnen nachzuweisen. Herr Märthesheimer hat noch in den letzten Jahren hier Sand gegraben und das dabei Gefundene bereitwilligst dem Museum überlassen. Außer römischen Thongefäßen waren es mehrere Gläser und eine Anzahl römischer Armringe; ein römisches Grab fand er 1882, das, die Richtigkeit der Angabe vorausgesetzt, eine sonst von uns nicht gefundene Anlage gewesen ist. Während wir nämlich zahlreiche Aschenbestattungen mit großen römischen Ziegeln umstellt in Mariamünster gefunden haben, wie die im Museum aufgestellten Gräber zeigen, war in diesem Grab eine nicht verbrannte Leiche in ein Haus von Ziegeln, das also die Größe eines Holzsarges gehabt, gebettet. Ich habe leider erst von dem Fund erfahren, als das Grab bereits ausgegraben war. Die Ziegeln lagen noch da, und die Arbeiter haben mir den Fund auf's genaueste beschrieben. Die Beigaben waren die gewöhnlichen. Herr Schüttler behauptet, namentlich viele Gläser in den verschiedensten Formen gefunden zu haben, mehrmals habe er einen ganzen Korb voll zusammen gehabt, die er dann einer hiesigen Frau geschenkt, die einen förmlichen Handel mit hier gefundenen Altertümern betrieb. Einmal hat Herr Schüttler auch einen Bleisarg gefunden, den er zum Einschmelzen verkaufte. Es ist dies der einzige auf den hiesigen Grabfeldern gefundene Metallsarg, von dem mir Kunde geworden ist.

Im allgemeinen kann in betreff der römischen Gräber in Mariamünster gesagt werden, daß namentlich auf dem von der Hehl'schen Fabrik bedeckten Gebiet die Aschenbestattung vorgeherrscht hat, daß dagegen auf dem von dem Verein untersuchten Gebiete zwar

auch noch viele Aschenbestattungen gefunden wurden, die Bestattungen
in Stein= und Holzsärgen aber doch viel häufiger waren. Überall
aber fanden sich hier die Beweise, daß gerade dieses Gebiet wiederholt
zum Begräbnisplatz benutzt worden ist. Die meisten der von dem
Altertumsverein geöffneten Gräber gehörten der späteren römischen
Kaiserzeit an; überall aber, auch wo nicht gerade die Reste mehrerer
Körper übereinander lagen, fanden sich Reste von Bestattungen der
früheren römischen Kaiserzeit. Es scheint hiernach, daß wir in
Mariamünster das älteste römische Gräberfeld vor uns haben, das in
der letzten römischen Zeit nur teilweise noch benutzt und dann ganz
verlassen worden ist. Dafür spricht auch der Umstand, daß in Maria=
münster nicht wie im Norden und Westen der Stadt an die römischen
Bestattungen sich solche aus fränkischer Zeit angeschlossen haben. Nur
ein fränkisches Frauengrab und zwar, wie es scheint, aus ziemlich
später Zeit, wurde im Jahr 1882 von Herrn Märthesheimer in
einiger Entfernung von den römischen Gräbern gefunden. Es ist
dies das einzige, von dem wir wissen, während auf der anderen Seite
der Stadt römische und fränkische Gräber ganz gemischt durcheinander
liegen.

Ein noch weit ausgedehnteres Gräberfeld als auf der Südseite
der Stadt war auf der Nordseite derselben. Dasselbe reichte bis in
die heutige Stadt hinein, wie wir hernach sehen werden, wohl bis zum
Dominikanerplatz, berührte mit der Südwestecke die heutige Siegfried=
straße bis zur Wielandstraße, die Grenze ging dann, wie es scheint,
quer hinüber bis in die Nähe des Gymnasiums. Von dieser Grenz=
linie ab dehnte sich die Begräbnisstätte weit hinaus bis zur Liebfrauen=
kirche hin aus. Die Ausdehnung nach der Stadtseite hin bestimmen
neuerdings im Jahre 1883 gemachte Funde. Beim Ausgraben der
Keller der von Herrn Bauunternehmer Paul Schmidt an die Stelle
des alten Dominikanerklosters gebauten Häuser erwies sich der Boden
als aufgefülltes und ganz mit Trümmern römischer Gefäße durchsetztes
Terrain. Beim Graben eines Brunnens aber stieß man in der Tiefe
von 28 Fuß auf römische Gräber; aus der kleinen Brunnenfläche
konnte eine ganze Anzahl römischer Sigillatagefäße erhoben werden.
Ob noch mehr in dieser Tiefe begraben liegt, hat bis jetzt noch nicht
konstatiert werden können; was höher gelegen hat, ist jedenfalls bei
der von jeher dichten Bebauung des zwischen dem angegebenen Punkt

2*

und dem heutigen Mainzer Thor gelegenen Bodens längst aufgefunden worden, wenn auch nichts Sicheres mehr darüber ermittelt werden kann. Mit Bestimmtheit ist dem Verfasser nur von verschiedenen Grabfunden in der Judengasse Mitteilung gemacht worden, und sind auch verschiedene hier gefundene kleine römische Gefäße ins Paulusmuseum abgeliefert worden. Während die Nachrichten über Funde innerhalb der Stadtmauer nur sehr spärlich sind, können über römische Funde auf dem vorhin bezeichneten großen Gebiete außerhalb der Stadtmauer um so zahlreichere Angaben gemacht werden. Bis zur Zerstörung der Stadt 1689 waren eine ganze Anzahl römischer Grabsteine an den beiden Seiten des heute Mainzer Thor, früher Martinspforte genannten Ausgangs der Stadt und in dem hier vorüberziehenden Festungsgraben aufgestellt. Dieselben wurden 1666 bei den Arbeiten an der Mauer und dem früher breiten und tiefen, jetzt ganz ausgefüllten Graben in der Nähe gefunden. In einer handschriftlichen Aufzeichnung aus dem Anfang des vorigen Jahrhunderts im städtischen Archiv heißt es: „Als im Jahre Christi 1666 bei dem Martinsthor der Graben vor dem Wall zurecht gemacht wurde (gelegentlich der Anlage starker Ravelins) sind ziemlich viel Denkmäler und Grabstätten, irdene Gefäße, so teils leer, teils mit versengten Knochen und Asche angefüllt gewesen, ausgegraben worden samt einer sehr großen Menge menschlicher Knochen der Verstorbenen, welche zum Teil zerstreut und durcheinander gelegen. Unter welchen an dem 11. Juli eine Totenlade oder Sarg von Stein mit einem gewölbten Deckel von feiner Arbeit und mit folgender Inschrift gefunden wurde." (Es folgt die Inschrift des im Museum aufbewahrten Sarges).

Der Sarg wurde auf Anordnung des Magistrats in den Bürgerhof gebracht. An anderer Stelle derselben Aufzeichnung heißt es: „Es werden auch innerhalb des Martinsthor aufbewahrt aus vielem anderen, was unter die Fundamente des Walles selbst gelegt worden ist, mit und ohne Inschriften, 3 Reiterstatuen und ein vierter Grabstein eines Soldaten, sowie auch ein Kopf von alter Arbeit zur Hälfte mit langem Haupthaar, dem ein langer Bart und königliche Kleidung der folgenden Jahrhunderte hinzugefügt worden ist, über der Brustwehr des Thores selbst."

In einer gleich nach der Zerstörung der Stadt durch die Franzosen im Jahre 1690 erschienenen Schrift heißt es, nachdem bemerkt, daß hier eine ganze Anzahl römischer Grabsteine und Denkmäler unter der Erde gefunden worden, S. 3: „in diesen Särgen oder Trögen hat man gefunden von rother Erden gemacht und mit Asche gefüllte Krüglein wie auch Schüsseln und Ampeln, welche man brennend (!) vermerket, aber bei Eröffnung sobald erloschen sind." Was derartiges in der Stadt zur Zeit ihrer Zerstörung vorhanden war, ging alles zu Grunde. Nach der Zerstörung haben sich im vorigen Jahrhundert beim Bauen der Häuser entlang der Mainzer Straße, die das Gräberfeld quer durchschneidet, jedenfalls viele Funde ergeben, ohne daß dieselben weiter beachtet worden wären. Auch bei den wenigen städtischen Arbeiten, die im vorigen Jahrhundert vorgenommen wurden, kamen gelegentlich römische Grabfunde vor, wie ein im städtischen Archiv befindlicher Briefwechsel des Straßburger Professors Schöpflin mit dem Rat der Stadt Worms aus dem Jahre 1737 beweist. Schöpflin schrieb am 18. November 1737, er habe wiederholt von Studiosis vernommen, daß einige Stücke aus dem römischen Altertum, so man im Wormbsischen Territorio gefunden, sich annoch im dasigen Rathaus befänden. Da er nun auf Königl. Befehl an einer elsässischen Historie arbeite, und auch zugleich die Antiquitäten der benachbarten Völker derselben einzurücken gedenke, ja auch seit 10 Jahren mit vielen Unkosten ein Kabinet von dergleichen alten Überbleibseln als Inscriptionen, Urnen, allerhand Instrumenten aufgerichtet, ihm aber eines Hochlöbl. Magistrats von Worms Generosität und Neigung, Kunst und Wissenschaft zu unterstützen, öfters gerühmt worden, so nehme er sich die Freiheit, um die Kommunikation gemeldeter alten Stücke gehorsamst zu ersuchen. Nachdem Schöpflin noch eine Empfehlung des in Worms bekannten Generals de Balincourt, der damals Kommandant im Elsaß war, hatte einfließen lassen, verspricht er am Schluß seines Schreibens, sich der Wormser studierenden Jugend mit besonderem Eifer annehmen zu wollen.

In der Antwort des Magistrats auf dieses Schreiben Schöpflins heißt es nach einer Einleitung: „allmaßen es nun nicht ohne ist, daß in allhiesiger Stadt verschiedene Stücke von römischen Antiquitäten, als Inscriptiones, steinerne Särcke, Vasa, Urnen und anderes seithero gefunden worden, und noch dato sich entdecken, also wird uns eine Freude sein, wenn mit dem Wenigen, was wir davon besitzen, unserm

insonders hochgelehrtesten Herrn von uns ein gefälliger Beitrag ge=
schehen kann". Der Magistrat verspricht darauf das Vorhandene teils in
Abschrift, teils in Natura mit der ersten Gelegenheit zu übersenden. In
einem weiteren Schreiben teilt dann der Magistrat mit, daß er die Sachen
an Schöpflin habe abgehen lassen und von Herzen wünsche: „daß
Euer Hochedelgeboren an solchen Piecen einiges Wohlgefallen tragen,
auch der curiosité wegen selbigen in Dero berühmtem Kabinet einen
Platz zu gönnen werthschätzen mögen."

Auf einem dabei liegenden Blatt sind die übersandten Gefäße
verzeichnet:

„1) Ein großes römisches Vas oder Gefäß, in Form eines
Kruges, mit einer Handhabe, mag halten gut ein halb Maß,
von Glas.

2) Ein kleineres bito von der gleichen Form und Materie.

3) Ein noch kleineres bito von solcher Form.

4) Ein gläsern Gefäß unten rund und weit, oben mit engem Hals.

5) Ein bito gläsern Urna lachrymarum.

6) Ein Urceolus von rother Erde, unten weit, oben eng mit
2 Handhaben.

7) Ein klein bito Schüsselchen."

Der Briefwechsel schließt ab mit einem Dankschreiben Schöpflins.

Von den Geistlichen des Bistums haben sich manche schon sehr
früh für römische Antiquitäten interessiert und dieselben aufgesucht.
Schon im 15. Jahrhundert waren verschiedene römische Inschriftsteine,
insbesondere verschiedene Altäre am bischöflichen Palast eingemauert,
wie unten noch weiter angegeben werden wird. Von einem dieser
Steine wird ausdrücklich bezeugt, daß ihn der berühmte Bischof Johann
von Dalberg, einer der Hauptförderer des Wiederaufblühens der
Wissenschaften in Deutschland, der gefeierte Freund zahlreicher
Humanisten im Jahre 1484 am bischöflichen Palast einmauern und
dazu in Stein die Inschrift hauen ließ: etati priscae Joh. Dalberg
Episc. rep(onendum) cur(avit) anno Christi 1484. (Apiani
Inscript. antiq. p. 484.) Ebenso heißt es von der oben erwähnten
von Professor Zangemeister wieder ans Licht gezogenen Inschrift, sie
sei eingemauert gewesen am Haus des Decans Reinardus a Reipurg,
desselben, von dem Beatus Rhenanus in seiner berühmten 1535 bei
Froben in Basel erschienenen Liviusausgabe mitteilt, daß er ihm

eine schön geschriebene Wormser Handschrift der ersten Bücher des Livius zur Verfügung gestellt habe, eine Nachricht, die auch auf großes Interesse dieses Geistlichen für das römische Altertum schließen läßt.

Alles damals Gefundene ist wieder verloren gegangen. Aber auch im frühesten Mittelalter schon wurden von den Franken, die nach den Römern unsere Stadt bewohnten, römische Gräber offenbar in großer Zahl wieder aufgedeckt. An der Schillerstraße fand man 1881 eine vollständige fränkische Bestattung in einem römischen Steinsarg, fränkische Plattengräber mit Resten römischer Inschriften auf der Schmalseite, ferner als Deckplatte eines Plattengrabes im Jahr 1883 den Grabstein eines Soldaten (custos armorum) der zweiten parthischen Legion.

Wie häufig dieses Verfahren auch später noch befolgt wurde, zeigt ein interessanter Fund, der im Jahre 1834 auf dem freien Platz auf der Südseite des Domes gemacht wurde. Hier fand man nämlich bei den Planierungsarbeiten 20 Steinsärge, darunter einen mit folgender Inschrift:

OCTAVIAE AMANDE CONIVG
CARISSIMAE LASSONIVS FIRMINVS.
F. C.

„Der Octavia Amanda, seiner teuersten Gattin, ließ Lassonius Firminus (diesen Sarg) machen."

Der dazu gehörige schwere, auf der oberen Seite gewölbte Deckel hatte 3 eiserne Ringe, wahrscheinlich zum leichteren Abheben; auf der unteren flachen Seite desselben stand in lateinischer Uncialschrift der Name EBBO WOLFGANG.

In der einen Seitenwand eines anderen dieser Särge stand WOFFLIN, auf der unteren Seite des dazugehörigen Deckels: FRIDEKIN.

Lange beschreibt in seiner Geschichte der Stadt Worms die Särge folgendermaßen: „Sie waren meist sehr massiv und roh geformt, mehr oder minder geräumig und mit schweren steinernen Deckeln versehen, welche entweder auf beiden Seiten flach, oder auf der oberen gewölbt und zum Teil mit einfachen Bandstreifen durchkreuzt waren." Diese Verzierung war offenbar dieselbe, wie die, welche ein aus Neuhausen stammender spätrömischer Sargdeckel des Paulus-Museums zeigt. Die Inschrift macht es zweifellos, daß ein Teil dieser Särge wenigstens römische Särge waren. Sämtliche Särge waren im Mittelalter mehrmals wieder benutzt worden, denn sie enthielten alle mehrere Gerippe. Es kann dies nicht auffallend erscheinen, wenn man bedenkt, daß in der Nähe von Worms kein Sandstein vorhanden ist, weite schwere Transporte aber bei der vollständigen Verwahrlosung der Straßen, die bald nach dem Abzug der Römer einriß, höchst beschwerlich und kostspielig sein mußten. Da war es natürlich, daß die Bewohner immer wieder bereitwilligst die einmal vorhandenen Steine benutzten, ja dieselben geradezu aufsuchten. Da sich in den besprochenen Särgen keine den Gräbern der fränkischen Zeit eigene Beigaben fanden, so muß die Benutzung offenbar erst in einer Zeit stattgefunden haben, als bereits das Christentum die heidnische Sitte, Beigaben mit ins Grab zu geben, vollständig unterdrückt hatte. Darauf weist ja auch schon der Ort der Bestattung an der Seite des christlichen Domes hin, an dessen Stelle jedenfalls auch die älteste christliche Kirche gestanden hat. Umgekehrt nötigt wieder der Umstand, daß in sämtlichen Särgen mehrere Leichen lagen, die letzte Benutzung nicht allzu spät anzusetzen, da schon durch die ältesten fränkischen Concilien (z. B. das von 578 und das von 585) verboten wurde, mehrere Leichen in einem Grabe übereinander zu legen. Dieses Verbot erneuerte Karl der Große durch ein eigenes Kapitular und der heilige Bonifacius in seinen Statuten. Man wird also die letzte Benutzung der Särge wohl nicht über die Zeit Karls des Großen hinaus ansetzen dürfen. Leider sind die beiden interessanten Särge mit den Inschriften, von denen der mit der römischen Inschrift wenigstens eine Zeitlang in der Nikolauskapelle aufbewahrt wurde, später spurlos verschwunden. Trotz verschiedener Erkundigungen ist es dem Verfasser nicht gelungen, Näheres darüber zu erfahren.

Kehren wir nun wieder zurück zur Zusammenstellung von Nachrichten über römische Funde vor dem Mainzer Thor. Da haben wir vor allen Dingen von der Sammlung eines Mannes zu berichten, der in den 40er und 50er Jahren mit großem Eifer die verschiedensten Antiquitäten sammelte. Es war dies der frühere Bäckermeister Bandel, der damalige Besitzer der sogenannten Eulenburg und des großen an dieselbe anstoßenden Gartens vor dem Mainzer Thor mitten in dem Gebiet, das wir oben als römische Begräbnisstätte bezeichnet haben. Bandel sammelte, was er von römischen Steinen und anderen Sachen bekommen konnte, fand aber vor allen Dingen selbst eine größere Anzahl Inschriftsteine, Särge und andere Antiquitäten in dem genannten Garten beim Roben für den darin befindlichen Wingert. So kam Bandel in den Besitz einer sehr stattlichen Sammlung römischer, in Worms und der nächsten Umgebung gefundener Altertümer, die für ein hiesiges Museum ein schöner Grundstock gewesen wären. Bandel besaß unter anderm 3 römische Altäre mit Inschriften und einen in Neuhausen gefundenen mit Inschrift versehenen römischen Steinsarg eines Rechenlehrers (siehe Teil III, a. Nr. 6); ferner die schon erwähnten christlichen Grabsteine der frühesten fränkischen Zeit und den Stempel eines Augenarztes mit vierfacher Inschrift. Außer diesen Inschriftsteinen besaß er mehrere Altäre und Fragmente solcher ohne Inschriften mit und ohne Bildwerke, so einen, dessen Seiten die Juno, den Herkules und den Mercurius zeigten. Ferner hatte Bandel viele Legionsziegel, besonders der 22. Legion gesammelt, außerdem auch Gefäße jeglicher Art mit und ohne Töpfernamen, zum Teil mit schönen Verzierungen, nicht wenige in terra sigillata und viele Bronzesachen. Verkaufte doch Bandel allein von den letzteren einmal eine Kollektion für 500 fl.; man kann daraus ersehen, wie zahlreich seine Funde gewesen sein müssen, besonders wenn man den damaligen geringen Geldwert solcher Gegenstände in Anschlag bringt. Leider sollten aber auch diese zahlreichen Funde nicht in unserer Stadt bleiben, obwohl sie der Besitzer gern seiner Vaterstadt erhalten gesehen hätte. Bandel zog im Jahr 1862 von Worms weg. Er bot damals seine Sammlung für einen ganz unbedeutenden Preis der Stadt zum Kauf an; unbegreiflicher Weise war aber in dem damaligen Stadtvorstand, obwohl bereits längst in Mainz das römisch-germanische Centralmuseum gegründet war, obwohl man allerwärts bereits bedacht war, die gefundenen Altertümer zu sammeln, noch so wenig Interesse für diese Zeugnisse der frühesten Geschichte unserer Stadt vorhanden, daß man das Angebot einfach abwies. So wurde die Sammlung aufgelöst und zerstreut, nur ein Teil derselben wurde von Mainz erworben und blieb so wenigstens in der Provinz Rheinhessen.

Andere wichtige Funde waren 20 Jahre früher nach Wiesbaden gekommen. Am 8. Jan. 1842 nämlich fanden Arbeiter beim Roben in einem Wingert des Herrn G. Renz etwa 200 Schritte östlich von der Mainzer Chaussee nicht fern von der Liebfrauenkirche in einer

Tiefe von 4—5 Fuß 10 steinere Särge, die in 3 Reihen standen, der 10. stand quer vor den anderen. Die Särge aus gelblichem Sandstein waren durch die Feuchtigkeit so mürbe geworden, daß nur ein Teil unverletzt aus der Erde kam. Das Äußere von sämtlichen war rauh ohne alle Verzierung gearbeitet, bei einem war im Innern ein viereckiger Stab in den 4 Fugen angebracht. Die Beigaben der in diesen Särgen bestatteten Leichen waren sehr reich. In jedem dieser 10 Sarkophage standen neben dem Kopf und den Füßen einer jeden Leiche ein oder mehrere Gläser, die durch ihre seltene Form und Größe sich auszeichnen. Die sämtlichen Fundgegenstände wurden von Herrn Renz nach Wiesbaden verkauft. In dem anstoßenden Wingert des Herrn Bandel wurden die unten zu besprechenden fränkischen Grabsteine gefunden. Auch in dem unmittelbar an den Renzischen Wingert anstoßenden Wingert des Herrn Kranzbühler fanden sich Särge mit mehreren Gläsern, von denen jedoch keins in die Hände des Eigentümers kam.

Eine ganze Reihe von Steinsärgen, 9 Stück nebeneinander, wurden beim Bau der jetzigen Kammgarnspinnerei im Anfang der 50er Jahre gefunden. Der damalige Direktor dieser Fabrik soll eine ganze Sammlung römischer Gläser gehabt haben; auch ein im Liebfrauenstift geborener, später nach Frankfurt gezogener Kaufmann hatte eine nicht unbedeutende Sammlung römischer Funde aus diesem Gebiete. Im einzelnen läßt sich natürlich nicht mehr nachweisen, wohin die zahlreichen zeitweise in einer Hand gesammelten, dann wieder zerstreuten Funde gekommen sind. Wir wissen nur, daß in den verschiedensten Museen, Darmstadt, Mainz, Wiesbaden, Speyer, Bonn, Trier u. a. sich römische Gegenstände aus Worms befinden. So bildet Lindenschmit z. B. aus dem Mainzer Museum in seinen „Alterthümer unserer heidnischen Vorzeit" von Wormser Funden ein sehr schönes römisches Zuschlagmesser ab, an dem der Griff mit dem Kopf eines Legionars geziert ist, ferner einen interessanten Stein mit dem Bilde einer reitenden Matrone, einen Gesichtskrug u. a. In Wiesbaden befindet sich insbesondere eine größere Zahl römischer Gläser aus Worms, darunter auch solche cylinderförmige, über 40 cm hohe, wie deren 2 im Paulus-Museum ausgestellt sind. Ferner befindet sich in Wiesbaden ein in Worms gefundener Altar und ein Bronzering mit der Inschrift ASCI „dem Ascus", welcher 1823 gefunden wurde. Im Speyerer Museum befindet sich insbesondere die Sammlung des Rentners Perrot, die zum größten Teil aus Worms nud seiner Umgebung stammt, unter anderem z. B. 6 Gesichtskrüge. Vor Perrot hatte in Franken= thal in den 30er Jahren Staatsprokurator Nebmann zahlreiche römische Altertümer aus der Umgegend von Worms gesammelt; wo sie hin= gekommen sind, weiß ich nicht.

Es bleiben uns jetzt noch die Funde kurz zu erwähnen, die in den letzten Jahren auf der Begräbnisstätte am Mainzer Thor gemacht und mit wenigen Ausnahmen dem Paulus=Museum einverleibt worden sind.

Bei der Anlage der verschiedenen Bauten der Kunstwollfabrik wurde eine größere Anzahl römischer Gräber gefunden und zwar teils Aschenbestattungen in Urnen oder in Steinkisten, teils Leichenbestattungen in Holz= oder Steinsärgen. Bei der letzten großen Kellergrabung im Jahre 1882 war leider bei der Art, wie der hier sehr harte Boden zur Beschleunigung der Arbeit mit dem Pflug aufgelockert wurde, eine genauere Untersuchung der Grabstätten nicht möglich. Die gefundenen Steinsärge erwiesen sich als früher schon einmal geöffnet, zum Teil waren die Deckel zerschlagen. Die in der Erde gelegenen Gefäße und Gläser wurden, soweit sie erhalten blieben, dem Museum abgeliefert. Auch in dem an diese Fabrik stoßenden Zerban'schen Holzhofe sind römische Gefäße gefunden worden u. a. auch ein Gesichtskrug, noch jetzt im Besitz des Hrn. Zerban. Eine größere Anzahl römischer Münzen, die in den noch weiter nach der Liebfrauenkirche zu gelegenen Weingärten gefunden wurden, hat Herr Kranzbühler dem Museum überwiesen.

Bei der Anlage des Kanals durch die Mainzerstraße nach der Siegfriedstraße (1883) wurden verschiedene römische Gräber gefunden und zwar am van Baerle'schen Hause ein solches mit einem besonders schönen Glasbecher. (Siehe die Abbildung Tafel II). Ferner weiter in der Straße mehrere Steinsärge, darunter der große Sarg aus gelblichem Sandstein, der am Eingang ins Museum zur linken Hand steht. Der Deckel desselben hat die öfter vorkommende Form, 4 würfelförmige Erhöhungen an den Ecken und in der Mitte der Vorderseite eine giebelförmige Bekrönung. Im Innern desselben fand sich neben dem Skelett eine unkenntlich gewordene römische Münze, ein großer Krug und 28 Spiel(Brett)steine aus Horn von der Form unserer übersponnenen Rockknöpfe auf einem Klumpen zusammen. Sie waren wahrscheinlich in einem Säckchen vereinigt dem Verstorbenen mitgegeben worden. Neben dem Sarg lag in der Erde eine Terrakotte, eine auf einem Stuhl sitzende Matrone vorstellend. Näheres darüber siehe Teil II. und die Abbildung auf Tafel 1. Auch bei der Anlage des Weges zwischen dem alten Friedhof und der Kunstwollspinnerei fanden sich unter den christlichen Bestattungen der neueren Zeit alte römische Bestattungen, verschiedene Steinsärge, die aber, meist früher schon geöffnet, nur sehr wenige Beigaben enthielten. Westlich von der Mainzerstraße aber wurden erstens bei dem Bau der Landsberg'schen Dampfmühle römische Gräber gefunden, besonders aber wurden solche von dem Altertumsverein auf dem hinter diesem Anwesen liegenden Gebiet an der Schiller= und Wielandstraße ausgegraben, bei der im Jahr 1880 und 1881 vorgenommenen Untersuchung dieses Gebietes. Gerade dieser Teil der römischen Begräbnisstätte war aber später wieder zum fränkischen Friedhof benutzt worden, so daß bei weitem die Mehrzahl der aufgedeckten Gräber der fränkischen Zeit angehörten. Nur an einer Stelle befanden sich offenbar zufällig noch zum größten Teil intakt eine Anzahl römischer Gräber; es sind dies die auf dem im Museum ausgestellten Plan dieser Ausgrabung mit Nr. 73—81 be= zeichneten Gräber mit römischen Steinsärgen. Außer diesen fanden sich unter 187 regelmäßig aufgedeckten Gräbern nur noch 6 römische Gräber, 3 davon in Steinsärgen. Einige Schritte davon fand sich 1883 als Decke eines fränkischen Plattengrabes der schon erwähnte Grabstein des custos armorum Aurelius Dizza. Von den 12 an dieser Stelle ge= fundenen Steinsärgen werden 4, darunter ein Kindersarg, noch jetzt im Museum aufbewahrt. In allen war die Leiche mit Kalk umgeben, in dem sich vielfach die Körper= und Gewandteile abgedrückt hatten, wie an einer Anzahl Stücke in dem einen Sarg im Museum zu sehen ist. In den 4 Ecken standen bei allen Gläser, dieselben waren aber zum Teil durch den Kalk zerstört. In Grab Nr. 73 fand sich außer den Gläsern auch eine Gesichtsurne mit Bemalung. Besonders reich war das Grab Nr. 81. Hierin fanden sich 5 große besonders schöne Gläser, darunter das Doppelglas. Die Skelette waren mehr oder weniger zerstört, eins war jedoch noch ganz vollständig erhalten, so daß es von Herrn Dr. Naiser wieder zusammengesetzt werden konnte und nun im Museum in dem einen Steinsarg ausgestellt ist.

Die Zusammenstellung dieser Nachrichten hat jedenfalls deutlich gezeigt, daß auf der Nordseite unserer Stadt etwa vom Dominikaner=

platz an sich ein außerordentlich großes römisches Gräberfeld bis hinaus nach der Liebfrauenkirche hin ehedem erstreckt hat.

Zwischen den beiden bis jetzt beschriebenen Begräbnisstätten muß also auch die römische Stadt gelegen haben, nur scheint dieselbe weiter als die heutige Stadt nach Süden gereicht und Terrain bedeckt zu haben, das heute nicht mehr bebaut ist, wie die Ausgrabungen auf dem Taselacker der Firma Dörr und Reinhart und die sonst in dieser Gegend gemachten Funde beweisen.

Ehe wir jedoch hierüber sprechen, wollen wir noch einige Funde erwähnen, die teils in früherer, teils in neuerer Zeit auf der Westseite der Stadt gemacht worden sind und die Ausdehnung der Stadt nach dieser Seite hin bestimmen.

Auch von Westen, von Pfeddersheim her führte nach Worms eine römische Straße. Wahrscheinlich war auch auf der Seite dieser vor der Stadt eine Begräbnisstätte. Im Jahre 1883 wurde bei der Anlage eines Kanals von dem neuen Hehl'schen Haus nach dem Markt in der Stephansgasse ein römisches Grab gefunden. Einige Schritte nördlich hiervon in der Schildergasse wurde 1561 der schon erwähnte und unten noch näher zu besprechende Sarg des Sevir Candidius gefunden unter den Fundamenten der einst hier stehenden Kapelle Sancti Udalrici. Ferner wurden mehrere Gräber und zwar Bestattungen in Steinsärgen bei der Anlage der Eisenbahnbrücke für die Pfiffligheimer Straße gefunden. Es sollen schöne Gläser in den Särgen gewesen sein, erhalten hat sich davon nichts. Weiter hinaus wurden beim Bau der Alzeyer Eisenbahn zahlreiche römische Gefäße gefunden; eine hier gefundene schön verzierte Sigillataschale wurde noch ins Museum abgeliefert.

Etwas abseits davon wurden dann am Neusatz sowohl von Herrn Michel Levy als auch von Herrn Schüttler verschiedene römische Gräber gefunden und einzelne zufällig erhalten gebliebene Fundstücke dem Museum übergeben. Auch beim Bau der früheren Fabrik Wormatia und der von Herrn Zimmermann Engel an der Promenadenstraße erbauten Häuser stieß man auf römische Gräber mit Gefäßen. Auch wurden in den 3½ Jahren des Bestehens des Museums dem Verfasser eine ziemliche Anzahl römischer Münzen für dasselbe abgeliefert, die in dieser Gegend gefunden worden sind. Es scheint hiernach nicht bezweifelt werden zu können, daß auch im

Westen unserer Stadt eine größere römische Begräbnisstätte vorhanden war.

Auf diesem Gebiet, dem Neusatz, sollen übrigens auch schon römische Töpferöfen gefunden worden sein. Wenn auch seit Bestehen des Vereins sich noch keine Bestätigung dieser Nachricht durch neue Funde ergeben hat, so kann doch wohl nicht bezweifelt werden, daß eine entwickelte Töpferei am hiesigen Ort betrieben worden ist; es beweisen dies insbesondere die für Worms charakteristischen Gesichtskrüge, die sicher hier verfertigt worden sind.

Nachdem wir nun nach 3 Seiten durch Begräbnisstätten die Ausdehnung des römischen Worms bestimmt haben, bleibt nur noch die Rheinseite übrig. Hier wird wohl die mittelalterliche Stadtmauer mit ihrem Endpunkt, der Aul, (aus dem Lateinischen vielfach in die Volkssprache übergegangenes Wort für Topf) auch für die römische Stadt die Grenze bezeichnen. Funde jenseits dieser Linie sind bis jetzt nicht bekannt geworden, auch kann schon der häufigen Überschwemmungen wegen das weiter rheinwärts gelegene Gelände nicht wohl bewohnt gewesen sein.

Was nun römische Funde innerhalb des eigentlichen Stadtgebietes betrifft, so wird besonders von zahlreichen Funden in dem sogenannten Katterloch, zu dem auch der schon erwähnte Tafelacker gehört, berichtet. Schon Schannat in seiner 1734 erschienenen Geschichte des Wormser Bistums, S. 4, spricht davon. Er geht von der wohl richtigen Vermutung aus, daß der künstlich angelegte Wasserlauf des Eisbaches durch die Stadt wohl eine römische Anlage sei. Die Ableitung dieses Baches beginnt an einer Stelle (in der Nähe von Weinsheim), wo offenbar römische Wohnungen gestanden haben; hier wurden z. B. die meisten der schönen Stuckreste gefunden, die im Museum aufbewahrt werden. Da von einer späteren Anlage dieses Kanals nichts überliefert ist, meint Schannat, derselbe sei offenbar von den Römern angelegt worden, um ihre Thermen und ihr Amphitheater mit Wasser zu versehen. Da nun von jeher im Katterloch in der Nähe des Eisbachs römische Funde gemacht worden seien, so sei es wahrscheinlich, daß eben hier jene Bauten gestanden hätten. Insbesondere sagt er, „finden sich hier im unerschöpflichen Boden zahlreiche römische Münzen, die beim Roden der Wingerte den Arbeitern in Menge in die Hände fallen." Wenn deswegen auch heutzutage wohl niemand mehr Schannat bei-

stimmen wird, wenn er es als eine wahrscheinliche Vermutung bezeichnet,
daß Katterloch entstanden sei aus catabuli locus, wie wohl der Tier-
behälter eines römischen Amphitheaters heißen konnte, so erweisen sich
doch seine übrigen Angaben auch heute noch als richtig. Noch immer
werden hier römische Münzen gefunden; von einem an der Speyerer
Straße wohnenden Bürger, Herrn Hellmann, der eine Zeitlang die
hinter seinem Hause und in der Nachbarschaft gefundenen Münzen
sammelte, wurden eine größere Anzahl dem Museum abgeliefert. Bei
der Untersuchung der über den Tafelacker führenden römischen Straße
haben sich, obwohl nur ein Graben an der Seite der Straße hin-
gezogen wurde, nicht weniger als 120 römische Münzen gefunden.
Auf demselben Gebiet wurden an den verschiedensten Stellen Scherben
von römischen Gefäßen und Bruchstücke von römischen Ziegeln, Lämpchen
u. a. Gegenstände gefunden. 1846 fand hier Bandel einen römischen
Altar, dessen Inschrift leider nicht mehr zu entziffern war. Auch der
in Wiesbaden befindliche Altar des Jupiter und der Juno wurde
1842 in dieser Gegend gefunden. An anderen Stellen wurden beim
Roden zu Wingertanlagen ähnlich wie bei der unten noch zu besprechenden Straßenaufgrabung Säulenfragmente und andere römische
Trümmer gefunden. So berichtet Habel in den Nassauischen
Annalen III. S. 200, daß im Katterloch von Herrn G. Renz der
Boden eines römischen Gemaches gefunden worden sei. Er beschreibt
denselben so: „Der Boden hatte nach Art der Wandmalerei einen
Anstrich von lebhaften Farben. Breite Linien von roter, dunkel-
grüner, brauner und gelber Farbe, die an den Seiten friesartig
herumliefen, schlossen den mittleren, dunkelroten Raum des Bodens
ein, der mit diagonalen Linien in rautenförmige Felder geteilt war.
Der Boden dieses Prachtzimmers war noch durchaus wohlerhalten,
wurde aber gänzlich herausgebrochen und zerstückelt. Einzelne Stücke
kamen nach Wiesbaden. Der Boden war aus mehreren Schichten
verschieden dicker Kiesel hergestellt, die oberste glatt geschliffene Mörtel-
fläche hatte dann den Farbenauftrag erhalten." In der Nähe dieses
geschmückten Zimmerbodens fand sich auch ein römischer Brunnen, der
von der Sohle an bis oben mit ziemlich großen Sandsteinplatten
aufgeführt war, die dem Kreis des Brunnens angepaßt waren. Die
unterste Sohle des Brunnens hatte einen Rost von Eichenholz, welcher
in Form eines Rades von 8 Speichen zusammengesetzt war.

Auch ein Herkules von Bronze wurde etwas weiter westlich nach dem Luginsland zu gefunden und kam nach Darmstadt. Namentlich aber wird von einem hochwichtigen Funde erzählt, den derselbe Herr Georg Renz beim Anlegen eines Wingerts auf dem westlichen Teile des jetzigen Tafelackers gemacht hat. Derselbe fand nämlich nach übereinstimmenden Angaben eine große aus Kupfer getriebene übersilberte Schale mit reichem Relief. Dieselbe kam an Mainzer Händler und soll nach Straßburg und von dort nach Paris verkauft worden sein. Trotz verschiedener Nachforschungen, die der Verfasser in dem dortigen Museum veranlaßte, hat sie aber bis jetzt noch nicht ermittelt werden können.

Im Innern der heutigen Stadt sind wenigstens in neuerer Zeit nur wenige römische Funde zu Tage gekommen. Abgesehen von dem Fund römischer Särge auf dem Domplatz ist Folgendes wohl hierher zu ziehen. In der schon erwähnten handschriftlichen Aufzeichnung aus dem vorigen Jahrhundert fanden sich folgende Notizen:

„In dem Silberborner Hof in der Speiergaß steht ein sehr altes Denkmal, niemand weiß, wie es dahin gekommen, nämlich der Feuergott mit seiner Zange und eines Kupferschmieds Hammer; darnach der Herkules mit seinem Köcher und Kolben bewehrt; weiter der Merkur mit seinem Scepter und Säkel. Im vierten ist die Schrift (Zeichnung) von einem Unverständigen ganz ausgekratzt und vertilgt worden." Denselben Stein meint offenbar auch Freher Orig. Palat. I. p. 50: (in der Uebersetzung) „Ich erinnere mich in Worms einen ganz ähnlichen Stein gesehen zu haben, worauf ein dergl. Mulciber mit Zange und Hammer, ein mit Köcher und Keule versehener Herkules und Merkur mit Heroldstab einen Beutel haltend dargestellt ist. Auf der vierten Seite ist die Schrift, welche ohne Zweifel darauf gestanden, gänzlich weggekratzt gewesen."

An einer anderen Stelle heißt es: „Uebrigens merkt man auch in dem Haus des Abraham Freinsheim einen viereckigen Stein, der 2½ Fuß hoch und einen breit ist, an welchem der Herkules, der Vulkan und der Mars vortrefflich eingehauen ist, der vierte unter den Göttern ist abgeschlagen, weil dieser Stein ausgehöhlt gewesen zum Gebrauch eines Waschfasses; ich vermute, daß der Stein ein Altar gewesen sei." Dieser Stein scheint bei der Zerstörung der Stadt zerschlagen worden zu sein, so daß nur die eine Seite mit dem Herkules übrig blieb, die dann der Schwiegersohn des genannten Freinsheimer an der Mauer seines Gartens am unteren Ende der Han(Ludwigs)= gasse einmauern ließ. Denn es ist offenbar derselbe Stein gemeint, wenn der Verfasser der obigen Notiz fortfährt: „Unten in der soge= nannten Hangaß zur rechten Hand an der Ecke des Walterischen Gartens, der ein Stück von einem der Tempelherren, ist ein uralter Herkules eingemauert, welcher in der rechten Hand eine Keule hält, die er neben dem rechten Fuß auf den Boden gestellt; am rechten Ohr ragt der Köcher mit Pfeilen hervor, und an der linken Seite ist der Bogen noch etwas zu sehen. In der linken Hand hält er einen runden Stein, wie die Schleuderer zu halten pflegten; absonderlich ist die Löwenhaut zu beiden Seiten und auf dem Kopf noch ziemlich kenntlich. Der noch übrige Stein ist der Boden von dem Sarg eines Kindes (sic!), auf dessen rechten Seite der Vulkan und auf der linken der Merkur in gleicher Größe ausgehauen gewesen, wovon beiderseits noch einige Merkmale zu sehen sind, ungeacht der Stein 1689 durch die gänzliche Zerstörung der Stadt Worms ist sehr zertrümmert worden. Sonst ist das noch übrige Stück 2½ Werkschuh hoch und einen breit". Er gibt dann noch an, daß er selbst am 13. Januar 1727 den Stein genau betrachtet, ausgemessen und einige Verse darüber aufgesetzt habe.

In den letzten Jahren wurden folgende Funde gemacht: Beim Bau der den Herren Nißmann und Werger gehörigen Häuser fand man römische Gegenstände, z. B. ein schönes römisches Tintenfaß aus terra sigillata. Ferner wurde im Hofe des Herrn Franz Valckenberg ein römischer mit Sandsteinplatten ausgemauerter Brunnen gefunden, in dem in einer Tiefe von 48 Fuß interessante römische Gegenstände lagen, nämlich die schon erwähnte Reliefplatte (Höhe 40 cm, Länge 50 cm) mit einer Darstellung der Minerva, des Merkur und des Vulkan, ferner eine schöne Terrakotte, leider ohne Kopf, und ein Handwerksgerät Schippe mit Picke vereinigt aus Eisen. Frau Valcken= berg, die diese Funde aufbewahrt, kann sich leider nicht entschließen, dieselben dem Museum zu überlassen, hat jedoch bereitwilligst gestattet, eine Zeichnung derselben dieser Arbeit beizufügen. (Siehe Tfl. V 1.)

Endlich wurden im vorigen Jahre beim Graben der Fundamente der neuen Teile des Stadthauses römische Funde gemacht. Obgleich man sehr tief hinunterging, konnte man doch nicht auf gewachsenen Boden kommen und mußte schließlich eine

Betonunterlage herstellen. In dem Schutt fand man eine Anzahl römischer Sigillatascherben, u. a. ein Stück einer Reibschüssel, beson=ders aber fanden sich an der Stelle des jetzigen Turmes 2 interessante Gegenstände; der erste ist ein wahrscheinlich zum Pferdegeschirr ge=höriger Bronzegegenstand von der Größe eines Doppelthalers mit einem großen spitzen Knopf in der Mitte und einem Kranz von kleinen Knöpfen am Rande, der andere ist ein interessantes Ortband eines römischen Schwertes von Elfenbein ungefähr von der Form des von Lindenschmit in den Altert. u. h. Bzt. II. 6 III. 1 abgebildeten Ortbandes.

Dies ist es etwa, was dem Verfasser über römische Funde in Worms bekannt geworden. Wenn wir auch nicht so glücklich sind, einzelne Teile der Römerstadt, insbesondere Tempel und andere größere Gebäude bestimmt nachweisen zu können, so beweisen doch die Funde jedenfalls, was wir am Anfang behauptet haben, daß wir uns das römische Worms als eine ziemlich ausgedehnte, recht bedeutende und wohlhabende Stadt zu denken haben.

Es erübrigt uns nun noch, die Orte in der Nähe von Worms zusammenzustellen, in denen römische Funde gemacht worden sind; aus den meisten dieser Orte sind auch bereits im Paulus=Museum römische Funde vorhanden. Wir beginnen unsere Zusammenstellung mit dem südlich von Worms gelegenen Weinsheim.

1. Weinsheim. Hier wurde ein nicht mehr erhaltener Grabstein der 22. Legion gefunden, siehe Teil III. Nr. 4; ferner 1784 ein ebenfalls nicht mehr erhaltener Stein mit der Inschrift

M. LEC XXII

In der Nähe beim Weinsheimer Zollhaus sind verschiedene römische Steinsärge ohne Inschriften gefunden worden, einer ist noch erhalten. Ferner fand Dr. Köhl hier römische Fundamentmauern, wahrscheinlich herrührend von Villen, die an der hier vorbeiführenden römischen Straße lagen, denn es fanden sich dabei zahlreiche, jetzt im Paulus=Museum ausgestellte bemalte Stuckreste, römische Bronzen, Münzen, ein großer Mühlstein u. a.

2. Wiesoppenheim. Mitten in dem großen fränkischen Gräber=feld dieses Ortes fanden sich mehrere römische Bestattungen und zwar lauter Aschenbestattungen. Es fanden sich dabei mehrere Gefäße, ein Lämpchen, 2 Gläser, 1 Fibel, 1 Schere von Eisen, ein schön orna=

mentierter Bronzenagel; sämtliche Gegenstände befinden sich im Paulus=Museum. Außerdem aber war in diesem Orte der noch mehr= fach (Teil II. und III.) zu erwähnende Parzenstein in ein Fundament vermauert.

3. Horchheim. Eine spätrömische Bestattung in Holzsarg mit großen Eisennägeln wurde in der Nähe der Kirche gefunden, dabei ein Gläschen. Ferner wurden auf einem Acker in der Nähe mehrere Goldmünzen gefunden; die zuletzt gefundene, eine Münze des Kaisers Justinian (527—565 n. Chr.) befindet sich im Paulus=Museum.

4. Heppenheim a. d. W. Walther in „Die Alterthümer der heidnischen Vorzeit innerhalb des Großherzogthums Hessen" gibt an: „In der Gemarkung hat man schon Thongefäße, auch einen Steinsarg sowie römische Münzen gefunden." Der Sarg, in dem die Leiche mit Kalk bedeckt war, wurde südlich vom Ort, am Weg nach Dirmstein gefunden; an der Grenze nach Wiesoppenheim hin wurde eine Sigillataschüssel gefunden; an der Chaussee nach Pfeddersheim zu fanden sich römische Gefäßreste; an der Nordwestseite des Ortes selbst endlich bei dem Haus des Bürgermeisters Obenauer wurden römische Bestattungen mit Krügen, sonstigen Gefäßen, Lämpchen u. a. gefunden.

5. Offstein. Die sehr zahlreichen römischen Funde dieses Ortes befinden sich fast alle im Paulus=Museum; um Wiederholungen zu ver= meiden, geben wir hier nur die einzelnen Gräberstätten an, verweisen aber in betreff der gefundenen Gegenstände auf Teil V, wo verschiedene derselben besonders werden erwähnt werden.

a) An der Grenze nach Heppenheim zu fand sich ein frührömisches Gräberfeld mit Brandbestattungen, dabei Sigillatagefäße, Münzen, Bronzen.

b) Auf der Höhe weiter westlich wurde ein weiteres frührömisches Gräberfeld mit zahlreichen und sehr interessanten Beigaben gefunden.

c) Mehrere Hundert Schritte nördlich von diesem Gräberfeld in der Nähe des Eisbaches wurden von Herrn Oekonom Deiß mehrere römische Bestattungen gefunden; die hierbei gefundenen Gegenstände gingen wieder verloren.

d) An der Chaussee nach Obrigheim fand sich ein spätrömisches Gräberfeld, die Beigaben bestanden in vielen Gläsern, geringer Thon= waare, Bronzen (Teller, Ringe, Fibeln, darunter 2 Emailfibeln.)

6. Hohensülzen. Ein schöner Bronzeschlüssel von da befindet

sich im Paulus=Museum. Außerdem wurden hier bekanntlich mehrere Steinsärge mit hoch interessanten Gläsern u. a. dem Mainzer Vas diatretum gefunden. Auch von anderen kleineren römischen Funden wird berichtet.

7. Mölsheim. An der westlichen Gemarkungsgrenze nach der bayrischen Pfalz zu ließ der Verein einen römischen Brunnen aus= graben, wobei eine Fibel und große verzierte Sigillatascherben ge= funden wurden; außerdem wurden hier in der Nähe gefunden Bruch= stücke von verschiedenen Gefäßen, ein Dolch, eine Schere, ein Pfriemen und ein großer Löffelbohrer von Eisen; sämtliche Gegenstände befinden sich jetzt im Museum. Im östlichen Teil der Gemarkung wurde an einer Stelle, an der auch schon römische Ziegel gefunden worden sein sollen, unter einem Steinhaufen eine wohl erhaltene Emailfibel ge= funden, die gleichfalls jetzt im Museum aufbewahrt wird.

8. Monsheim ist bei den Archäologen bekannt durch sein großes prähistorisches Gräberfeld am Hinkelstein und ein fränkisches Gräber= feld an der Bahn. Auch römische Gefäße und römische Bronzefibeln sollen hier schon gefunden worden sein, doch besitzt das Paulus= Museum davon nichts. Bedeutende römische Funde wurden dagegen in dem benachbarten

9. Kriegsheim gemacht. Walther a. a. O. gibt darüber an: „Auf der Höhe über dem Orte hat man römische Gräber gefunden, in denen die Asche der Toten teils in schön gehenkelten Glasurnen sich fand, teils in ausgehöhlten würfelförmigen Steinbehältern, teils in kleinen Kammern aus Ziegeln oder sorgfältig gesetzten Steinen." Ferner wurden hier vor Jahren angeblich 18 römische Steinsärge mit vielen Glasgefäßen gefunden; einer dieser Särge steht noch im Dorf. Vor mehreren Jahren endlich wurde nochmals ein vereinzelter Stein= sarg gefunden, in dem insbesondere eine Nadel sich fand, deren Kopf in einem großen Stück Bernstein bestand mit 2 frei gearbeiteten Figuren. Dieser Kopf, soweit er noch erhalten, wurde von dem Be= sitzer desselben, Herrn Gastwirt Neef in Kriegsheim, dem Paulus= Museum geschenkt. Auch römische Münzen wurden hier wiederholt gefunden.

10. Pfeddersheim. In der Zeitschrift des Mainzer Vereins I 289 ist angegeben: „Die in Pfeddersheim aufgefundenen römischen Antiquitäten, darunter Heizvorrichtungen, deuten auf eine friedliche Niederlassung der Römer, doch vermutet man auch, daß ein Wachtturm

dabei gelegen habe." Später wurden dort von Dr. Köhl Sigillata=
scherben und eine Römerstraße gefunden. Auf der Höhe am sogenannten
Hoberg fand man einen römischen Steinsarg mit Kalk, außen lagen
2 Thränenkrügelchen und ein Glas. In der Nähe fand sich auch
ein römisches Furchengrab.

11. Leiselheim. Abgesehen von den öfter hier gefundenen
römischen Münzen, von denen sich auch im Museum eine Anzahl be=
findet, wurden hier an der tiefsten Stelle des Thales in der Nähe der
Neumühle römische Reihengräber gefunden. Der im Museum auf=
bewahrte von einem großen Nagel durchbohrte Armknochen und ver=
schiedene Gefäße stammen daher. Am Ort selbst fanden sich an einer
Stelle in einer Grube Bruchstücke von römischen Gefäßen und Münzen,
an einer anderen Stelle im Ort fanden sich in einem Garten
römische Ziegel.

12. Pfiffligheim. In der Nähe des Lutherbaumes wurde ein
römisches Grab aufgedeckt mit einem Krug, einem Teller und einer
frührömischen Bronzefibel als Beigaben.

13. Hochheim. Vor 2 Jahren wurden auf einem Acker am
Weg nach Neuhausen zahlreiche römische Scherben und Ziegelstücke
gefunden. Ferner fanden sich in dem im vorigen Herbste aufgedeckten
oberhalb des jetzigen Friedhofs gelegenen fränkischen Gräberfeld 3
römische Steinsärge, in 2 derselben lagen fränkische Bestattungen, in
dem dritten 2 römische Krüge; auch fanden sich auf der Schmalseite
einer Platte eines fränkischen Plattengrabes Reste einer römischen
Inschrift, die Silben IN FVI waren noch deutlich erhalten.

14. Von der eben besprochenen Stelle oberhalb Hochheims führt
der Neuhauser Weg schnurgerade in 10 Minuten zu der Stelle des
alten Cyriacusstiftes in Neuhausen, wo 1818 die schon erwähnten
15 Steinsärge gefunden wurden.

Außer diesen südlich und westlich von Worms gelegenen römischen
Fundstätten wollen wir nun auch noch diejenigen nördlich von Worms
gelegenen Orte des Kreises Worms namhaft machen, in denen römische
Gegenstände nachweislich gefunden worden sind; auch sie haben fast alle
bereits solche ins Paulus=Museum geliefert.

15. Herrnsheim. Herr Dr. Fliedner hat hier 1883 ein
größeres frührömisches Gräberfeld aufgedeckt mit zum Teil sehr
interessanten Beigaben, unter denen insbesondere hervorzuheben sind

mehrere Gläser von seltener Form, ein sehr schöner doppelter Spiegel, mehrere Strigiles, ein Schloßriegel von Bronze u. manches andere.

16. Osthofen. Hier muß, nach den sehr zahlreichen Fundgegenständen zu urteilen, eine recht bedeutende römische Niederlassung gewesen sein. Die in früheren Jahren an verschiedenen Stellen der Gemarkung, z. B. in den Gewannen „in der Weide", „am Flutgraben", „Neuteich" gemachten Funde wurden in der Regel von dem nunmehr verstorbenen Herrn Johann Weißheimer II. gesammelt und an die Museen in Mainz und Darmstadt abgeliefert. Als das Paulus-Museum gegründet wurde, stiftete Herr Weißheimer alle römischen Funde, die noch in seinem Besitz waren, an dieses; es waren insbesondere zahlreiche römische Münzen (eine Goldmünze des Tetricus war leider abhanden gekommen), verschiedene Urnen und Teller. Ebenso erhielt das Museum eine schöne Sammlung römischer Funde aus Osthofen von Herrn Öconom Hermann Knierim II., dem das Museum überhaupt für eifrigste Unterstützung zu Dank verpflichtet ist. Leider haben beide Herren nicht rechtzeitig es erfahren, als vor mehreren Jahren kurz vor der Gründung des Paulus-Museums in der Nähe der Bahn an der Stelle der Backsteinbrennereien beim Ausgraben des Lehms ein, wie es scheint, sehr reiches römisches Gräberfeld aufgedeckt wurde. So wurde nicht nur ohne alle Vorsicht verfahren, so daß, wie dem Verfasser von einem Augenzeugen berichtet wurde, weit mehr zerschlagen wurde, als erhalten blieb, sondern es wurden auch die Gegenstände, die ganz aus der Erde entnommen wurden, nach allen Richtungen zerstreut. Eine Anzahl schöner Gläser kam ins Darmstädter Museum, Sigillatagefäße nach Mainz, eine Urne nach Erbach i. O., eine Anzahl Aschen-Urnen und sehr große zweihenkelige Krüge besitzen noch die Herren Müller Weißheimer und Lehrer Quetsch. Die kleineren Sachen, Bronzen u. s. w. scheinen überhaupt nicht beachtet worden zu sein. Eine an dieser Stelle 1883 von dem Altertumsvereine vorgenommene Ausgrabung hatte keinen Erfolg mehr.

17. Rheindürkheim. An der Chaussee nach Osthofen wurde 1883 ein römisches Grab mit verschiedenen Gefäßen als Beigaben gefunden, die durch Herrn Knierim aus Osthofen ins Paulus-Museum kamen. Von Interesse ist unter denselben besonders eine ganz kleine Urne aus rotem Thon, die äußerlich ganz mit kleinen Erhöhungen

bedeckt ist, die offenbar mit einem Stäbchen von innen herausgedrückt sind, da innen die entsprechenden kleinen Vertiefungen vorhanden sind. Auch römische Münzen wurden hier gefunden.

18. Bechtheim. Auch hier sind schon römische Gegenstände gefunden worden, das Paulus=Museum besitzt jedoch bis jetzt noch nichts von dort.

19. Mettenheim. Walther gibt a. a. O. nach der Zeitschrift d. M. V. II 151 an: „Bei M. westlich der Rheinstraße, dem Sand=krug gegenüber, liegt eine mit röm. Trümmern bedeckte Ackerfläche, mehrere Morgen groß. Hier wurden auch römische Brunnen aus=gegraben und in Mettenheim wieder verwendet. Es unterliegt keinem Zweifel, daß hier eine römische Niederlassung war.“ Das Paulus=Museum besitzt aus Mettenheim mehrere Münzen, darunter eine im vorigen Jahre gefundene Silbermünze des Kaisers Trajan mit griechischer Legende. Während des Druckes dieser Arbeit erhielt der Verfasser Nachricht von einem neuen hier gemachten Funde. Auf einem Acker des Herrn Lochmann in der Sandüberlache wurden etwa 50 Schritte von der Rheinstraße entfernt die Reste mehrerer römischen Bestattungen gefunden und zwar von 2 großen Dolien die untere Hälfte, 4 Münzen, darunter 1 silberne. Außerdem lagen dabei Stücke von zwei kleinen Figuren aus grauem Sandstein, und zwar von der einen nur der Kopf, während von der anderen auch noch die Arme vorhanden waren. Das letztere Stück soll etwa 15 cm hoch gewesen sein. Der Kopf war auf den einen Arm gestützt und blickte in die Höhe. Die beiden Figuren und die Münzen wurden leider alsbald, nachdem sie gefunden, an einen das Dorf durchziehenden Händler verkauft und verschwanden so wieder, ehe sie noch jemand gesehen, der über ihre Bedeutung und Beschaffenheit hätte genaueren Aufschluß geben können. Die Stücke der Dolien kamen ins Paulus=Museum.

20. Alsheim. 1824 wurde hier in der Nähe der Straße ein Meilenstein und ein Sarkophag mit verziertem Deckel und Inschrift gefunden. Der letztere befindet sich in Mainz, der erstere scheint zu Grunde gegangen zu sein. In den letzten Jahren wurden in der Gemarkung sowohl fränkische als römische Gräber gefunden. Die in einigen der letzteren gefundenen Gegenstände befinden sich im Paulus=Museum. Auch besitzt dasselbe eine größere Anzahl hier gefundener römischer Münzen.

21. **Gimbsheim.** In diesem östlich von der römischen Straße nach dem Rhein zu gelegenen Orte wurde 1850 eine runde Erzscheibe mit römischer Inschrift gefunden.

Es bleiben nun noch diejenigen Orte im Innern des Kreises zu erwähnen, aus denen römische Funde dem Verfasser bekannt geworden sind. Im ganzen ist es nur wenig, was das Paulus-Museum aus diesen Orten besitzt, und es scheinen überhaupt auch nur wenige bedeutendere römische Funde hier gemacht worden zu sein.

In **Dorndürkheim** sollen römische Münzen, nördlich von **Dittelsheim** römische Urnen gefunden worden sein; dem Verfasser würde vor mehreren Jahren ein Stück eines fränkischen Topfes von dort übergeben, es kann deshalb leicht sein, daß auch jene angeblich römischen Urnen fränkische waren. Dagegen wurden sicher römische Gegenstände, Münzen u. a. bei **Heßloch** gefunden. Eine große Sigillataschüssel, westlich von Heßloch gefunden, befindet sich im Paulus-Museum.

Bei **Monzernheim** wurden 26 Stück Roheisenluppen aus römischer Zeit gefunden. Auch eine römische Münze (Constantin) von hier kam ins Paulus-Museum.

Zahlreichere römische Gegenstände (auch Schmucksachen) als an den genannten Orten wurden in **Westhofen** gefunden, und auch das Paulus-Museum besitzt solche von dort. In **Eppelsheim** sammelte vor einer längeren Reihe von Jahren Herr Pfarrer Pauli. Die von ihm gesammelten zahlreichen römischen Münzen sowie römische Urnen und andere Gefäße, ferner fränkische Urnen und Waffen sind durch Herrn Pfarrer Pauli in Alsheim ins Paulus-Museum gestiftet worden. Leider kann von den einzelnen Gegenständen nicht mehr mit Bestimmtheit der Fundort angegeben werden, sondern nur im allgemeinen die Umgegend von Eppelsheim sicher als Fundort bezeichnet werden.

In **Oberflörsheim** wurden römische Gräber mit Glasgefäßen gefunden, ebenso bei **Ensheim-Gundersheim.** Nach Walther a. a. O. fand man bei Ensheim im J. 1807 und im J. 1833 an verschiedenen Stellen Steinsärge. An verschiedenen Stellen kamen auch Aschentöpfe mit Lämpchen, sowie römische Münzen zum Vorschein. Noch im vorigen Jahre wurde ein römisches mit Ziegeln umstelltes Grab gefunden. In **Dalsheim** sollen römische Thon- und Glasgefäße ge-

funden worden sein. In Nieder=Flörsheim endlich wurden in einem
Garten an der Südseite des Ortes römische Gegenstände gefunden.

Wir schließen hiermit diese Übersicht über die Fundstätten römischer
Altertümer im Kreise Worms, die, wenn sie auch sicher noch unvoll=
ständig ist, doch auch so schon zeigt, daß fast alle heutigen Orte
des Kreises auch in der römischen Zeit bereits bestanden haben.

II.

Die Ausgrabung
einer Strecke der römischen Thalstraße, die von Mainz über Worms und Speyer nach Straßburg hinzog.

Im Jahre 1880 stieß man bei den Fundamentarbeiten zu einem
Neubau der Firma Dörr und Reinhart an der zwischen der Fabrik
und dem Tafelacker der genannten Firma hinziehenden Straße in der
Tiefe von einem Meter etwa auf eine Straße. Zur Seite derselben
lagen mehrere außerordentlich große Quadersteine, der Schutt auf der
Straße aber war durchsetzt mit zahlreichen römischen Ziegelstücken und
Scherben; auch 2 römische Münzen fanden sich. Es konnte kein
Zweifel sein, daß man hier auf eine römische Straße gestoßen war,
die offenbar in der Richtung der heutigen Mathildenstraße über den
Tafelacker nach Mariamünster hinzieht. Der Herr Geheime Kommerzien=
rat Dörr und der Landtagsabgeordnete Herr Nicolaus Reinhart
sprachen schon damals ihre Bereitwilligkeit aus, im Interesse der
Sache für den Altertumsverein die Straße noch weiter untersuchen
zu lassen. Diese Untersuchung wurde nun im verflossenen Sommer
von der genannten Firma mit großer Gründlichkeit vorgenommen, und
soll hier das Ergebnis derselben mitgeteilt werden. Bei der im Juni
begonnenen Ausgrabung wurde zuerst in der Weise vorgegangen, daß
in kleinen Zwischenräumen Gräben quer über die Straße gezogen

wurden. So fand man, daß die Straße 4½—5 Meter breit und
leicht gewölbt war. Sie besteht aus einer in Lette gebetteten bis zu
einem Meter dicken Schicht aus Beton und grobem Donnersbergskies.
Die Anlage scheint in der Weise gemacht worden zu sein, daß auf
beiden Seiten zunächst Bretter aufgestellt wurden, zwischen denen dann
die Betoneinlage eingeschüttet wurde. Neben der Straße hin hat man
dann wohl auf beiden Seiten ein Bankett anzunehmen. Da nun aber
bei den Quereinschnitten regelmäßig die Beobachtung gemacht wurde,
daß auf der Straße selbst nur wenige römische Gegenstände gefunden
wurden, recht zahlreiche dagegen an den Rändern der Straße in dem
neben der Straße hinziehenden Graben, beschloß man die weitere
Untersuchung durch Quergräben aufzugeben und nur durch Längs=
gräben an beiden Seiten der Straße dieselbe weiter zu verfolgen.
So wurde denn nun im verflossenen Sommer zunächst an der Stadt=
seite, das heißt au der Westseite der Straße auf eine Länge von
nahezu 400 Metern ein 2—3 Meter tiefer Graben bis auf den ge=
wachsenen Boden ausgehoben. Die römischen Wohnstätten müssen hier
offenbar bis an die Straße herangereicht haben, zu irgend einer Zeit aber
außerordentlich gründlich zerstört worden sein. Man fand dicht an
der Straße, besonders auf den ersten 300 Metern derselben eine größere
Anzahl mächtiger Quadern, von denen manche offenbar noch auf ihrer
ursprünglichen Stelle lagen, die sie einst als Fundament für irgend
welche Oberbauten eingenommen hatten. Mehrere derselben hatten
nahezu 1 Meter im Quadrat (die im Museum ausgestellten haben
92 cm) und ½—¾ Meter in der Dicke. Auch Säulenfüße fanden
sich 3. Der eine, welcher jetzt im Museum für den Beschauer auf der
rechten Seite des Schranks mit den auf dem Tafelacker gefundenen
Gegenständen steht, befand sich noch auf der ursprünglichen Stelle auf
demselben auch jetzt wieder die Unterlage bildenden Quader. Von
anderen Säulen, die vielleicht zu demselben Gebäude gehört hatten,
lagen in ziemlich regelmäßigen Entfernungen noch die Quadersteine
im Boden. (Der Durchmesser der ausgestellten Säule beträgt 50 cm,
die Höhe der Basisplatte 27 cm, dieselbe hat 92 cm im Quadrat.)
Eine an dieser Stelle nach der Stadtseite zu vorgenommene Unter=
suchung des Terrains ergab keine bemerkenswerten Funde, sondern
zeigte nur durch zahllose Ziegelstücke, Backsteine, Brandspuren, daß
die Zerstörung hier einst eine außerordentlich gründliche gewesen sein

muß. In der Nähe fanden sich auch eine Anzahl kleinerer Quadern (die ausgestellten haben etwa 36 cm im Quadrat), wie jetzt im Eingang des Museums 2 als Untersatz für Gefäße stehen, mit einem Zapfenloch auf der einen Seite, in das offenbar Balken für einen Oberbau eingesetzt waren. Besondere Erwähnung verdient auch das mächtige Säulenstück, das im Museum zur linken Seite des Schrankes aufgestellt ist. Es hat einen Durchmesser von 56 cm und eine Höhe von 1,20 m. Es scheint ein Stück einer Monolithsäule zu sein.

Auch ein durchbohrter 6seitiger Thürbeschwerer und ein vielleicht auch von einem Thor herrührender ornamentierter Stein fanden sich. An verschiedenen Stellen stieß man auf schmalere Seitenstraßen, die offenbar von der Chaussee weg in die Stadt führten, bis jetzt aber noch nicht weiter untersucht sind. In den nächsten Jahren sollen auch auf diesem von Gebäuden offenbar einst bedeckten Gebiete Nachgrabungen vorgenommen werden, wenn man auch nicht mit Bestimmtheit auf ein wesentliches Resultat rechnen kann, da das ganze Gebiet früher mit Reben bewachsen war, und in früherer Zeit wiederholt zum Teil tief gerottet worden ist, wobei ja auch nachweislich, wie erwähnt, mancherlei Funde gemacht worden sind.

An einer Stelle der Straße fanden sich eine Anzahl dicker Ziegelsteine zu einem Kanal, vielleicht zu einer Heizanlage zusammengestellt. An einer anderen Stelle aber fanden sich große 1½ Meter lange roh behauene Steinplatten für einen Wasserkanal so zusammengestellt, daß der Boden und die beiden Seitenwände aus Stein gebildet, an der oberen Seite aber in zu diesem Zwecke angebrachte regelmäßige Einschnitte ehedem jedenfalls Balken eingelegt waren, auf denen dann Bretter den Wasserlauf zugedeckt haben werden. An Steinen fand sich außerdem eine größere Anzahl Stücke von Mühlsteinen und Reibschalen, eine der letzteren aus Marmor, eine andere mit einem jetzt noch mit Mörtel bedeckten Ansatz versehen, der offenbar einst in eine Mauer so eingemauert war, daß die Reibschale selbst frei aus derselben heraus ragte. Endlich fand sich auch ein schön ornamentiertes Fragment des Giebels eines Grabsteines, das wohl durch irgend einen Zufall von dem nahen Mariamünster hierher verschlagen worden sein wird, denn, von diesem Stück abgesehen, hat sich auch keine Spur von Grabstätten gefunden.

Bevor wir nun zur Besprechung der übrigen Funde übergehen,

wollen wir zunächst nicht unterlassen zu bemerken, daß, abgesehen von einem Händelheller, einem Schlüssel, mehreren kleinen glasierten Scherben und einigen Knöpfen, die in der alleroberſten Schicht gefunden wurden und offenbar einmal mit dem Dünger hierhergekommen ſind, bei der ganzen Ausgrabung auch gar nichts von mittelalterlichen oder neueren Gegenständen gefunden worden iſt, ſo daß an dem römiſchen Urſprung aller einzelnen im Muſeum ausgeſtellten Gegenſtände gar kein Zweifel beſtehen kann.

Der wichtigſte Fund der Ausgrabung iſt ein Löwe aus Bronze, 12 cm lang, 9 cm hoch. (Siehe Tfl. 1. 1.) Derſelbe ſteht und hat den rechten Vorderfuß etwas vorgeſtellt, die Hinterbeine dagegen wie zum Sprung ge= bogen. Kopf und Mähne ſind vorzüglich modelliert, an den einzelnen Partieen der Mähne ſind überall durch Ciſelierung die Haare noch an= gedeutet, eine Locke der Mähne an der linken Seite iſt beſonders ſtark ge= bildet und ſo erhöht, daß ſie eine Höhlung bildet, die als Öſe etwa für ein herabhängendes Kettchen gedient zu haben ſcheint. Der Augenſtern iſt tief ausgehöhlt, der Schweif auf den Rücken zurückgeworfen. An der Bauchſeite iſt in einem etwa $\frac{1}{4}$ cm breiten Streifen das Erz ausgeſpart, ſo daß alſo hier der innere Hohlraum geöffnet iſt. Die Füße ſind durchbohrt, offenbar war alſo die Figur urſprünglich auf= genietet. Sie wurde zuſammengefunden mit einer genau den durch die Füße bezeichneten Raum umſchreibenden Bronzeplatte, auf der noch deutlich die Stellen ſichtbar waren, wo die Füße aufgeſeſſen hatten. Die Platte aber war nicht durchbohrt, offenbar war alſo der Löwe auf ihr nur aufgelötet. Auf der unteren Seite der Platte war noch deutlich die Roſtſtelle eines ebenfalls angelöteten kreisrunden Gegenſtandes von der Größe etwa eines Einmarkſtückes bemerkbar. Außer der Platte wurde noch drittens eine halbkreisförmige Klammer aus Bronze gefunden. Der Durchmeſſer derſelben iſt etwa derſelbe wie der des erwähnten Roſtkreiſes, doch kann ſie nicht wohl auf der Platte aufgeſeſſen haben, da ihre Seitenflächen nicht eben und glatt, ihre Enden aber ausgezackt ſind. Was die Verwendung der Figur betrifft, ſo läßt ſich dieſelbe nicht mit völliger Beſtimmtheit angeben; nahe liegt es, dieſelbe für ein militäriſches Signum zu halten. Die runde Roſtſtelle auf der unteren Seite ſcheint darauf hinzudeuten, daß hier etwa eine Hülſe (Zwinge) angelötet war, mittels der die Figur auf einer Stange befeſtigt war. Die beſprochene Klammer war dann vielleicht an diesem Stab irgend wie befestigt. Die auf Münzen und sonst abgebildeten römischen Signa legen jedenfalls den Gedanken nahe, auch unsere Figur für ein solches zu halten.

Ein zweiter gleichfalls wichtiger Fund sind zwei reitende Matronen aus gebranntem Thon. Beide sind leider stark beschädigt. (Siehe die Abbildung Tfl. 1. 4 u. 5.) An der einen fehlen der Kopf und die Beine des Pferdes, der Rest hat 8 cm Höhe, 7,5 cm Länge. Die Matrone sitzt wie gewöhnlich auf der rechten Seite des nach links (für die Matrone) hinschreitenden Pferdes, im Schoße hält sie ein kleines Tier. Die ganze Figur ist roh geformt und besteht aus rotem Thon. Das andere Figürchen besteht auch aus rotem Thon, ist aber mit weißer Farbe überstrichen. An diesem fehlen der Kopf der Matrone und der des Pferdes, dagegen sind hier die Beine des Pferdes und der Boden der Figur vollständig erhalten. Die Figur ist 10 cm hoch, 8 cm lang. Auch hier sitzt die Matrone auf der rechten Seite des nach links hinschreitenden, den einen Vorderfuß hebenden Pferdes. Die Matrone hält gleichfalls ein kleines Tier in den Händen. Bei beiden Figuren sind diese Tiere schlecht modelliert und außerdem noch durch Abreiben so undeutlich geworden, daß wohl kaum mit Sicherheit zu entscheiden ist, was für ein Tier hier dargestellt sein soll; die Darstellung ist auf beiden ziemlich gleich. Hinter den Füßen der Matrone sieht man vom Rücken des Pferdes die Satteldecke herabhängen, welche beinahe bis auf den Boden reicht. Bei beiden Bildwerken fehlt die Andeutung des Zügels des Pferdes, wie dies auch bei den anderen Terrakotten der Fall ist. Das zuletzt besprochene Bildwerk ist, abgesehen von dem Tier im Schoß der Matrone, ziemlich ähnlich dem von Lindenschmit in: Alterthümer unserer heidnischen Vorzeit III 10 III 3 abgebildeten. Als Lindenschmit die Darstellungen reitender Matronen vor einigen Jahren zusammenstellte, betrug ihre Zahl 16; 15 von diesen sind im Rheinlande an den Tag gekommen. Neuerdings sind zu diesen noch 2 in Baden gefundene und in den Bonner Jahrbüchern Bd. 76 beschriebene und zuletzt die beiden Wormser hinzugekommen. Von den also bis jetzt bekannten 20 Figuren reitender Matronen sind 4 in Worms gefunden. Die beiden früheren befinden sich in Mainz, die eine ist auch eine Terrakotte, die andere ein Sandsteinfigürchen, das Lindenschmit II 1 VI 2 abbildet und mit folgenden Worten beschreibt: „Kleines Relief aus grauem Sandstein.

Unter dem flach gewölbten Bogen einer Nische eine Frauengestalt, auf der rechten Seite eines gezäumten nach links schreitenden Paß= gängers sitzend. Ihre linke Hand hält den Zügel, die rechte, sehr beschädigte, eine Anzahl Früchte. Der Körper ist vom Halse bis zu den Füßen von einem Aermelgewande bedeckt, über welches von der linken Schulter der Zipfel eines Umschlagtuches oder Schleiers herab= hängt. An dem sehr beschädigten Kopfe sind die Züge des Gesichtes verschwunden, in dem Haarputz jedoch bleibt jener für die Darstellungen der Matrone charakteristische hohe Wulst unverkennbar. Die Höhe beträgt 29 cm, die Breite 25 cm." Was die Erklärung dieser Figuren betrifft, bemerkt Lindenschmit a. a. O. folgendes: „Die Erklärung dieser Bildwerke überwies dieselben früher den Göttinnen Nehalennia und mehr noch der Pferdegöttin Epona, in deren Hand wir ebenfalls die Attribute der Kugel, des Korbs und der Schale finden. Es spräche für sie auch die Uebereinstimmung einer ihrer Darstellungen ganz in gleicher Weise mit unsern hier besprochenen Reliefs, insbesondere dem Heddernheimer Steinbildchen, auf welchem das Pferd nicht wie bei den übrigen vorwärts schreitet, sondern ruhig steht. Bei der wesentlichen Verschiedenheit aller übrigen Bildsteine der Epona bieten jedoch diese einzelnen übereinstimmenden Züge eher ein Zeugnis für den Zusammenhang dieser Göttin mit dem Kreis jener Wesen, welchen unsere Bildwerke gewidmet sind, als einen ge= nügenden Grund für die Ueberweisung der Letzteren an die Epona selbst. Die Attribute aller dieser Skulpturen — zeigen unverkennbar matronalen Charakter. Die häufig wiederkehrenden Früchte, der Korb und die Schale — geben den Begriff der Verleihung von Segen und Ueberfluß, und stimmen vollkommen mit der Auffassung Dr. J. Beckers überein, welcher unsere Reiterinnen mit weisen Frauen in nächsten Zusammenhang bringt." Indem Lindenschmit diesen Gedanken weiter ausführt, deutet er die Figuren insbesondere auf „die nordische Diana, paganorum Dea, welche mit Herobias als Domina vor den nächtlichen Zügen einer unzähligen Schar von Frauen einherreitet. Diese Diana — ist aber auch eins mit der Abundia, welche ihren Namen führt von der Abundantia, die sie bei ihren nächtlichen Umzügen zu Pferde überall hin verleiht, wo sie Trank und Speise vorgestellt findet u. s. w."

Wir haben hierzu nur zu bemerken, daß durch die beigegebenen Attribute eine Dreiheit dieser Matronen charakterisiert zu sein scheint, indem dieselben entweder Früchte oder ein vierfüßiges Tier oder einen Vogel auf dem Schoß haben. Dann will es uns scheinen, als ob diese reitenden Matronen in engem Zusammenhang ständen mit den besonders am Niederrhein häufig vorkommenden Matres oder Matronae, die auch als segenspendende, Unheil abwehrende Göttinnen der Flur und des Waldes, als Bewahrerinnen des Hauses und der Familie gedacht werden, und wo sie abgebildet sind, als drei in ruhiger, würdevoller Haltung nebeneinander sitzende Frauen erscheinen mit einer großen turbanartigen Haube auf dem Kopfe und einem Korb oder einer Schale mit Früchten auf dem Schoß. Man vergleiche namentlich die Besprechung und vorzügliche Ab- bildung eines der schönsten dieser Steine, die Prof. Haug und Hübner im 34. Jahrgang der Archäologischen Zeitung gegeben haben. Es ist dies einer der 9 in Röbingen im Jülicher Land gefundenen und jetzt im Mannheimer Museum aufbewahrten Matronensteine.

Während nun diese Matronensteine bis jetzt vorzugsweise am Nieder- rhein, außerdem aber auch sonst in Gallien und Britannien gefunden worden sind, wurde in den letzten Jahren eine fast gleiche Terrakotte bei Bonn und hier in Worms gefunden (siehe die Abbildung Tfl. I 6), die eine auf einem Stuhl sitzende Matrone darstellt, genau in derselben Haltung und Kleidung, vor allen Dingen mit derselben turbanartigen Haube, wie die Figuren auf dem Mannheimer Stein, so daß wir höchst wahr- scheinlich bei beiden an dieselben Wesen zu denken haben. Eine zweite ähnliche, nur am Kopfe verstümmelte Matrone, fand sich in Mariamünster, eine dritte endlich wurde im vorigen Jahre von Herrn Dr. Fliedner in Herrnsheim gefunden. Da nun in einer in Britannien gefundenen Inschrift C. J. L. VII 927 die Matres ausdrücklich als Parcae be- zeichnet und diesen gleich gesetzt werden, so liegt es nahe, auch bei dem vor 2 Jahren ganz in der Nähe von Worms gefundenen Votiv- stein mit der Widmung deabus Parcis (Siehe Teil IV d 1) an dieselbe Gleichsetzung zu denken, also unter den Parzen unseres Votiv- steines dieselben Wesen zu verstehen, die durch die besprochenen Terrakotten dargestellt, besonders da die nach unserer Annahme auf den Kult der Matres hinweisenden bildlichen Darstellungen sich hier verhältnismäßig häufig gefunden haben. Ebenso gut kann freilich bei den deabus Parcis unseres Steines auch an eine Gleichsetzung der Parzen mit den germanischen Schicksalsschwestern gedacht werden, die dem Menschen bei seiner Geburt das Schicksal bestimmen. Die Bangionen waren ja ein germanischer Stamm, wenn auch jedenfalls stark mit Kelten durchsetzt und romanisiert. Daß der Glaube an drei verschwisterte Schicksalsgöttinnen bei der späteren rein germanischen Bevölkerung unserer Gegend sich sehr lange lebendig erhielt, dafür haben wir gerade für unsere Stadt aus sehr später Zeit noch interessante Zeugnisse.

In den Pönitentialbüchern des Bischofs Burkard aus dem 11. Jahrhundert finden sich 2 Fragen, welche zeigen, daß noch damals im 11. Jahrhundert im Volke der Glaube an die Parzen, d. h. an die germanischen Schicksalsgöttinnen sich lebendig erhalten hatte und deshalb in der Beichte nach ihm besonders gefragt wurde. Die betreffenden Fragen lauten (siehe Friedberg: Aus deutschen Bußbüchern, Halle 1868) Nr. 27: Credidisti quod quidam credere solent, ut illae quae a vulgo parcae vocantur, ipsae vel sint, vel possint hoc facere quod creduntur; id est, dum aliquis homo nascitur, et tunc valeant illum designare ad hoc quod velint, ut quandocunque ille homo voluerit, in lupum transformari possit, quod vulgaris stultitia veruwolff vocat, aut in aliam aliquam figuram?

D. h.: Hast du geglaubt, was manche zu glauben pflegen, daß jene, die das gemeine Volk Parzen nennt, selbst existieren und zu thun vermögen, was man ihnen zutraut; das heißt, wenn ein Mensch geboren wird, daß sie dann die Macht haben, ihn zu bestimmen, wozu sie wollen, so daß z. B. jener Mensch, so oft er will, sich in einen Wolf verwandeln kann, was die thörichte Menge Werwolf nennt, oder in irgend eine andere Gestalt? Und Frage 29: Fecisti ut quaedam mulieres in quibusdam temporibus anni facere solent: ut in domo tua mensam praepares, et tuos cibos, et potum cum tribus cultellis supra mensam poneres, ut si venissent tres illae sorores quas antiqua posteritas et antiqua stultitia parcas nominavit, ibi reficerentur, et tulisti divinae pietati potestatem suam et nomen suum, et diabolo tradidisti, ita, dico, ut crederes illas, quas tu dicis esse sorores, tibi posse aut hic aut in futuro prodesse? D. h.: Hast du gethan, wie manche Weiber zu gewissen Zeiten des Jahres zu thun pflegen: daß du in deinem Hause einen Tisch decktest und von dir Speisen und Trank mit 3 Messern auf den Tisch setztest, damit, wenn jene 3 Schwestern, welche die Thorheit des Alter-

tums Parzen genannt hat, kämen, sie daselbst sich erfrischten, und hast du der göttlichen Liebe ihre Macht und ihren Namen genommen und dem Teufel übertragen, so daß du glaubtest, jene, die du für Schwestern hältst, könnten dir jetzt oder in Zukunft nützen?

Außerdem bietet sich noch ein weiterer Umstand als Beweis dafür, daß gerade hier der Glaube an die Schicksalsgöttinnen im Volke besonders fest haftete. Im hiesigen Dom befindet sich ein aus dem früheren Bergkloster hierher verbrachter Stein, aus dem Anfang des 15. Jahrhunderts etwa, auf dem in gotischen Formen und von gotischem Ornament umrahmt 3 heilige Frauen nebeneinanderstehend dargestellt sind, die die altdeutschen Namen tragen: Einbede, Warbede, Wilibede. Auch hier haben wir höchst wahrscheinlich die in christliche Heilige verwandelten Schicksalsgöttinnen des Volksglaubens, das heißt die Schicksalsgöttinnen, die dem eben geborenen Menschen einen Wunsch thun, der wahr wird und willkommen ist, d. h. dem Willen entspricht.*)

Wir haben mit der Besprechung der auf dem Taselacker gefundenen Bildnisse reitender Matronen die Besprechung der hier gefundenen Bildwerke sitzender Matronen, sowie des den deabus Parcis gewidmeten Votivsteines verbunden, weil dieselben, wenn nicht auf dieselben göttlichen Wesen, so doch auf nahe verwandte zu beziehen sind. Die Verehrung der keltischen Matres hatte, das beweist die britannische Inschrift jedenfalls, mit dem Kult der Schicksalschwestern viel Gemeinsames und hat vielleicht mit dazu beigetragen, daß der altgermanische Glaube an die Schicksalsgöttinnen sich bei der Bevölkerung unserer Stadt besonders lang lebendig erhalten hat.

Unter den übrigen Funden drängt sich zunächst der Betrachtung auf eine Menge von Spielsteinen; es sind 738 Stück. Ihre Größe ist sehr verschieden, ebenso das Material, aus dem sie gebildet. Das größte Exemplar aus Thon mißt genau 14 cm, andere haben 11, 10, 9 und 7 cm, die meisten 5 cm, die kleinsten aber 20—21 mm im Durchmesser. Weitaus die meisten bestehen aus Thon (713 Stück) und sind entweder roh rund gehauen (152 St.) oder mehr oder weniger

*) Anmerkung. Näheres hierüber sehe man in dem sehr interessanten Vortrag des Herrn Professor M. Rieger „Ueber die Schicksalsgöttinnen in Worms“ in Quartalblätter des historischen Vereins für das Großh. Hessen Nr. 1—4 1884. Der Aufsatz kam mir leider erst zu Gesicht, als diese Arbeit eben gedruckt wurde.

4

runb geschliffen. Außer den thönernen wurden auch solche aus Schiefer (11 St.) aus Kalkstein (8 St.), aus Horn (5 St.) und aus Marmor (1 St.) gefunden. 29 Stück sind in der Mitte durchbohrt. Von der kleinsten Sorte fanden sich 69 St. Die meisten Spielsteine fanden sich auf den zwei ersten Dritteln der ausgegrabenen Strecke, gegen das Ende hin nach Mariamünster zu wurden sie seltener, der eigentliche Spielplatz scheint also mehr nach der jetzigen Stadt zu gewesen zu sein. An manchen Stellen lagen ganze Klumpen solcher Steine zusammen.

An die Spielsteine wollen wir die übrigen Funde aus Thon an= schließen. Es sind vor allem eine große Anzahl Scherben von Sigillatagefäßen und zwar fanden sich hier, während auf den be= sprochenen römischen Friedhöfen durchgehends nur ziemlich rohe Sigillataware vorkommt, vielfach Reste von Gefäßen der allerfeinsten Sorte mit außerordentlich lebhaft glänzendem Firnis und sehr feinen Verzierungen. Auch ein Stück einer großen, außen mit Vögeln en barbotine verzierten Reibschüssel ist darunter, ferner 18 Füße von Gefäßen mit Töpferstempeln, 2 bloß mit einer Fabrikmarke. (Die Töpferstempel, soweit sie lesbar sind, siehe Teil IV.) Unter den übrigen Thonfragmenten wollen wir nur einige besonders erwähnen, so ein großes Stück einer Durchseihschüssel, ferner große Stücke von sehr großen Dolien und Amphoren, Hals und Ausguß solcher, namentlich aber viele Spitzen von Amphoren, endlich auch 2 Spinn= wirtel.

An die Fragmente aus Thon wollen wir gleich die aus Glas anschließen. Sie sind weniger zahlreich als die aus Thon; es sind Füße, Henkel, Ausgüsse oder sonstige Fragmente von zum Teil fein verzierten Gläsern. Interessant ist, daß auch Stücke flachen Scheiben= glases darunter sind, so daß also auch hierdurch wohl Glasverschluß der Fenster in römischer Zeit für unsere Gegend constatiert wird.

Unter den Gegenständen aus Metall nennen wir zunächst die Münzen, deren sich, wie oben bemerkt, über 120 gefunden haben; darunter nur eine Münze des Caracalla aus schlechtem Silber, die anderen sind aus Bronze und Kupfer, und zwar sind es 20 Stück Großerz, 25 Stück Mittelerz; die große Mehrzahl also sind kleine Münzen, etwas größer oder kleiner als unsere Pfennige. Diese letzteren gehören fast alle der Zeit des Constantin und seiner Nachfolger an. Von den Münzen sind leider viele durch Abnutzung und Oxydation so unkenntlich geworden, daß es nicht mehr möglich ist, sie mit Sicherheit näher zu bestimmen, die anderen dagegen sind teils vollständig gut er= halten, teils wenigstens noch zu erkennen. Es sind dies Münzen von folgenden Kaisern:

2 Stück: Augustus 31 vor bis 14 n. Chr. Divus pater; sehr verwittert.

1	„	Domitianus	81—96 n. Chr.		
1	„	Nerva	96—99 „	„	Rv: Libertas reipublicae.
6	„	Traian	98—117 „	„	Großerz, alle im Gebrauch stark abgenutzt; Bronze.
6	„	Antoninus Pius 138-160„		„	Großerz.
3	„	Faustina, Gemahl. des vorigen. († 141).		„	
1	„	Marc. Aurelius 161-180 „		„	
1	„	Lucius Verus 161-169 „		„	L(ucius) Verus Aug. Arm. Parth. Max.
1	„	Lucilla Gemahlin des vorigen († 183)		„	Lucilla. Aug(ustae) Antonini Aug. f(iliae).
1	„	Caracalla	211-217 „	„	
1	„	Macrinus	217-218 „	„	Imp.C.M(arcus)Opel(ius) Sev(erus) Macrinus Aug.
1	„	Gallienus	253-268 „	„	
1	„	Postumus	258-267 „	„	(schwer erkenntlich).
1	„	Claudius Gothicus 268-270.			

Constantinus Mag. 306-337 und seine Söhne.

2	„	mit dem Rev:			Soli invicto comiti.
1	„	„	„	„	Providentiae Caess..
14	„	„	„	„	Gloria exercitus.
1	„	„	„	„	Beata tranquillitas.
1	„	„	„	„	Sarmatia devicta (P. TR),
1	„	mit der Legende Urbs Roma,			

endlich 3 Votivmünzen.

1 Stück Magnentius 350—353 n. Chr.,
mehrere Valentinianus 364—375 „ „
1 Stück Gratianus 375—383 „ „
1 „ Mag. Maximus 383—388 „ „ (Reparatio Reipubl.)

Unter den übrigen Bronzegegenständen erwähnen wir zunächst 14 teils mehr, teils weniger erhaltene Fibeln, unter denen die meisten römischen Fibelformen vertreten sind; interessant sind insbesondere eine noch ganz erhaltene Armbrustfibel und mehrere schöne Rundfibeln, namentlich eine mit einem hohen spitzen Knopf in der Mitte und verziertem Rande und eine andere mit sternförmig gezacktem Rande und einem Knopf aus blauem Glasfluß mit weißem Rande in der Mitte. Ferner ein gut erhaltener Maßstab von 21 cm Länge, nur ohne Griff und außerdem der Griff eines solchen. Auf dem erhaltenen scheint zweierlei Maß angegeben gewesen zu sein. Auf der einen Seite sind kleinere Abteilungen, 1 nahezu = 13 mm (11 Teile gleich 14 cm), auf der anderen Seite sind größere Abteilungen, 1 gleich 27 mm (5 = 13 cm). Auf dem erhaltenen Stück des anderen ist auch ein kleiner Teil bezeichnet = 12 mm. Auch ein Senkblei eines Maurers oder Zimmermannes hat sich gefunden, ferner 6 runde Scheiben von der Größe eines Thalers aus Blei, die wohl als Gewichte gedient haben, ebenso eine schwere Kugel aus Blei, die in der tiefsten römischen Schichte gefunden wurde.

Von Bronzesachen sind noch zu nennen: die Spitze einer Schelle (im Innern ist noch der Ring erhalten, in dem der Klöpfel hing), eine große Pincette und Bronzeknöpfe in verschiedenen Formen. Ringe fanden sich 7, teils aus Bronze, teils aus Horn, 1 aus Eisen. Einige derselben haben vielleicht als Ohrringe gedient. Auch mehrere Haarnadeln mit verziertem Kopf haben sich gefunden, 2 aus Horn, 1 aus Bronze, 1 mit Goldblech überzogen.

Unter der großen Menge Eisensachen, die aber zum Teil arg durch Oxydierung zerstört sind, sind besonders zu bemerken: 2 kleine Beile, 1 Treteisen, wie es ähnlich noch jetzt von Erdarbeitern beim Graben zum Schutz des Fußes an die Sohle desselben geschnallt wird, ein großes Bandeisen, mehrere Messer verschiedener Form, darunter ein großes gekrümmtes Hiebmesser, ferner mehrere Lanzenspitzen, verschiedene Sorten Nägel (auch ein verzierter Bronzenagel), ein eiserner Schlüssel der ältesten Form, wie ein großes lateinisches T gestaltet, ein Feuerstahl, ein Stück einer Trense. Von anderen bei der Ausgrabung gefundenen Sachen seien noch ein großer Alabaster Brocken und 9 Austerschalen erwähnt. Endlich soll der Vollständigkeit wegen nicht unerwähnt bleiben, daß in dem Graben sich außerordentlich viele Knochen von den verschiedensten Tieren fanden, so daß die Arbeiter durch den Verkauf derselben ein kleines Nebengeschäft machten. Besonders fand sich auch eine große Anzahl Hauer von Ebern, die wir der Vollständigkeit wegen aufbewahrt haben.

Hat die Ausgrabung auch nur wenige besonders hervorragende Fund-stücke ergeben, so hat sie sich doch wohl gelohnt, weil sie uns zahlreiche, wenn auch vielfach fragmentierte Proben der verschiedensten Verbrauchs-gegenstände der alten Einwohner unserer Stadt geliefert hat. Die Herren Dörr und Reinhart haben sich deshalb durch diese Ausgrabung um die Erforschung der Geschichte unserer Stadt ein Verdienst er-worben, für das ihnen hiermit nochmals bester Dank gesagt sein soll.

III.

Zusammenstellung

der im Paulus-Museum vereinigten römischen Inschriften, sowie derjenigen der früher im Kreise Worms gefundenen inschriftlichen Denkmäler, die jetzt in fremden Museen sich befinden oder wieder verloren gegangen sind.

Von den in Worms gefundenen inschriftlichen Denkmälern aus der Römerzeit haben sich in Worms selbst und im Paulus-Museum nur Grabdenkmäler erhalten. Wir stellen diese deshalb den Altären und Votivsteinen voraus. und lassen auf die letzteren dann die kleineren Inschriften, Töpferstempel u. s. w. folgen.

Zum Schluß geben wir die in Worms gefundenen lateinischen fränkischen Grabsteine aus der Zeit des Uebergangs von der römischen zur fränkischen Herrschaft.

Da unter den römischen Grabsteinen im Paulus-Museum die von römischen Reitern von besonderer Wichtigkeit sind, stellen wir mit diesen zusammen das große im vorigen Jahre bei Mainz ge-fundene, jetzt im Besitz des Paulus-Museums befindliche Militärdiplom des römischen Reiters Mucapor aus Thracien.

Wir geben deshalb die Inschriften in folgenden Abteilungen:

a. Sarkophage.

b. Die im Paulus=Museum befindlichen Denksteine und das Militär=
diplom vom Jahre 90.

c. Die nicht im Paulus=Museum befindlichen bei Worms gefundenen
Denksteine.

d. Altäre und Votivsteine.

e. Stempel eines römischen Augenarztes.

f. Ein Meilenstein.

g. Kleinere Inschriften.

h. Die in Worms gefundenen fränkischen Grabsteine aus der Zeit
des Uebergangs von der römischen zur fränkischen Herrschaft.

Wir unterlassen es bei der folgenden Zusammenstellung der In=
schriften bei jeder einzelnen anzugeben, wie und wo dieselbe anderwärts
bereits gedruckt ist. Für alle älteren Inschriften finden sich die be=
treffenden Angaben in Brambach's Corpus inscriptionum rhenanarum,
auf welches Werk wir deshalb hier für den folgenden Abschnitt be=
sonders verweisen. Die auf einigen Steinen angewandten Ligaturen,
das heißt Verbindungen zweier Buchstaben in ein Zeichen, konnten
im Druck leider nicht wiedergegeben werden, wir mußten uns begnügen,
sie jedesmal in den beigefügten Bemerkungen zu erwähnen.

a. Sarkophage.

1. Sarkophag der Spectatia Spectata, gefunden am 11. Juli
1666 am heutigen Mainzer Thor.

D   (M.)

```
SPECTATIAE  SPECTATAE  CONIVGI
CARISSIME   LVTTONIVS  LVPVLVS
CONIVNX   INFELICISSIMVS   CUM
FILIABVS   POSVIT   F.  C.
```

Diis   manibus
Spectatiae Spectatae coniugi
carissim(a)e Luttonius Lupulus
coniunx infelicissimus cum
filiabus posuit f(aciendum) c(uravit.)

„Den Schattengöttern! Seiner lieben Gattin Spectatia
Spectata hat ihr unglücklicher Gatte Luttonius Lupulus mit
ihren Töchtern (diesen Sarg) gewidmet und herstellen lassen".

Der Sarg stand früher im Bürgerhof, 1881 wurde er ins Paulus-Museum übergeführt. Der Deckel des Sarges war nach den handschriftlichen Angaben und einer Abbildung in „Kurtze Vorstellung u. s. w." vollständig erhalten, scheint aber bei der Zerstörung der Stadt 1689 zum Teil zu Grunde gegangen zu sein. Wenigstens war er nach Schannat 1734 schon in dem jetzigen Zustand, das heißt, es fehlte ein großes Stück an der rechten Seite, so daß auch das M nicht mehr erhalten ist. In der Mitte des Deckels ist eine ornamentierte, giebelförmige Erhöhung. Bei dem Sarg liegt noch ein Stück eines anderen Sargdeckels von gleicher Arbeit und aus demselben grauen Sandstein. Er rührt offenbar von einem ähnlichen, wenn auch wohl nicht mit einer Inschrift versehenen Sarg her, ich finde jedoch darüber nirgends etwas angegeben. Die Länge des Sarges beträgt 2,22 m, die Breite 77 cm, die Höhe ohne Deckel 65, mit Deckel 95 cm. Die in der Inschrift vorkommenden Namen sind gewöhnlich, Spectatia kommt auch in der nächsten Inschrift vor. Die Dedicationsformel vereinigt in ungewöhnlicher Weise die einzeln sehr häufigen Ausdrücke posuit, und faciundum curavit. Aus welcher Zeit die Inschrift stammt, ist nicht zu bestimmen. Die Schrift ist groß und deutlich, daher sehr leicht zu lesen.

2. Sarkophag der Spectatia Peregrina.

D.   M.

```
SPECTATIAE . PEREGRINE
SERVANDIVS . SOLLEMNIS ET
SERVANDIA . SERVANDA FILI . EII
VS . FACIVNDVM . CVRAVERVNT
```

D(iis)   M(anibus).
Spectatiae Peregrin(a)e
Servandius Sollemnis et
Servandia Servanda fili eiius
faciundum curaverunt.

„Den Schattengöttern! Der Spectatia Peregrina haben ihre Kinder Servandius Sollemnis und Servandia Servanda diesen Sarg machen lassen".

Dieser jetzt spurlos verschwundene Sarg stand ehemals im bischöflichen Schloß. Schannat (1734) gibt Tafel 2 eine Abbildung desselben, nach der er in Bezug auf Gestalt mit dem unter Nr. 1 erwähnten übereinstimmte, nur war die Inschrift auf der rechten und der linken Seite von einem je etwa einen Fuß breiten Ornament= streifen eingefaßt. Auch war er etwa 20 cm (eine Spanne) länger als der vorige, also etwa 7,40 m. Vor demselben lag noch der Deckel eines weiteren selbst nicht erhaltenen Sarges.

3. Sarkophag des Candidius Martinus, eines der Seviri zu Ehren des Augustus. Gefunden 1561 unter den Fundamenten der Ulrichskapelle.

D

C . CANDIDIO . MARTINO . IIIIII
VIR . AVGVSTALI . C . SENIO
SEVERIA . SEVERA . CONIVX
ET . CANDIDIA . SIVE . MARTI
NIA . DIGNILLA . FILIA . FAC
CVR

M.

D(iis)

C(aio) Candidio Martino se
vir(o) Augustali c(orporis) senio(rum)
Severia Severa coniu(n)x
et Candidia sive Marti-
nia Dignilla filia fac
(iundum) cur(averunt.)

M(anibus.)

„Den Schattengöttern! Dem Gaius Candibius Martinus, Augustalischen Sevir der älteren Abteilung, haben seine Gattin Severia Severa und seine Tochter Candibia oder Martinia Dignilla diesen Sarg machen lassen“. Gruter gibt in seiner 1616 erschienenen Inschriftensammlung un= genau an, der Sarg sei 1547 gefunden worden, die handschriftlich hier erhaltenen Nachrichten geben folgendes an. In der der hiesigen Gymnasialbibliothek gehörigen Chronik steht die Notiz: „1561. In der Behausung des Vespasiani Christ. Theob. Vettichen, Bürger und Apotheker in der Kämmerergasse sind 2 alte Monumente und Grab= steine. Dieselben wurden in der Kirche zu St. Ulalrich nahe bei ge= nannten Vettichens Haus gefunden, der eine ohne Schrift, der andere mit Inschrift. Darin lag ein Mann mit langem, schwarzem Bart und wie es anzusehen, angethan mit langen, köstlichen Kleidern zugleich seinem Weibe“. Es folgt dann die obige Inschrift.

Ebenso heißt es in den schon oben erwähnten Aufzeichnungen im Archiv an 3 Stellen: (Uebersetzung) „In der Virnhirnschen Apotheke

„zur Fortuna" (einmal „zum Engel") steht im innern Hofe ein
11 Spannen (2,20 m) langer Steinsarg, der jetzt als Waschtrog dient.
Derselbe wurde ausgegraben unter dem Fundament der St. Ulrichkapelle
im Jahre 1561; darin fand man eine männliche Leiche mit einem
Barte und mit köstlicher Kleidung bekleidet." Darauf folgt die In=
schrift. In dieser Handschrift und ebenso in der 1690 erschienenen
Schrift: „Kurze Vorstellung u. s. w." findet sich noch eine Abbildung
des Sarges (in der letzteren Schrift mit der Angabe in der „Weißen
Apothek"). Hiernach fehlte schon damals der Deckel, und war an der
Schriftseite ein größeres Stück der Wand herausgebrochen und wieder
hineingeflickt. Bei der Zerstörung oder bald darauf ist der vorher
schon gebrechliche Sarg ganz zu Grunde gegangen. Die Ulrichkapelle
stand in der Schiltergasse in der Nähe der genannten Apotheke.

Zu den Ehrenrechten der Seviri Augustales gehörte zwar, daß
sie in der toga praetexta, einem Prachtkleide, begraben wurden (siehe
Marquard, Römische Staatsverwaltung I. Seite 207), gleichwohl legt der
Fundort und die Angabe, daß in dem Sarg ein bärtiger Mann mit
kostbarer Kleidung gelegen, die Vermutung nahe, daß auch dieser Sarg
ähnlich wie der folgende, nicht mehr die römische Leiche, sondern eine
solche aus späteren Jahrhunderten enthielt. Damit würde auch stimmen,
daß römische Beigaben wie Gläser, Thongefäße u. s. w., die doch ursprünglich
bei der sicher nicht armen Bestattung jedenfalls vorhanden waren, nicht er=
wähnt werden. Ueber die Bedeutung des Sevir Augustalis haben wir schon
oben S. 15 gesprochen. Die Auflösung corporis seniorum und nicht
wie Lehne z. B. las, civium seniorum, geben wir nach Wilmanns
Exempla inscriptionum latinarum Nr. 2261. Von den Doppel=
namen der Tochter ist der erste von dem Stammnamen, der andere
von dem Zunamen des Vaters entlehnt.

4. Sarkophag der Octavia Amanda, gefunden 1834 auf dem Domplatz.

```
OCTAVIAE  AMANDE  CONIVG
CARISSIMAE LASSONIVS FIRMINVS
             F. C.
```

Octaviae Amand(a)e coniug(i)
carissimae Lassonius Firminus
f(aciendum) c(uravit).

„Seiner lieben Gattin Octavia Amanda ließ Lassonius
Firminus (diesen Sarg) machen."

Auf der inneren Seite des Deckels stand der mittelalterliche Name EBBO WOLFGANG; auf der oberen gewölbten Seite des schweren Deckels befanden sich drei eiserne Ringe zur Erleichterung des Abhebens. (Näheres über diesen Fund siehe oben Seite 23.)

5. Sarkophag der Martia Marcellina, gefunden 1818 in Neuhausen.

D.   M.

> CORPVS
> MARTIAE . MARCELLINAE MARTIS
> POST . ANNOS . EXACTOS   VITAE
> EIVS . LXX ...... LACIDIO ....
> ...... IAN ...... TOL   OS ...

D(eo)   M(aximo).
   Corpus
Martiae Marcellinae matris
post annos exactos vitae
eius LXX ... (P)lacidio (Va
lentin)ian(o et Ana)tol(io) (c)ons(ulibus)
    (hic situm est)

„Dem größten Gotte! Hier wurde beigesetzt der Körper der Mutter Martia Marcellina nach einem Leben von 70 . . (?) Jahren unter dem Consulate des Placidius Valentinianus und des Anatolius," d. h. im Jahre 440 n. Chr. Dieser Sarg wurde ebenso wie der folgende mit 14 andern, von denen aber nur die beiden hier angeführten Inschriften hatten, in dem benachbarten Neuhausen an der Stelle der alten Cyriacusabtei im März des Jahres 1818 gefunden. Da er sehr beschädigt war, wurde er nicht erhalten. Lehne hat in seinem Buch „Die römischen Alter= thümer der Gauen des Donnersbergs" zuerst diesen Sarg beschrieben und dazu folgendes bemerkt: „Dem Style der Inschrift nach ist dieser Sarg aus der späteren Zeit. Das D. M. (Diis Manibus) deutete auf das Heidenthum; man muß aber hier annehmen, daß es Deo Maximo heiße, wie es auf vielen christlichen Grabmälern vorkommt. Da die Christen sehr häufig im fünften und sechsten Jahrhundert an= fingen, die Consuln auf ihren Grabsteinen anzuführen oder das Jahr der Indiction, so scheint es mir, daß der Rest der schadhaften In=

schrift hieß: Placidio Valentiniano et Anatolio Coss. Der Sarg wäre also im Jahre 440 verfertigt." Daß diese Neuhauser Särge in der That wohl schon der christlichen Zeit angehören, dürfte auch folgendes wahrscheinlich erscheinen lassen. Der Deckel eines dieser Särge wurde damals zum Plätten eines Hausganges benutzt und zwar so, daß die obere ornamentierte Seite nach unten gelegt wurde und sich erhielt. Dieser Deckel ist im verflossenen Sommer ins Paulus= Museum gekommen. Er ist mit demselben, wie es scheint, an das Christentum erinnernden Bandstreifenornament verziert, das schon oben S. 23, bei den auf dem Domplatz gefundenen Särgen erwähnt wurde.

6. Sarkophag des Rechenlehrers Lupulius Lupercus, gefunden 1818 in Neuhausen.

LVPVLIO LVPERCO DOCTORI ARTIS
CALCVLATVRAE   NOVIONIA   MOTVCA
MATER PER LUPVLIUM LUPIANUM FILIUM. F

Lupulio Luperco doctori artis
calculaturae Novionia Motuca
mater per Lupulium
Lupianum filium f(ecit).

   „Dem Lupulius Lupercus, Lehrer der Rechenkunst, ließ seine Mutter Novionia Motuca durch ihren Sohn Lupulius Lupianus (diesen Sarg) machen."

Auch dieser Sarg aus Sandstein wurde, wie angegeben, 1818 in Neuhausen gefunden und kam in die Bandel'sche Sammlung und mit dieser in das Mainzer Museum. Seine Länge beträgt 2,14 m, die Höhe (ohne Deckel) 67 cm, die Breite 80 cm.

Auf einem 1822 bei Trier gefundenen Grabstein steht die an die Namen unseres Rechenlehrers und seiner Mutter auffallend er= innernde Inschrift; Motucio Luperco Liberto Secundinius Motocus f. c. Möglicherweise haben wir auf diesem Grabstein den Namen des Großvaters unseres Lupercus von mütterlicher Seite.

7. Sarkophag des Faustinius Faustinus, eines Soldaten der ersten Kohorte der Damascener, gefunden im März 1824 in Alsheim in der Nähe der römischen Straße, jetzt im Museum der Stadt Mainz.

```
FAVSTINIO . FAVSTINO . SENNAVCI . FLORIONIS . FIL . MIL·
COH . I . F . D . PED SING COS . GEMELLINIA FAVSTINA . MAT
ET.FAVSTINIA . POTENTINA . SOR.HER SECVNDVM.VOLVNT
TESTAMENTI . POS. VIXIT AI ... DECIDIT IN FLORE IVVENTE
                          F. C.
```

Faustiuio Faustino, Sennauci Florionis fil(io) mil(iti) coh(ortis
primae f(idae) D(amascenorum) ped(itatae), sing(ulari) cons(ula-
ris) Gemellinia Faustina mat(er) et Faustinia Potentina
sor(or) her(edes) secundum volunt(atem) testamenti pos(uerunt)
vixit an(nos ? ?) decidit in flore iuvent(a)e f(aciendum)
c(uraverunt).

„Dem Fauſtinius Fauſtinus, des Sennaucus Florio Sohn, Soldaten
der erſten Kohorte der Damaſcener (ſo genannt nach der Stadt
Damascus in Syrien), der Fußgänger, der getreuen, conſulariſchen
Sigularier (ſie waren zu beſonderem Dienſte bei dem kaiſerlichen
Legaten von Obergermanien beſtimmt) ließen ſeine Mutter Gemellinia
Fauſtina und ſeine Schweſter Fauſtinia Potentina, ſeine Erben,
(dieſen Sarg) nach Vorſchrift ſeines Teſtamentes machen. Er lebte
(25?) Jahre und ſtarb in der Blüte der Jugend.“

Die Inſchrift iſt mit zahlreichen Ligaturen geſchrieben, indem
faſt ſämtliche I mit dem nächſten Buchſtaben, außerdem E mit vor=
hergehendem M, H, T und V mit vorhergehendem A, endlich NN zu
einem Zeichen verbunden ſind, in dem Worte Sennauci iſt das I klein
in das C hineingeſchrieben. Der Sarg iſt aus Sandſtein, ſeine
Höhe beträgt 2,32 m, die Breite 77 cm, die Höhe ohne Deckel
60 cm. Der Deckel iſt verziert. Die cohors I Flavia Damascenorum
kommt auch in unſerem Militärdiplom vom Jahre 90 und ebenſo in
dem auf das in Obergermanien ſtehende Heer bezüglichen Geſetz vom
Jahre 116 vor. In unſerem Militärdiplom hat ſie den Beinamen milliaria.

    b. Im Paulus=Muſeum aufbewahrte Denkſteine und
das Militärdiplom desſelben.

    1. Denkſtein des Quintus Carminius Ingenuus, eines Signifers
der Ala Hiſpanorum, gefunden 1666 vor dem Mainzer Thor.

```
Q CARM|||NIO IN||
GENVO . VITALA
HISPANORUM ...
STIP . XXV . SIGNIFERO
SACER IVLIVS . H.E.T.
```

Q(uinto) Carminio In-
genuo, equit(i) ala(e)
Hispanorum
stip(endiorum) XXV, signifero
Sacer Julius h(eres) e(x) t(estamento).

„Dem Fahnenträger Quintus Carminius Ingenuus,
Reiter der spanischen Ala, im Dienste 25 Jahre, errichtete
sein Erbe Julius Sacer nach dem Testamente diesen
Denkstein."

Ueber der Inschrift dieses Steines befindet sich die bildliche Darstellung dieses Fahnenträgers mit dem Signum zu Pferd, unter demselben 2 besiegte Germanen. Dieser Teil ist abgebildet bei Lindenschmit Altert. u. heidn. Vorz. II 3 VII 2, worauf wir hier verweisen.
Bemerkenswert ist besonders das Signum, der große Schild des
Reiters und die mit einem kräftigen Schildbuckel versehenen Schilde
der 2 Germanen. Das Schwert des Reiters hängt auf der rechten
Seite desselben. Der eine Germane hat langes auf den Rücken herab-
wallendes Haar. Die Nische selbst ist glatt gehalten, die beiden
äußeren Ränder sind als Säulen gebildet, über denen sich der Bogen
erhebt. Die Spitze ist mit einer Palmette bekrönt, während an den
beiden Seiten, was bei Lindenschmit nicht zu sehen ist, zum Sprung
bereite Löwen stehen, deren Köpfe leider nicht erhalten sind.

Höhe des ganzen Steines 2,55 m, Breite 95 cm; Höhe der
Nische 1,46 m, des Reiters 1,17 m, Höhe der Schriftfläche 50 cm,
Höhe der Buchstaben der obersten Reihe beinahe 8 cm, der anderen
6¹/₂ cm; Breite der Nische 81 cm, der Säulen je 6 cm.

Der Stein ist leider in 2 Stücke gebrochen und die zweite Schriftreihe durch diesen Bruch zum größten Teil zerstört, nur die unteren
Teile der Buchstaben sind noch erhalten. Die Namen kommen auch
sonst noch vor, in Sacer Julius ist das Cognomen ungewöhnlich

vorausgestellt. Auffallend ist auch, daß weder die Heimat noch das Alter des Gestorbenen angegeben ist; eine Angabe des letzteren könnte vielleicht Zeile 3 in der kleinen Lücke am Schluß gestanden haben.

2. Denkstein des Helvetiers Clossus, eines Reiters der Ala Hispanorum; gefunden 1666 vor dem Mainzer Thor.

```
LICINVS . CLOSI
F . HELVETIUS . ANN
XLVII . EQVES ALA...
HISP . STIP. XXVI H.s...
```
TiB . IVL. CAPITO. H.

Licinius, Closii
f(ilius), Helvetius, ann(orum)
XLVII . eques . alae
Hisp(anorum) stip(endiorum XXVI,
                h(ic) s(itus est)
Tib(erius) Jul(ius) Capito h(eres).

„Licinius, Sohn des Clossius, ein Helvetier, 47 Jahre alt, Reiter der spanischen Ala, 26 Jahre im Dienst, ist hier beerdigt. Sein Erbe Tiberius Julius Capito.“

Der Stein ist dem ersten ähnlich, nur liegt hier nur ein Germane unter dem Pferd. Ueber der Wölbung der Nische erhebt sich ein Giebel, das dadurch entstehende Dreieck ist durch eine Rosette verziert, an den beiden Seiten an der Stelle der Löwen des ersten Steines sind blattartige Wulste angebracht. Höhe des ganzen Steines 2,30 m. bis zur Nische 1,27 m, Höhe der umrahmten Schriftfläche 36 cm, die fünfte Reihe steht unter derselben, Höhe der Buchstaben der vier ersten Reihen 6½ cm, der letzten 7 cm. Breite des ganzen Steines 75 cm, der Nische 65 cm; an der Schriftfläche ist auf der rechten Seite der Stein beschädigt, doch ist von der Schrift selbst nur der letzte Buchstabe der dritten und vierten Reihe verloren. Das letzte I in Licinius ist ausgelassen, eine Erhöhung des N ist nicht vorhanden, Clossii ist so geschrieben, daß das eine S in das O hineingeschrieben, das doppelte I aber durch Verlängerung ausgedrückt ist. Das T ist überall erhöht, die beiden NN von annorum sind in einander gestellt, endlich ist das letzte A von alae und das I in Tib(erius) kleiner geschrieben.

Der Helvetier Licinius hatte zwar einen römischen Namen an=
genommen, war aber noch nicht römischer Bürger, was aus dem
Fehlen des Vor= und Zunamens hervorgeht; er war Reiter in der
ala Hispanorum, diese bestand also nicht bloß aus Spaniern.

3. Denkstein des Namneten Smertulitanus, eines Reiters der
Ala Indiana, gefunden 1666 vor dem Mainzer Thor.

ARGIOTALUS.	Argiotalus
SMERTULITANI	Smertulitani
F.NAMNIS.EQV	f(ilius), Namnis, equ(es)
ALA INDIANA.	ala Indiana
STIP . X ANNO	stip(endiorum) X . anno . (rum)
XXX . H . S . E .	XXX h(ic) s(itus) e(st)
EREDES . POSVE	(h)eredes posue-
RUNT.	runt.

„Argiotalus, Sohn des Smertulitanus, ein Namnete, Reiter
in der Ala Indiana 10 Jahre im Dienst, alt 30 Jahre
liegt hier begraben. Die Erben setzten (den Denkstein)."

Die Namneten wohnten an der Mündung der Loire; die heutige
Stadt Nantes hat ihren Namen von der römischen civitas Namnetum,
die auch einfach Namnetes, wie Worms Vangiones genannt wurde.
Der Name Namnetes blieb, während für Vangiones nach der Ver=
treibung der Römer wieder der ursprüngliche Name eintrat. Auch an
diesem kleineren Steine ist, wie an den vorhergehenden über der
Schriftfläche eine 52 cm breite und 51 cm hohe Nische mit einem
zu Pferd sitzenden Reiter gebildet. Der Reiter hat sich ganz nach links
umgewandt, so daß er den Rücken zeigt und schleudert mit der linken
Hand eine Lanze. Die Rückwand der Nische ist von obenher bis zur
Hälfte mit einem fächerartigen Ornament überdeckt. Ueber dem
Scheitel des Giebels erhebt sich noch ein blattartiger 10 cm hoher
Aufsatz. Die Höhe des ganzen Steines beträgt 1,40 m. die Breite
59 cm, die Höhe der Schriftfläche 61 cm, die Breite 43. Die Höhe
der Buchstaben 6 cm, in der untersten Reihe nur 5. In der Reihe
ala Indiana ist der Stein zerbrochen, doch sind die Buchstaben alle er=
halten. Woher die ala ihren Namen hat, ist nicht sicher bekannt,
man hat vermutet, daß die Benennung in der Art der Bewaffnung
ihren Grund habe. Gewöhnlich sind jedoch die auf ianus gebildeten

Namen der Alä von Personennamen abgeleitet, weshalb Lersch den
Namen von dem des spanischen Königs Indus oder Indo ableiten
wollte. Dagegen spricht jedoch wieder, daß die Ala nicht eine spanische,
sondern eine gallische gewesen zu sein scheint.

4. Denkstein des Tergestiners Marcus Sempronius; gefunden
1666 vor dem Mainzer Thor.

| M . S E M P R O N | I M(arcus)Semproni | Marcus Sempronius |
| VS . L . F . DOMO | us . L(uci). f(lius) domo | Sohn des Lucius. |

TERMESTINVS	Termestinus	gebürtig zu Tergeste.
ANNO . XX	anno(rum) XX...	XX... Jahre alt,
DEC . EQVES ALAE	dec(urio?) eques alae	Decurio, (?) Reiter der
SEBOSIANAE	Sebosianae	Sebosianischen Ala ist
H . S . E	h(ic) s(itus) e)st).	hier beerdigt.

Der Stein hatte die Gestalt eines Oblongs mit einem spitzen
Giebel darüber. Der Rand ist gegen die innere Fläche erhöht. In
der Giebelfläche befindet sich eine Rosette, über der Schrift ein Kranz.
Tollius hat den Stein noch ganz gesehen und abgeschrieben, während
schon zur Zeit der Zerstörung der Stadt nur das obere Stück, das
sich jetzt im Museum befindet, noch vorhanden war. Darauf sind
nur die zwei oberen Schriftreihen erhalten, früher waren noch die
Spitzen der Buchstaben der 3. Reihe zu erkennen, sie sind jetzt aber
auch fast ganz verschwunden. In der ersten Reihe steht das I außer=
halb der umrahmten Schriftfläche.

Tollius hat abgeschrieben TERMESTINVS, es wird aber wohl
Tergestinus zu lesen sein, d. h. aus Tergeste, dem heutigen Triest.
Das Wort dec. in der 5. Zeile ist gewöhnlich Abkürzung für
Decurio; hier erscheint mir diese Auflösung des folgenden eques wegen
zweifelhaft, doch kenne ich keine bessere. Die ala Sebosiana findet sich
auf anderen rheinischen Denkmälern nicht erwähnt.

5. Denkstein des Treverers Partus, des Mutius Sohn, eines
Reiters der Ala Agrippiana; gefunden 1666 vor dem Mainzer
Thor.

PARTUS MVTII . F. EQVES . ALA . AGRIPI ANA . NATIONE . TREVER ANNORV . XXXV . STIP. llll . HIC . SITUS . EST FRATRES POSVERUNT.	Partus Mutii f(ilius) eques ala Agripi ana natione Trever annoru(m) XXXV stip(endiorum llll hic situs est. Fratres posuerunt.

„Partus, des Mutius Sohn, ein Reiter der Agrippianiſchen
Ala, ein geborener Treverer, 35 Jahre alt, 4 Jahre im Dienſt,
iſt hier beerbigt. Die Brüder ſetzten (den Denkſtein).“

Dieſer Stein zerbrach bei der Auffindung in 2 Stücke; dieſelben
lagen längere Zeit getrennt im Stabtgraben, bis der obere Teil mit
der bildlichen Darſtellung am Rheinthor eingemauert wurbe, von wo
er ſpäter in den Stabthaushof und bann ins Muſeum gekommen iſt,
während alle früheren Herausgeber behauptet haben, der Stein ſei
ganz verloren. Auf dem Stein iſt ein bewaffneter Reiter bargeſtellt,
dem unmittelbar hinter dem Rücken 3 Fußgänger folgen. (S. bie
Abbilbung Tfl. IV. 4.)

6. Denkſtein des Aurelius Dizza, eines Cuſtos Armorum (Zeug=
warts) der zweiten Legion, der parthiſchen; gefunden 1883 an der
Schillerſtraße.

D.	Abler	M.

AUR . DIZZA C / LEG II PART >. llll P|||| POST　　　V　　　ANN XXXVI　ES　ll M l |||| ANN .　llll MVC LEG S.S. > ET AUREL. PYRR HEREDES FRAT POSVERVNT.

Diis　　　　　Manibus.
Aur(elius) Dizza c(ustos armorum?)
leg(ionis) ll Parthicae centurionis (cohorte) llll p(rincipis ob. p(ili)
post(erioris v(ixit) ann(os)

5

XXXVI (di)es VII (ober XII) mi(litavit)
annos (X)IIII (Aurelius)
Muc(atra ?)   miles
leg(ionis) s(upra) s(criptae) centurionis . . . .
et Aurelius Pyrr(hus)
heredes frat(res)
posuerunt.

„Den Schattengöttern! Aurelius Dizza, Custos Armorum der
II. Legion, der parthischen, in der Centurie des Princeps
der hinteren Abteilung der vierten Kohorte, lebte 36 Jahre,
7 (oder 12) Tage und diente 14 Jahre. Aurelius Muc(atra
Soldat) der oben angegebenen Legion, in der Centurie des
. . . . . und Aurelius Pyrrhus seine Brüder und Erben setzten
(den Denkstein)."

Dieser aus rotem Sandstein bestehende, jetzt noch über einen Meter
hohe und 68 cm breite Grabstein wurde im September 1883 an der
Schillerstraße gefunden. Er war als Deckel für ein fränkisches Platten=
grab benutzt. Leider war er bei dieser Verwendung in mehrere Stücke
zerschlagen worden und zwar offenbar an dieser Stelle, denn in dem
Schutte lagen eine Anzahl Steinbrocken, einige mit Buchstabenresten,
die offenbar von dem Grabstein selbst herrührten. Die Verstümmelung
hat stattgefunden, erstens an der Spitze des Steins, der früher wahr=
scheinlich giebelförmig abschloß. In der Mitte des Giebels befindet
sich ein großes Medaillon (32 cm Durchmesser) mit dem Bilde eines Adlers,
von dem leider der obere Teil abgebrochen ist. Außerdem ist an der
rechten Seite die Inschrift der 3.—7. Zeile zum Teil zerstört. In
der ersten und zweiten Reihe ist jedesmal der letzte Buchstabe zerstört,
nur ist in der ersten Reihe von demselben ein schrägstehender Strich
zum Teil erhalten (/). Die Schrift ist sehr scharf gehauen und des=
halb, wo nicht zerstört, leicht zu lesen. Der Stein ist in der West=
deutschen Zeitschrift II. Bd. S. 433 besprochen; die angegebenen Er=
gänzungen hat Direktor Hettner in Trier vorgeschlagen. Die Lesung
custos armorum ist leider nicht ganz sicher, da nicht das A, sondern
nur ein Stück eines schrägen Striches erhalten ist, der allerdings höchst
wahrscheinlich zu einem A gehörte. Der custos armorum war den
Centurien zugeteilt, die Centurie aber ist durch die Rangstellung ihres

Centurionen bezeichnet, was auch sonst vorkommt; so ist z. B. ein Soldat derselben Legion bezeichnet: Aurelius Victoriuus mil(es) leg(ionis) ll. Parth(icae) Severianae p. f. f. aeternae centurionis quarta pili posterioris. Bei der Zahl der Tage und der Dienst= jahre kann dem Raume nach V oder X ergänzt werden, für die Dienstjahre ist nach den Lebensjahren XIIII das Wahrscheinlichere. In die Lücke der 5., 6. und 7. Zeile fällt die Angabe des vollen Namens und der militärischen Stellung des einen Bruders, dessen Zunamen mit der Silbe Muc. begann, also z. B. Mucatra geheißen haben kann. Hinter leg. s. s. ist jetzt nach völliger Reinigung des Steines deutlich ein Centurionenzeichen zu sehen. Der Stein ist unter oder nach Septimius Severus errichtet, da die zweite parthische Legion erst von diesem Kaiser begründet wurde, und ist bis jetzt das einzige Denkmal eines Soldaten dieser Legion in unserer Gegend.

Militärdiplom des Kaisers Domitianus
vom 27. Oct. des J. 90 n. Chr.;

gefunden 1884 im Rhein bei Mainz.

Denjenigen Soldaten der Hilfstruppen aus den unterworfenen Provinzen, die eine Reihe von Jahren gedient hatten, pflegte von den Kaisern das römische Bürgerrecht verliehen zu werden. Die Original= urkunde über eine solche in der Regel für eine Anzahl Abteilungen ausgesprochene Verleihung wurde auf eine Erztafel eingegraben und in Rom aufbewahrt, d. h. an einem Tempel, seit 86—90 n. Chr. an dem Minervatempel angeschlagen. Nach dieser Originalurkunde des Gesetzes wurden einzelnen Soldaten beglaubigte Abschriften aus= gefertigt auf Erztafeln, deren auf dem ganzen Gebiet des römischen Reiches bis jetzt 79 gefunden worden sind, wovon jedoch viele nur fragmentarisch erhalten sind. Es sind dies die sogenannten Militär= diplome.

Die Einrichtung derselben ist folgende: Jedes einzelne bestand aus zwei Erztafeln; (die größten derselben haben die Größe eines Quartheftes). Die vordere Tafel hat an der Ecke rechts oben und rechts unten, außerdem an 2 Stellen in der Mitte 4 kleine Löcher, denen an den entsprechenden Stellen der hinteren Tafel gleiche Löcher entsprechen. In den Löchern an den Ecken hielt je ein kleiner Drahtring die beiden Tafeln zusammen, so daß dieselben wie ein Buch aufgeschlagen werden konnten, während durch die Löcher in der Mitte die Schnüren gezogen waren, an denen die Siegel der Zeugen befestigt waren. Auf der Außenseite der vorderen Tafel ist das ganze Gesetz eingegraben, nebst der Angabe, für wen die betreffende Abschrift angefertigt ist. Auf der Innenseite der vorderen Tafel steht dann nochmals die erste Hälfte des Gesetzes in größerer Schrift, während die 2. Hälfte des Gesetzes auf der Innenseite der hinteren Tafel steht, manchmal mit kleinen Auslassungen in der Ausfertigungsformel. Die Schriftreihen laufen auf den Innenseiten den Langseiten der Tafeln parallel, während sie außen den Schmalseiten entsprechen. Auf der Außenseite der hinteren Tafel stehen die Namen der 7 Zeugen.

Von unserem Militärdiplom wurden die beiden Hälften im vorigen Jahre getrennt bei Mainz gefunden, die hintere Tafel kam in das Mainzer Museum und wurde alsbald von Herrn Reallehrer J. Keller in Mainz im Korrespondenzblatt der Westdeutschen Zeit= schrift Juni 1884 veröffentlicht; die vordere, etwas später gefundene, das ganze Gesetz enthaltende Tafel wurde den Sammlungen des Paulusmuseums einverleibt. Herr Professor Mommsen hat bereits nach einer von dem Verfasser gefertigten Abschrift das Gesetz im October des vorigen Jahres in der Zeitschrift Ephemeris epigraphica veröffentlicht und mit erklärenden Bemerkungen versehen. Wir geben im folgenden auf der ersten Seite den Wortlaut des ganzen Gesetzes nach der Außen= seite unserer Tafel; auf der zweiten und dritten Seite aber nochmals den Wortlaut des Gesetzes nach den inneren Seiten der beiden Tafeln; auf der vierten Seite dann die Namen der Zeugen auf der Außenseite der hinteren Tafel. Innen sind die Worte am Schluß von Romae an weggelassen, außerdem sind nur noch einige kleine Verschiedenheiten in der Schreibung einiger Wörter vorhanden. Die Uebersetzung geben wir deshalb nur einmal.

Außenseite der vorderen Tafel.

IMP . CAESAR . DIVI . VESPASIANI . F . DOMITIANVS •
AVGVSTVS   GERMANICVS   PONTIFEX   MAXIMVS
TRIBVNIC . POTESTAT . X . IMP. XXI CENSOR
PERPETVVS   COS . XV   PATER PATRIAE
5 EQVITIBVS QVI . MILITANT . IN ALIS QVATTVOR I
FLAVIA . GEMINA . I . CANNENEFATIVM . I SINGVLA
RIVM . SCVBVLORVM . Et PEDITIBVS ET EQVITIBVS
QVI IN COHORTIBVS . DECEM ET . QVATTVOR . I . FLA
VIA   DAMASCENORVM . MILLIARIA I BITVRICVM
10 I . THRACVM . I AQVITANORVM . VETERANA I ASTVRVM
II AQVITANORVM II CYRENAICA . II RAETORVM . III
DELMATARVM III et IIII AQVITANORVM IIII VINDE
LICOR . V . DELMATARVM . VII RAETORVM QVAE
SVNT IN GERMANIA SVPERIORE . SYB . I . IAVOLENO
15 PRISCO ITEM DIMISSIS HONESTA MISSIONE QVI
NIS . ET VICENIS PLVRIBVSVE STIPENDIIS EMERITIS
          •   •
QVORVM NOMINA SVBSCRIPTA SVNT IPSIS LI BE
RIS POSTERISQVE EORVM CIVITATEM DEDIT ET CO
NVBIVM CVM VXORIBVS QVAS TVNC HABVISSENT
20 CVM EST CIVITAS IIS DATA AVT SI QVI CAELIBES . ES
SENT CVM · IIS QVAS POSTEA DVXISSENT DVMTA
XAT SINGVLI SINGVLAS A . D . VI . K · NOVEMBR .
ALBIO   PVLLAIENO   POLLIONE
CN   POMPEIO   LONGINO   COS
25 COHORT . I AQVITANORVM VETERANAE CVI PRAEST
M   APRECINVS   CEMELLVS
                    EQVITI
MVCAPORI   EPTACENTIS   F   THRAC
DESCRIPTVM ET RECOGNITVM EX TABVLA AENEA
30 QVAE FIXA EST ROMAE IN MVRO POST TEMPLVM
DIVI AVG . Ad MINERVAM   •

IMP . CAESAR . DIVI VESPASIANI . F . DOMITIANUS AVGVS

TVS GERMANICVS PONTIFEX MAXIMVS TRIBVNIC

POTESTAT . X . IMP . XXI CENSOR PERPETVVS

COS XV PATER PATRIAE

5 EQVITIBVS QVI . MILITANT . IN ALIS QVATTVOR I

FLAVIA . GEMINA . I . CANNENEFATIVM . I SINGVLARIVM . SCVBV

LORVM . ET PEDIBVS ET EQVITIBVS QVI IN COHORTIBVS

DECEM ET . QVATTVOR . I FLAVIA DAMASCENORVM . MIL

LIARIA I BITVRIGVM I . THRACVM I . AQVITANORVM

10 VETERANA . I . ASTVBVM II AQVITANORVM II CYRENAICA .

II RAETORVM . III DELMATARVM III ET IIII AQVITANORVM

IIII. VINDELICOR . V . DELMATARVM . VII RAETORVM QVAE

SVNT IN GERMANIA SVPERIORE . SVB . I IAVOLENO

PRISCO ITEM DIMISSIS HONESTA MISSIONE QVINIS

15 ET VICENIS PLVRIBVSVE STIPENDIIS . EMERITIS

• QVORVM NOMINA SVBSCRIPTA SVNT IPSIS LIBE •
RIS POSTERISQVE EORVM CIVITATEM DEDIT ET CONV
BIVM CVM VXORIBVS QVAS TVNC HABVISSENT
CVM EST CIVITAS IIS DATA AVT SI QVI CAELIBES ESSENT
20 CVM IIS QVAS POSTEA DVXISSENT DVMTAXAT SIN
sic GVLI SINGVLAS . A . D . VI . K . NOVEMBR
ALBIO   PVLLAIENO . POLLIONE COS
CN   POMPEIO   LONGINO
COHORT . I . AQVITANORVM VETERANAE CVI PRAEST
25 M   ABRECINVS   GEMELLVS
            EQVITI
MVCAPORI   IPTAGENTIS   F . THRAC
DESCRIPTVM ET RECOG•NITVM EX TABVLA AENEA
QVAE FIXA EST ROMAE

AVGVSTALIS

VERECVNDI

MODESTI

EVTRAPELI

CLEMENTIS

OCTAVI

IANVARI

Schnüre mit den sieben Siegeln. •

Q . MVCI

L . PVLLI

C . LVCRETI

C . POMPEI

C . IVLI

Q . VETTI

L . PVLLI

•

Imp. Caesar, divi Vespasiani f., Domitianus Augustus Germanicus, pontifex maximus, tribunic(ia) potestat(e) X, imp. XXI, censor perpetuus, co(n)s(ul) XV, pater patriae

equitibus, qui militant in alis quattuor (1) I Flavia gemina, (2) I Cannenefatium, (3) I singularium, (4) Scubulorum, et peditibus et equitibus, qui in cohortibus decem et quattuor (1) I Flavia Damascenorum milliaria, (2) I Biturigum (3) I Thracum (4) I Aquitanorum veterana, (5) I Asturum, (6) II Aquitanorum, (7) II Cyrenaica, (8) II Raetorum, (9) III Delmatarum, (10) III et (11) IIII Aquitanorum, (12) IIII Vindelicor(um), (13) V Delmatarum, (14) VII Raetorum, quae sunt in Germania superiore sub L. Iavoleno Prisco, item dimissis honesta missione, quinis et vicenis pluribusve stipendiis emeritis,

quorum nomina subscripta sunt, ipsis liberis posterisque eorum civitatem dedit et conubium cum uxoribus, quas tunc habuissent, cum est civitas iis data, aut si qui caelibes essent, cum iis quas postea duxisseut, dumtaxat singuli singulas.

a. d. VI k. Novembr. Albio Pullaieno Pollione, Cn. Pompeio Longino cos.

cohort(is) I Aquitanorum veteranae, cui praest M. Arrecinus Gemellus, equiti Mucapori, Eptacentis f., Thrac(i).

Descriptum et recognitum ex tabula aenea, quae fixa est Romae in muro post templum divi Aug(usti) ad Minervam.

„Der Kaiſer Domitianus Auguſtus, des verewigten Veſpaſianus Sohn, Pontifex Maximus, im 10. Jahre ausgerüſtet mit der tribuniciſchen Macht, zum einundzwanzigſten Male Imperator, lebenslänglich Cenſor, Conſul zum fünfzehnten Male, Vater des Vaterlands hat ſich bewogen geſehen, den Reitern, die in den 4 Alä dienen (1) der ersten Flavischen, der gedoppelten, (2) der ersten der Canninefaten, (3) der ersten der Singularier und (4) der der Scubuler, sowie den Fußgängern und Reitern, die in den 14 Kohorten (dienen) (1) der ersten Flavischen der Damascener mit dem Beinamen Milliaria, (2) der ersten der Bituriger, (3) der ersten der Thraker, (4) der ersten der Aquitanier, der alten, (5) der ersten der Asturier, (6) der zweiten der Aquitanier, (7) der zweiten Cyrenäischen, (8) der zweiten der Rätier, (9) der dritten der Dalmatier, (10) der dritten und (11) der vierten der Aquitanier, (12) der vierten der Vindelicier, (13) der fünften der Dalmatier, (14) der siebenten der Rätier, welche in Obergermanien stehen unter L. Javolenus Priscus, ebenso denen, die bereits in Ehren verabschiedet sind, wenn sie 25 oder mehr Jahre gedient haben, deren Namen verzeichnet sind, für sie selbst, ihre Kinder und Nachkommen das Bürgerrecht zu verleihen, sowie die Rechte der bürgerlichen Ehe mit den Frauen, die sie zu der Zeit, wo ihnen das Bürgerrecht verliehen wurde, hatten, oder wenn sie unverheiratet waren, mit denjenigen, die sie später heiraten, natürlich nur eine.

Am 27. October unter dem Consulate des Albius Pullaienus Pollio und des Gnäus Pompeius Longinus für den Thracier Mucapor, den Sohn des Eptacentis, einen Reiter der ersten Kohorte der Aquitanier, der alten, welche befehligt M. Arrecinus Gemellus, abgeschrieben und beglaubigt nach der Erztafel, welche angeschlagen ist an der Mauer hinter dem Tempel des verewigten Augustus zur Minerva."

Die Namen der Zeugen auf der Außenseite der hinteren Tafel:

(Siegel) „des Q. Mucius Augustalis, des L. Pullius Verecundus, des C. Lucretius Modestus, des C. Pompeius Eutrapelus, des C. Julius Clemens, des Q. Vettius Octavus, des L. Pullius Januarius."

Das Diplom ist eines der größten und am besten erhaltenen. Es ist 203 mm lang, 160 mm breit. Außer ihm beziehen sich noch drei andere früher gefundene Diplome auf dasselbe Heer, nämlich ein Gesetz vom Jahre 74, eins von 82 und eins von 116, in denen dieselben Truppenteile erwähnt werden mit Ausnahme der Ala Scubulorum, die auch auf einem Wormser Altar vorkommt. (S. IV. d Nr. 2.) Nach einer Inschrift im C. J. L. III p. 866 stand sie im Jahre 107 in Rätien, zwischen 90 und 107 muß sie also aus Germanien hierher verlegt worden sein. Die 14 Kohorten kommen sämtlich auch in den 3 anderen Gesetzen vor, aber nicht alle in allen, so daß für verschiedene durch unser Diplom entschieden wird, entweder daß sie bis zum Jahre 90 oder vom Jahre 90 an in Obergermanien gestanden haben. Der Legat L. Javolenus Priscus ist als Jurist und Staatsmann berühmt doch war die Zeit, wann er gelebt und die Ämter bekleidet hat, seither nicht sicher bekannt. Durch unser Diplom ist nun erwiesen, daß er vor dem Jahre 90 Consul und im Jahre 90 Legat in Obergermanien war. Näheres über ihn und seinen eine eigentümliche Controverse bietenden Vornamen gibt Mommsen a. a. O. Auch für die Bestimmung des Zeitpunktes, von dem an die Gesetze am Tempel der Minerva angeschlagen wurden, ist das Gesetz von Bedeutung. Während nämlich seither nur bekannt war, daß dies zwischen 86 und 93 n. Chr. eingeführt worden ist, zeigt unser Diplom, daß es im Jahre 90 bereits geschah.

c. Die nicht im Paulus-Museum befindlichen in der Nähe von Worms gefundenen Denksteine.

1. Denkstein des Reiters Gaius Vibius Virilio.

C . VIBIVS	G(aius) Vibius
C . F . VOLT.	G(ai) f(ilius) Volt(inia)
VIRILIO	Virilio
EQ . LEG . XVI	eq(ues) leg(ionis) XVI
ANN . XLV	ann(orum) XLV
STIP . XXII	stip(endiorum) XXII
H . S . E .	h(ic) s(itus) e(st).

„Gaius Vibius Virilio, Sohn des Gaius, aus der Voltinischen Bürgerklasse, Reiter der 16. Legion, alt 45 Jahre, im Dienst 22 Jahre, ist hier beerdigt."

Den Stein hatte der berühmte Bischof Joh. Dalberg 1484 im Innern des bischöflichen Hofes einmauern und folgende Worte darüber schreiben lassen: otati priscae Joh. Dalbg. Episc. rep. cur. anno christi 1484. Eine Abbildung des Steines findet sich in der öfters schon angeführten Schrift „Kurze Vorstellung u. s. w." Hiernach erhob sich über dem einfachen Oblong mit der Inschrift ein mit einer kleinen Rosette verzierter, sonst glatter Giebel. Die 16. Legion stand in der ersten Hälfte des 1. Jahrhunderts in Obergermanien. In Mainz haben sich nicht weniger als 10 Grabsteine dieser Legion ge=funden, darunter auch einer eines Reiters und die dreier Soldaten aus der Voltinischen Tribus. Unter Galba stand die Legion bereits in Niedergermanien zu Novesium und zu Gelduba. Nachdem sie im Kampf mit Civilis schimpflich capituliert hatte, wurde sie von Vespasian erneuert und führte seitdem den Namen Flavia.

2. Nach Schannat a. a. O. war ebenfalls am Bischofshof ein Bruchstück eines römischen Denksteines eingemauert, auf dem noch folgende Worte zu lesen waren:

LEGi . XX P P	legi(onis) XX(ll) p(rimigeniae (piae)
IVL . PRIMVS	Jul(ius) Primus.

„Julius Primus (Soldat) der 22. Legion, der erst=geworbenen, getreuen."

Die Beinamen der Legion zeigen, daß XX nicht richtig sein kann, daß vielmehr XXll zu lesen ist, welche Legion diese Beinamen zur Unter=scheidung von der XXll Legion mit dem Beinamen Deiotariana führte.

3. Denkstein des Vejagenus, eines Soldaten der Kohorte der Rätier; gefunden 1666 vor dem Mainzer Thor.

VEIAGENVS	Veiagenus
SISGI . F . MIL	Sisgi f(ilius) mil
ES . EX . COH	es ex coh
ORTE.RAETO	orte Raeto(rum)
AN . XLVI . STIP	an(norum XLVI stip(endiorum)
XXIV NATVS M	XXIV natus Monet(i)
ONET	
H . S . E .	h(ic) s(itus) e(st).

„Vejagenus, der Sohn des Sisgus, Soldat aus der rätischen Kohorte, 46 Jahre alt, 24 Jahre im Dienst, geboren zu Monetium, ist hier bestattet.

Ueber dem faſt ein Quadrat bildenden mit der Inſchrift bedeckten
Viereck erhob ſich ein einfaches Dreieck, deſſen Mitte durch eine Roſette
verziert war. Der Stein war vor der Zerſtörung der Stadt an der
linken Seite der Martinspforte aufgeſtellt, ging aber bei der Zer=
ſtörung zu Grunde. In dem Buche „Kurze Vorſtellung u. ſ. w.“
iſt er abgebildet. In der zweitletzten Zeile iſt ET ligiert. Rätien
mit Vindelicien — das Land ſüdlich von der Donau, weſtlich bis
zum Bodenſee und dem Oberlauf des Rheins — umfaßte einen
großen Teil von Schwaben, den nördlichen Teil von Throl und
ganz Graubünden bis in das nördliche Italien hinab. Das Land
wurde erſt von Druſus und Tiberius völlig unterworfen. Die Rätier
ſtellten mehrere Kohorten zu den Hilfstruppen, in dem oben beſprochenen
Militärdiplom a. d. Jahre 90 wird die VII. Kohorte der Rätier
erwähnt. Die Stadt Monetium, der Geburtsort des Vejagenus, lag
nicht in Rätien, ſondern war nach Strabo Geograph. p. 207 und
315 einer der Hauptorte der ſüdöſtlich an Rätien angrenzenden
Japoden in Iſtrien. Da die beiden hier vorkommenden Namen nicht
römiſch ſind, vermutet Lehne, daß der Stein aus der früheren Hälfte
des erſten Jahrhunderts ſtamme, weil in den ſpäteren Zeiten römiſche
Sitten und Namen in dem lange unterjochten Lande ſchon das
Uebergewicht gewonnen hatten. Daß im Jahre 90 n. Chr. eine
rätiſche Kohorte in Obergermanien ſtand, ſahen wir auch ſchon aus
dem Militärdiplom.

4. Denkſtein des Titus Tummo und der Albiſia.

D. M.	Diis Manibus
T . TVMMONI ET AL	T(ito) Tummoni et Al-
BISIAE CONIUGI	biſiae coniugi
T . RESTITVTVS MIL	T(itus) Restitutus, mil(es)
L . XXII . P . P . F . F . C.	l(egionis) XXII p(rimigeniae)
	p(iae) f(idelis). f(aciundum)
	c(uravit).

„Den Schattengöttern! Dem Titus Tummo und ſeiner
Gattin Albiſia ließ Titus Reſtitutus, Soldat der zwei=
undzwanzigſten Legion, der erſtgebildeten, redlichen, getreuen,
(dieſen Denkſtein) machen.“

Der Stein wurde in Weinsheim gefunden, ist aber wieder ver=
schwunden. Zeile 2 ist ET, Z. 3 NI, Z. 4 TI und IL ligirt.
Der Name Restitutus ist gewöhnlich und kommt auch auf anderen
Wormser Inschriften vor, die anderen Namen dagegen sind sonst
unbekannt. Die 22. Legion mit den angeführten Beinamen kam,
wie es scheint, in den letzten Jahren des Vespasianus nach Ober=
germanien und hatte nun über 200 Jahre mit kurzer Unterbrechung
ihr Standquartier in Mogontiacum bis zur Constantinszeit.

5. Nach Tollius ist noch ein weiterer Denkstein vorhanden
gewesen, auf dem folgende Inschrift noch zu lesen war:

. . . .	
. . . . S .	. . . . . S
. . . . . NI . FI	. . . ni filius
MILES EX	miles ex
COHORTE	cohorte
RAETOR ET	Raetor(um) et
VINDEL . F.	Vindel(icorum) f(ida?)
ANN . XL	annorum XL . . . .
STIP . XXIV .	stip(endiorum) XXIV
H . S . E	h(ic) s(itus) e(st)
FRATER . P	frater p(osuit).

„. . . des . . . nus Sohn, Soldat in der Kohorte der
Rätier und Vindelicier, der getreuen (?), 40 (?) Jahre alt,
im Dienste 24 Jahre, liegt hier begraben. Sein Bruder
setzte den Denkstein."

Die Inschrift bietet ein Beispiel dafür, daß manche Kohorten
nach 2 Völkerschaften genannt waren. Die Cohors Raetorum et
Vindelicorum ist auch auf einem bei Mainz gefundenen, jetzt in Mann=
heim befindlichen Stein genannt. (Haug Denksteine des Antiquariums
in Mannheim Nr. 53.) Haug vermutet, daß nach der Unterwerfung
der Räter und Vindeliker durch Drusus und Tiberius (15 v. Chr.)
zuerst nur eine Hilfskohorte aus beiden Völkerschaften zusammen ge=
bildet worden sei, die dann auch später noch fortbestanden habe, als
beide Völkerschaften in viel stärkerem Maße zum Kriegsdienst heran=

gezogen wurden; im Jahr 70 gab es nämlich schon 4 vindelicische, im Jahre 80 schon 8 rätische Kohorten. Solche gemischte Kohorten kommen übrigens auch sonst noch vor. So wird z. B. erwähnt die cohors Asturum et Gallaecorum, ja auch solche kommen vor, in denen weit von einander entfernt wohnende Völkerschaften vereint sind, wie in der coh. Illyricorum et Mauretanorum oder in der coh. Helvetiorum et Brittonum (mehr Beisp. siehe bei Harster: Die Nationen des Römerreichs in den Heeren der Kaiser, Seite 47 und 48.) Die Auflösung fida ist unsicher; sicher führt diesen Beinamen z. B. die cohors I fida Vardulorum civ. Rom. (Wilmanns Nr. 1520.) und die cohors I fida Damascenorum auf dem oben besprochenen Sarkophag Nr. 7.

d. Altäre und Votivsteine.

1. Altar der Parzen; früher an der alten romanischen Kirche in Wiesoppenheim im Chor eingemauert, nach Abbruch derselben als Mauerstein im Fundament eines Hauses vermauert, wo er 1883 von Dr. Köhl aufgefunden und ins Paulus=Museum verbracht wurde.

DEABVS	Deabus
PARC·IS	Parcis
｜AESON｜	(C)aeson(i)
｜S LIBERA	(u)S Libera-
LIS . VET ｜	lis . vet

(eranus votum solvit laetus lubens merito.)

„„Den Schicksalsgöttinnen (löste) der Veteran Cäsonius Liberalis .... (sein Gelübbe freudig und gern nach Gebühr).“

Der Stein wurde besprochen von Professor Zangemeister im Korrespondenzblatt der Westdeutschen Zeitung 1883 p. 42. (Siehe auch oben S. 47.) Das untere Ende des Steines ist abgeschlagen, der erhaltene Rest ist 30 cm hoch, 24 cm breit, aus rotem Sand=stein. In der britten Reihe ist vor AESON ein Buchstabe verloren gegangen; da Aesonius nirgends als Name vorkommt, hat der ver=lorne Buchstabe jedenfalls nicht den Vornamen bezeichnet, sondern mit zum Gentilnamen gehört, der höchst wahrscheinlich Caesonius gelautet hat; wenigstens findet sich dieser Name häufig, und nach Beschaffen=heit des Steines kann auch kaum ein anderer Buchstabe als C hier geſtanden haben. In der letzten Zeile iſt jetzt nach völliger Reinigung des Steines deutlich VET. veteranus zu leſen, das V iſt nur un= bedeutend am unteren Teile zerſtört. Von der folgenden Zeile iſt noch das obere Ende des erſten Buchſtaben, eines V erhalten; wahr= ſcheinlich fing hiermit die oben angegebene Weiheformel an.

2. Altar des Jupiter; früher im Biſchofshof; nicht erhalten.

C . B A B V R I V S	C(aius) Baburius
FESTUS . POM . AR	Festus Pom(ptina)
RETIO . TRIB . LEG	Arretio trib(unus) leg.(ionis)
VII . G . F.	VII G(eminae) F(idelis)
PRAEF	Praef(ectus)
A L A E S C V B V	A l a e S o u b u -
L O R V M.	lorum
I O V I .	J o v i .

„Gaius Baburius Feſtus aus der Pomptiniſchen Tribus aus Arretium, Tribun der VII. Legion, der gedoppelten, getreuen, Vorgeſetzter der Ala der Scubuler dem Jupiter.“

Dieſer Altar hatte die ſtattliche Höhe von 7 Spannen oder 1,40 m; unten war er mit einem vorſpringenden, aus 5 Stäbchen gebildeten Fuß und ebenſo oben mit einem Geſimſe verziert. Über dem Geſimſe war nochmals eine Erhöhung, die rechts und links mit einem einer Walze ähnlichen Ornament abſchloß. Zwiſchen dieſen Walzen war eine beckenartige Vertiefung eingehauen. Auf der vorderen Fläche ſtand die Inſchrift mit ſehr großen Buchſtaben. Der Altar ſtand im inneren Biſchofshof über einer ſteineren Bank unter dem vom Biſchof Philipp von Rotenſtein 1607 erbauten Altan zugleich mit dem folgenden nur wenig kleineren Altar. (Nach Reiſels Auf= zeichnungen im ſtädtiſchen Archiv.) Der Wortlaut der Inſchrift iſt nicht ganz ſicher. Zunächſt haben verſchiedene ältere Herausgeber Raburius geleſen. Da jedoch Raburius ein ſonſt ganz unbekannter Name wäre, Baburius dagegen öfter vorkommt, iſt dies zu leſen, umſomehr, da in dem erwähnten Manuſcript ausdrücklich angegeben iſt: „etliche andere leſen Baburius. Und iſt gewiß, daß man nicht eigentlich erkennen kann, ob es ein B oder ein R ſein ſoll“. Ferner ift in der zweiten Reihe zweifelhaft, ob POM. oder DOM. zu lefen ift. An und für fich ift beides möglich; domo für unfer gebürtig kommt fogar nochmals auf einem Wormfer Grabftein, dem des Sempronius f. S. 164 vor, anderfeits ift Pom(ptina) die regelmäßige Abkürzung für die Tribus, zu der der Ort Arretium gehörte. Brambach hat fich für DOM. entfchieden. Da aber alle Wormfer Herausgeber, zu denen auch der Chroniſt Zorn gehört, Pomar. ge= fchrieben haben, obwohl fie dies gar nicht zu deuten wußten, wird doch das P deutlich gewefen und, wie angegeben, zu lefen fein. domo ift, wie man bei Lehne fieht, eine Konjektur für das früher unverftänd= liche Pom. Arretium (Arrezzo) in Etrurien war befonders als Sitz einer fehr bedeutenden Töpferinduſtrie berühmt. Zeile 4 und 5 hat Brambach in eine zufammengezogen. Wir haben die Abteilung ge= geben nach den vorhandenen Abbildungen. Feſtus war Tribun der VII. Legion gewefen, als er in Worms ftand, aber zum Präfecten der Ala Scubulorum avanciert. Die Ala Scubulorum ftand, wie das obige Militärdiplom zeigt, im Jahre 90 n. Chr. in Obergermanien, 107 fchon in Rätien, es wird alfo auch unfer Altar aus dem erſten Jahrhundert ſtammen.

3) Altar des Jupiter; früher im inneren Hof des Bifchofs= palaftes unter dem Altane; jetzt nicht mehr erhalten.

I . O . M .	I(ovi) O(ptimo) M(aximo)
L . OCTAVIVS	L(ucius) Octavius
CELER PRAEF.	Celer Praef(ectus)
COH . VII . BREV	Coh(ortis) VII Breu(corum)
ET . COH . I . THRAC	et coh(ortis) I Thrac(um)

„Jupiter, dem beſten und größten, weihte diefen Altar Lucius Octavius Celer, Vorgefetzter der VII Kohorte der Breucer (in Pannonien) und der erſten Kohorte der Thracier."

Der Altar ftand neben dem vorigen, war kleiner und einfacher als diefer; nach „Kurtze Vorftellung" entbehrte er der verzierten Bafis und fchloß oben mit einer einfachen etwas vorfpringenden Platte. Darauf lagen 2 Walzen, zwifchen denen eine beckenartige Vertiefung ausgehauen war. Die erſte thracifche Kohorte ift auch in dem Militär= diplom vom Jahre 90 genannt.

4. Altar des Jupiter; ehedem im Bischofshof, jetzt nicht mehr vorhanden.

I . O . M .	J(ovi) O(ptimo) M(aximo)
Q . VINDILLIVs	Q(uintus) Vindillius
PERVINCVs	Pervincus
V . S . L . L . M .	V(otum) s(olvit) l(aetus)
	l(ubens) m(erito)

„Jupiter, dem besten, dem größten, hat Quintus Vindillius Pervincus sein Gelübde freudig und gern nach Gebühr erfüllt."

Der Namen Vindillius ist sonst unbekannt, der Zunamen Pervincus kommt auch als Stammnamen vor. Zeile 2 ist ND, Zeile 3 ER und IN ligiert.

5. Altar des Jupiter.

I . O . M .	J(ovi) O(ptimo) M(aximo)
PISTILLVS	Pistillus
ET . QVINTVS	et Quintus
ET . MAIANVS	et Maianus
BELLICI . F	Bellici f(ilii)
V . S . L . L . M .	v(otum) s(olverunt) l(aeti) l(ubentes) m(erito)

„Jupiter, dem besten, dem größten, erfüllten Pistillus und Quintus und Maianus, des Bellicus Söhne, nach Gebühr ihr Gelübde gern und freudig."

Lehne gibt an, der Stein sei 1690 in Mainz gefunden worden, die älteren Herausgeber Gruter und andere lassen ihn in Worms gefunden sein, wofür sich auch Brambach entscheidet. In den mehrfach erwähnten handschriftlichen Aufzeichnungen in dem städtischen Archiv steht die Notiz: „Dergleichen Bildungen (wie Altar Nr. 1 und 2), die aber viel kleiner sind, schaut man drei vor dem Hof selbst, und zwar eine, die an der Mittagswand des Weinkellers eingemacht, zwo Spannen hoch, deren Becken und Walzen scheinen mit Speis bedeckt zu sein." Darauf folgt die nächste Inschrift Nr. 6. „Der zweite und dritte Altar, so drei Spannen hoch (60 cm), zu beiden Seiten neben dem kleineren Thor des bischöflichen Kellers — sind weggethan und verborgen worden; unter welchen der, welcher zur rechten stand, nur diese Buchstaben noch zeigte I. O. M.; auf dem linken ist alles durch der Luft Schädlichkeit verloschen; an beiden sind doch noch deutlich ein Becken und Walzen zu sehen, wie an den größeren." Darüber

ſtehen aus Gruter die oben angeführten Inſchriften Nr. 4 u. 5. Die Vermut =
ung, daß dieſelben auf dieſen Altären geſtanden, erſcheint daher wohl als
wahrſcheinlich. In Nr. 5 iſt ET in Zeile 2 und 3 ligiert.

6. Altar des Jupiter und der Juno; früher im Biſchofshof
jetzt nicht mehr erhalten.

I . O . M	J(ovi) O(ptimo) M(aximo)
ET . IVNONI	et Junoni
REGINAE	reginae
VICTORINA	Victorina
PRIMITIVA	Primitiva
POSVIT.	posuit.

„Jupiter, dem beſten, dem größten, und Juno, der
Herrſcherin, ſetzte Victorina Primitiva (dieſen Denkſtein)."

Nach „Kurtze Vorſtellung" ſtanden darunter noch 3 Zeilen,
von denen aber nur einige Buchſtaben lesbar waren, nämlich:

HICST DRV ‖
V : SS ꞏ SMA ꞏ
TVS.

Da eine Fortſetzung der Inſchrift nach dem ſtets abſchließenden
posuit ſehr unwahrlich iſt, nimmt Brambach an, daß dieſe Buchſtaben
entweder neueren Urſprungs geweſen, oder nur irrtümliche Vermutungen ſeien
für durch Verwitterung an dem Stein entſtandene Unregelmäßigkeiten.

Wie bei Nr. 5 ſchon angegeben, war der Stein nur 2 Spannen, 40 cm
hoch, ſtand anfangs an der Andreaskirche, wurde aber dann an der
Südſeite des biſchöflichen Weinkellers eingemauert.

7. Altar des Jupiter und der Juno; 1842 bei Worms ge=
funden, jetzt im Wiesbadener Muſeum.

I . O . M . ET IVNo	J(ovi) O(ptimo) M(aximo) et Juno-
NI REGIN . ANTE	ni regin(ae) Ante-
LVS EBVRO ET	lus Eburo et
FIRMIA . LVCIA	Firmia Lucia
EX VOTO . IN S .	ex voto in suo
P.	posuerunt.

„Jupiter, dem beſten, dem größten, und Juno, der Herrſcherin,
haben der Eburone Antellus und Firmia Lucia (dieſen Altar)
infolge eines Gelübbes auf ihrem Grundſtück geſetzt."

In Zeile 1 sind die Buchstaben ET ligiert und am Schluß das o klein geschrieben, in Zeile 2 ist das erste I dem zweiten Haarstrich des N aufgesetzt, außerdem A und N am Schluß ligiert, in Z. 3 ist ET ligiert, in Z. 4 ist das erste I verkleinert dem R aufgesetzt, das zweite dem M und das letzte I kleiner geschrieben.

Die Eburonen waren ein belgischer Volksstamm zwischen Aachen und Lüttich.

8. Altar des Jupiter und der Juno; 1820 bei Worms an der Straße nach Rheindürkheim gefunden, scheint aber wieder zu Grunde gegangen zu sein.

I . O . M . ET	J(ovi) O(ptimo) M(aximo) et
IVNONI . RE	Junoni re-
GINE . NO	giu(a)e No-
VIA PRISC	via Prisc(a)
EX . VOTO . S .	ex voto sacravit.

„Jupiter, dem besten, dem größten, und Juno, der Herrscherin, stiftete Novia Prisca (diesen Altar) infolge eines Gelübdes.“

Die Namen kommen auch sonst vor. In der ersten Reihe sind die beiden Buchstaben ET ligiert.

9. Altar des Jupiter und der Juno; 1844 im Garten der Eulenburg zu Worms gefunden, kam mit der Bandel'schen Sammlung ins Mainzer Museum.

I . O .	J(ovi) O(ptimo maximo)
ET . IUNO	et Juno(ni)
REGINAE	reginae
MALLIVS	Mallius
FOFIO	Fotto (?)
L . A . S . M .	l(ubens) a(nimo) s(olvit) m(erito)

„Jupiter, dem besten, dem größten, und Juno, der Herrscherin, löste Mallius Fotto(?) sein Gelübde gern und von Herzen nach Gebühr.“

Höhe dieses Altars aus Sandstein 38, Breite 21, Dicke 15 cm, der Zunamen des Mallius ist unsicher.

10. Altar des Jupiter und der Juno. Wie der vorhergehende wurde auch dieser Altar 1844 im Garten der Eulenburg gefunden und kam mit der Bandel'schen Sammlung nach Mainz. Höhe des Steines 57, Breite 39, Dicke 19 cm.

I . O . M .	J(ovi) O(ptimo) M(aximo)
ET . IVNO	et Juno
NI . REG	ni reg(inae)
T	

„Jupiter, dem besten, dem größten, und Juno, der Herrscherin."
In Zeile 4 ist dem allein noch zu erkennenden T ein kleines I aufgesetzt.

11. Altar des Mercurius und der Göttin Rosmerta; 1844 in der Nähe des Speierer Thors gefunden, jetzt in Mainz in der Bandel'schen Sammlung.

D E O	Deo
MERCVRI	Mercuri(o)
ET . ROSM	et Rosmer-
ERTE . L	tae L(ucius)
SERVANDI	Servandi
US QVIET	us Quietus
VS EX VoTo	ex voto
IN SV . P .	in su(o) p(osuit)

„Dem Gotte Mercurius und der Rosmerta errichtet Lucius Servandius Quietus infolge eines Gelübdes (diesen Altar) auf seinem Eigentum."

Der Altar besteht aus Sandstein, seine Höhe beträgt 79, seine Breite 41, seine Dicke 21 cm. Zur Schrift ist zu bemerken: Zeile 1 DEO steht auf der oberen Leiste des Altars, Zeile 2 ist ME und VR ligiert, das I am Schluß klein und erhöht neben die letzte Ligatur gestellt, Zeile 3 steht deutlich über E ein kleines T mit einem Punkte daneben, herrührend von einer anderen wieder abgeschliffenen Inschrift des Steines, auf die auch die innere Umrahmung noch hinweist. Z. 4 ist TE, Z. 5 ER und DI ligiert. Z. 6 ist I verkleinert dem letzten Schenkel von V aufgesetzt. Z. 7 sind die beiden O verkleinert. Z. 8 ist P größer als die übrigen Buchstaben. Die gallische Gottheit Rosmerta kommt auf einer größeren Anzahl von Denkmälern, teils in bildlicher Darstellung, teils inschriftlich immer in Verbindung mit Mercurius vor, mit dem sie also ihrer Bedeutung nach wesentliche Berührungspunkte gehabt haben muß. Als ein Beispiel bildlicher Darstellung dieser Gottheit wollen wir hier einen in Wiesbaden gefundenen, jetzt in Bonn befindlichen Stein erwähnen nach der Beschreibung Hettners: „Rechts sitzt auf einem Lehnstuhl nach l. profiliert eine mit einem Aermelkleid und Mantel bekleidete Frau, welche in der linken Hand Ähren oder einen Zweig hält. Neben ihrem Stuhl ein kleiner Eros, der auf seiner rechten Schulter ein Füllhorn trägt. Vor der Frau steht ein Jüngling, nackt bis auf eine über den Rücken hängende Chlamys, der aus einem mit beiden Händen gehaltenen Sack Gold in eine Schale schüttet, welche ihm die Frau mit ihrer rechten hinreicht. Ein Eros, der mit beiden Händen einen großen Caduceus trägt, fliegt vor dem Jüngling auf die Frau zu. Es ist Merkur und Rosmerta, dieses namentlich auf germanischen Votivsteinen oft genannte Götterpaar."

12. Altar des Vulkan; in Worms gefunden von Bandel, jetzt in Mainz mit fast ganz erloschenen Schriftzügen.

D E O . V V .	Deo Vul-
C A N O . .	cano
S I I V A N D	Servand(ius) ?
. T I O D O	

„Dem Gotte Vulcanus errichtete Servandius (?) diesen Altar)."

In der 2. Zeile ist A und N ligiert, in der 3. Zeile sind von E und R nur noch die zwei vorderen Striche sichtbar, 3. 4 ist dem T ein kleines I übergeschrieben. Der Altar besteht aus Sandstein, seine Höhe beträgt 57, seine Breite 39, seine Dicke 21 cm.

13. Altar der Göttin Victoria.

V I C T O	Victo(riae)
I . R O M A	L. (oder T. oder P.) Roma(nius)
R E S P E C T	Respect(us)
D E C C V A N	dec(urio) c(ivitatis) Van(gionum)
XII . NS . EX : V	(liben)s ex v(oto)
V . S V O . P	(in) suo p(osuit.)

„Der Siegesgöttin hat Lucius (oder Titus) Romanius Respectus, Vorsteher der Gemeinde der Vangionen, bereitwillig infolge eines Gelübbes auf seinem Grundstück diesen Stein geweiht."

Die Inschrift ist erst in neuester Zeit bekannt geworden und von Professor Zangemeister im 76. Bande der Jahrbücher des Vereins von Altertumsfreunden im Rheinlande publiziert worden. Sie findet sich in den epigraphischen Handschriften des Accursius in der Bibliotheca Ambrosiana zu Mailand, und zwar hat Accursius, der selbst die Rheinlande mehrmals bereist hat, einmal z. B. 1530:1531, dieselbe offenbar selbst zweimal abgeschrieben. Die erste Abschrift findet sich in der älteren Handschrift (nach Mommsen geschrieben 1530.31) O 125 sup. XII. unter Nro. 4 mit dem Vermerk Vormetz in episcopatu, die zweite Abschrift in der jüngeren nach 1538 ge= schriebenen Handschrift D 420 unter Nro. 48 mit dem Vermerk: Vormatie in edibus D. Rainardi a Reipurg, decani Vormatiensis, prope episcopatum, parvo lapide quadrato. Beide Abschriften sind gleichlautend, nur daß in der Handschrift D 420 Z. 1 hinter ROMA noch der Buchstabenrest I angegeben wird, Z. 5 EX . V steht und Zeile 6 das P ausgelassen ist. Professor Zangemeister hat die In= schrift nach Mommsen's Kopie der Handschriften veröffentlicht und in der oben angegebenen Weise ergänzt. Ein Fehler der Abschrift liegt hiernach bloß in der Z. 5 vor, wo die Ueberlieferung XII. NS keinen Sinn zu haben scheint. Zangemeister nimmt deshalb an, daß das L des von ihm vermuteten Wortes LIBENS wahrscheinlich in der kursiven Form geschrieben gewesen, die etwa im 3. Jh. auch in die Lapidarschrift eindrang; wenn dann B und E undeutlich ge= worden waren, erklärt sich die falsche Abschrift sehr leicht. Zu be= merken ist noch, daß Z. 4 VA ligiert sind. Über die Bedeutung dieser Inschrift für Worms siehe oben Teil I S. 10 und 11.

Außerdem kamen mit der Bandel'schen Sammlung noch folgende drei nicht mehr näher zu bestimmende Altäre nach Mainz. Wir führen der Vollständigkeit wegen die wenigen noch erkennbaren Schrift= züge hier an.

14. Sandstein. Höhe 53, Breite 30, Dicke 20 cm.

V S . Q V	-us Quartus?	.....us Quartus
R . T V S	votum solvit	löste sein Gelübde
V.S.L.L.	laetus lubens	gern und freudig.

15. Sandstein. Höhe 46, Breite 29, Durchmesser 19 cm.

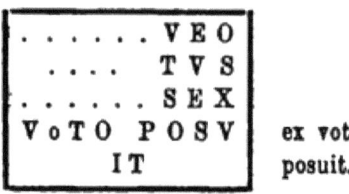

```
. . . . . . V E O
. . . .      T V S
. . . . . .   S E X
V o T O  P O S V       ex voto
      I T              posuit.
```

„. . . . errichtete (diesen Altar) infolge eines Gelübbes."

16. Sandstein; 1846 im Katterloch gefunden. Höhe 39, Br. 30, D. 15 cm; die Inschrift ist gänzlich zerstört.

e. Stempel eines römischen Augenarztes.

a) T.FL.RESPECTI.STACTVM   T(iti) Fl(avii) Respecti stactum
   OPOBAL.AD.CLARITATEM   opobal(samatum) ad claritatem.

b) T . FL . RESPECT . DABSOR   T.Fl(avii)Respect(i).diapsor(icum)
   OPOBALS . AD . CLARITAT   opobals(amatum) ad claritat(em).

c) T . FL . RESPECTI DIAMISY   T(iti) Fl(avii)Respecti diamisy(os)

d) C . IVL . MVSICI . . . . .   C(ai) Jul(ii) Musici

Auf dem Kopf des Stempels steht ein M.

   a. Des Titus Flavius Respectus Mittel aus Balsamsaft zum tropfenweisen Einflößen für die Klarheit.

   b. Des Titus Flavius Respectus mit Balsamsaft bereitetes Mittel gegen Augenausschlag für die Klarheit.

   c. Des Titus Flavius Respectus aus μίσυ, wahrscheinlich Kupfervitriol, (bereitetes Mittel).

   d. Des Gaius Julius Musicus.

Der Stein wurde von Bandel in seinem Garten bei der Eulenburg gefunden; wo er sich jetzt befindet, ist dem Verfasser nicht bekannt.

Zum Verständnis dieses Stempels wollen wir in möglichster Kürze einiges über die Augenarztstempel überhaupt, deren sich sehr viele gefunden haben, im Jahre 1880 waren bereits 160 bekannt, bemerken.

Die Mittel gegen die bei den Alten sehr häufigen Augenkrankheiten pflegten in trockener Form in Gestalt von länglichen viereckigen Stäbchen hergestellt zu werden. Auf diesen Stäbchen wurde der Name des Arztes, der die Salbe herstellte, die nähere Bezeichnung der Salbe selbst zur Sicherung gegen Täuschung und oft auch der Zweck und die Art der Anwendung derselben angegeben. So heißt auf unserem Stempel der Arzt Titus Flavius Respectus, das Mittel wird als mit Balsamsaft hergestelltes stactum bezeichnet, ein Name der auf vielen Stempeln wiederkehrt und wahrscheinlich (von στάζειν abgeleitet) bezeichnet, daß das Mittel in Flüssigkeit aufgelöst, tropfenweis ein= geflößt werden soll. Der Zweck des Mittels ist hier mit „zur Hellig= keit der Augen" bezeichnet, auf anderen Stempeln wird die Krankheit angegeben, die geheilt werden soll. Die Art der Auflösung ist manch= mal angegeben, z. B. mit ex ovo, ex lacte, ex aqua, d. h. in Ei, in Milch, in Wasser aufzulösen.

Die Stempel, mit denen diese Angaben auf die Salbenstäbchen eingedrückt wurden, mußten deshalb die ganze Schrift in einer oder gewöhnlich in zwei Zeilen in verkehrter d. h. Spiegelschrift enthalten. In der Regel waren die Stempel quadratische Plättchen, eine Seite 4—5 cm lang, von Serpentin, Nephrit oder Schiefer, an deren schmalen Seiten, und zwar meistens an allen die Inschrift eingegraben war. Nur wenige Täfelchen haben eine andere Gestalt, eines z. B. ist dreieckig (Heron de Villefosse p. 14), andere haben die Gestalt eines Oblongs, das hier gefundene hat abweichend von den anderen die Inschriften auf den langen Seiten eines Parallelepipedums, und die beiden zuletzt aufgeführten Seiten lassen die zweite Zeile ganz frei. Die letzte zeigt sogar nur die erste Hälfte der ersten Zeile beschrieben; indes bemerkt man in der zweiten Zeile der dritten Seite, wie es scheint, die Reste einer nicht völlig abgeschliffenen Inschrift (MY — I C ist noch sichtbar). Bei diesem Abschleifen ist die Form des Parallele= pipedums etwas konisch geworden, wodurch die oberen Züge der zweiten Seite mit weggenommen sind, so daß z. B. das I über dem T in dem Worte RESPECTI, das auf Seite 1 und 3 deutlich hervortritt, auf dieser Seite nicht zu sehen ist, vielleicht auch ein übergeschriebenes I in dem Worte DABSOR verloren gegangen ist. Auf dem Kopfe des Parallelepipedums ist ein M eingeschnitten. (Grotefenb.) Dieses M ist möglicher Weise der Anfangsbuchstabe des Händlers, der die

Heilmittel des T. Flavius Respectus vertrieb, und gehört vielleicht dem auf der vierten Seite vollständig genannten Namen an. Sicher ist dies allerdings nicht, denn hinter Musici ist noch vollständig freier Raum für die Angabe eines Heilmittels. Aber es wäre doch sonderbar, wenn der Stempel die Heilmittel zweier Ärzte angäbe. Die Mittel unseres Arztes sind durch die Übersetzung wohl hinreichend erklärt.

f. Fragment eines runden Meilensteins mit der Inschrift:

IMP . CAES . C . IVLIO.

Der Stein wurde im September 1822 bei Alsheim in kleiner Entfernung von der Heerstraße von Mainz nach Worms gefunden, ist aber jetzt nicht mehr erhalten. In IVLIO ist das zweite I durch Er= höhung des L ausgedrückt. Da der Kaiser Maximinus (235—238 n. Chr.), der den vollen Namen C. Julius Verus Maximinus führte, der einzige Kaiser ist, welcher die beiden Namen C. Julius vereinigte, ist die Inschrift auf ihn zu beziehen und also zu lesen: Imperatori Caesari C. Julio Vero Maximino Augusto. „Dem Kaiser Gaius Julius Verus Maximinus Augustus." Wahrscheinlich hatte dieser Kaiser die Straße, die jedenfalls unter Augustus schon gebaut worden ist, wieder in brauchbaren Stand gesetzt, nachdem sie vielleicht bei dem Durchzuge des großen Heeres ge= litten hatte, das sein Vorgänger Alexander Severus aus dem Oriente nach Mogontiacum führte.

g. Kleinere Inschriften auf Metall, auf Gefäßen, Töpferstempel.

1. Auf einem 1850 zu Gimbsheim (Kr. Worms) gefundenen Bronzetäfelchen stehen die Worte:

L . HERENN   L(ucii) Herenn(ii)   „Dem Lucius Herennius
LAETI EVOC   Laeti Evoc(ati)   Lätus, wiederum zum Dienste
    AVG   Aug(usti)   einberufen vom Kaiser."
Das Täfelchen kam nach Mainz.

2. Auf einem Bronzering des Paulusmuseums, dessen Fundort nicht sicher bekannt ist, steht:

A M A .   „Liebe".

3. Auf einem 1823 in Worms gefundenen, jetzt in Wiesbaden befindlichen Bronzering steht in Stempelschrift:

A S   Dem Äs=
C I.   cus.

1. V T E R E. Mit weißer Farbe zwischen gleichfalls weißem Wellen=ornament aufgeschrieben auf einem schwarzen Krug; Fundort Worms.

2. VIVAMVS. Mit weißer Farbe aufgeschrieben auf einem reich=bemalten schwarzen Krug von derselben Gestalt wie der vorige; derselbe ist jedoch größer. Fundort: Umgegend von Mainz. (Siehe Tafel III, 4.)

3. FRONTINVS. Fabrikstempel auf dem Boden zweier Flaschen von der Gestalt unserer Sodawasserflaschen.

S V M M O in rücklaufender Schrift auf einem Thonstempel von der Gestalt eines lateinischen T, nur das S hat die gerade Form, so daß es beim Abdruck in Spiegel=schrift erscheint; gefunden 1884 in Mariamünster.

Töpferstempel auf größeren und kleineren Schüsseln, Tellern, Lampen. Die letzteren werden besonders erwähnt. Die Verweise mit Sch. beziehen sich auf das Werk: Sigles figulins par M.H.Schuermans. Bruxelles 1867.

1.   A C V T V S Acutus (Sch. 60) Worms, Tafelacker.
2. OF ALBI officina Albi (Sch. 183) Worms, Tafelacker.
3.   ALBVS FE Albus fecit (Sch. 183) Worms.
4.   APRIAVVVF Apriauuus fecit, Name unsicher, Mariamünster.
5. OF A QVI officina Aquitani (Sch. 433) Worms, Tafelacker.
6.   ARDACI.M. Ardaci manibus. (Sch. 470) Worms, Maria=münster.
7. O . ARDN officina Ardni (Sch. 471 Paris) Worms.
8.   ATTILIVS Attilius Lampe. (Sch. 611 häufig.) Offstein.
     F   fecit
9.   AVSTRVS Austrus (Sch. auch in Mainz) Mariamünster.
10. OF BASSI officina Bassi (Sch. 744, häufig, auch in Mainz) Worms.
11.   BAS Bassus (Sch. 756) Worms, jetzt in Mainz.
12.   B¦LSVS F Belsus fecit. (Sch. 787, Vocal unsicher.) Mariamünster.

13.   BVBALVS F Bubalus fecit. Mariamünster.

14. OF CALVI   officina Calvi (Sch. 1011) Worms.

15.   CAPITO F Capito fecit (Sch. 1057) Mariamünster.

16.   CARITVS   Caritus. Worms, Tafelader.

17. OF CELSI   officina Celsi 2 St. (Sch. 1228) Worms, jetzt in Mainz.

18.   CRIXVS   Crixus fecit (?) (Soh. 1770) Worms. jetzt in Mainz.

19.   DACODVNVS F Dacodunus fecit (Fröhner 896) Rheinzabern.

20.   DARIBITVS Daribitus. Worms, Tafelader.

21.   DOMITVS   Dome(i)tus (Sch. 1977 u. 2000) Rheinzabern.

22. OF FEI CIS   officina Felicis (Sch. 2184—2214)   Ost=hofen. (Häufig in verschiedenen Formen, ohne L auch Fröhner 1081.)

23.   FORTIS   Fortis. Lampe; mehrmals gef. Dieser Stempel findet sich ebenso wie einige andere in allen Teilen des römischen Reiches. Der Stempel Fortis kommt vor in Spanien, Frankreich, Deutschland, Oberitalien, den Donauprovinzen, Chios u. a. O., (Sch. 2275) Mariamünster.

24.   FRONTINI Frontini (Sch. 2325) Worms.

25.   LVP . F   Lupus fecit (Sch. 3093) Worms, Tafelader.

26.   MACCA   Macca(rus) (Sch. 3119, auch in Mainz) Worms, Tafelader.

27. OF MARI(?)AN officina Mariani (Sch. 3310) Worms, Tafelader.

28.   MARITVS Maritus (Sch. 3319) Mariamünster.

29.   MARTIAL FE Martialis fecit (T und I ligiert) (Sch. 3337—40) Worms.

30. OF MASO   officiua Maso (M und A ligiert) (Sch. 3440) Worms, Tafelader.

31.   /VL   Aulus ? } Worms, Tafelader.
          MAS   Maso   {

32. OF MO   officina Modesti z. B. (Sch. 3638) Westhofen.

33.   NANVS FE Nanus (?) fecit. Worms, Tafelader.

34.   PASC   Paso (?) (Sch. 4115) Worms, jetzt in Mainz.

35. PEPPO FEC (2 St.) Peppo fecit (Sch. 4275) Worms,. Mariamünster und Tafelacker.
36. PLACIDVS Placidus (Sch. 4336) häufig, Worms, Tafelacker.
37. PRIMITIVoS Primitivos. Stempel zweimal aufgeſetzt, dabei etwas verſchoben (Sch. 4441) Rheinzabern.
38. PRIMITIVoS F Primitivos fecit (Sch. 4442) Rheinzabern.
39. RECINVS F Reginus fecit (Sch. 4617 und 4636) Worms.
40. RVF(?)VS Rufus (F unſicher) (Soh. 4791) Worms.
41. SABINI Sabini Lampe (Sch. 4826) Mariamünſter.
42. SA BINVS SABINVS Sabinus Sabinus } Lampe (Sch. 4835) Worms, jetzt Mainz.
43. SALVETV Salvetus (Sch. 4895) Oſthofen.
44. OF SARVI officina Sarvi. Worms, Tafelacker.
45. SEN Senis oder Senilis z. B. (Sch. 5083 ff.) (S Spiegelſchrift) Worms Tafelacker.
46. SINORVS Sinorus. Lampe (Sch. 5265) Worms.
47. SO . | VS Sollus. (?) Lampe (Sch. 5285) Worms.
48. VICTOR Victor (Sch. 5720) häufig, Worms, jetzt Mainz.
49. VIRHVS Virthus (?) (Sch. 5815 ff., auch in Heddernheim), Worms.
50. XXII P P F (Legio) XXII primigenia pia fidelis, auf 4 Ziegel=ſteinen, gefunden in Worms.

Unbeſtimmbare Stempel.

51. CAM AM ligiert. Worms, Tafelacker.
52. CA ... S FEC Rheinzabern.
53. O . ILILO Offſtein.
54. INND Worms.
55. MIIA Worms.
56. M R M O Offſtein.
57. Mehrere ganz unlesbare Stempel auf feinen Offſteiner Sigillatagefäßen.
58. KIM Fabrikmarke, zweimal ähnlich. Worms.
59. G. T. C. Ziegelſtempel. Worms.
60. M E P S Ziegelſtempel aus Mariamünſter.
61. S. F. E. Auf der Scherbe eines Doliums, gefunden bei dem Sporkenheimer Hof.

h. Frühchristliche Grabsteine aus der Zeit der schwindenden Römerherrschaft, d. h. etwa aus dem fünften Jahrhundert.

Die 4 ersten dieser Steine wurden von Bandel 1842 in einem Wingert nahe bei der Liebfrauenkirche über fränkischen Gräbern gefunden, in welchen die Verstorbenen mit Waffen und Schmuck, Geräten und Gefäßen niedergelegt waren; ein Beweis, daß die Franken nicht gleich mit der Annahme des Christentums auch die alte heidnische Auffassung der Totenbestattung aufgaben. Ohne Zweifel waren diese Denksteine über den Gräbern aufgestellt und bildeten wahrscheinlich in einem Holzrahmen ursprünglich einen Teil der Grabeinfassung, nach deren Verfalle sie allmählich von der Erde bedeckt wurden. Die Inschriften stimmen in Sprache und Buchstabenform mit den römisch-christlichen Grabdenkmälern jener Zeit bis auf alle Mängel und Eigentümlichkeiten überein. Von dem fünften Stein ist der Fundort nicht ganz sicher bekannt; er war bereits im Anfang des vorigen Jahrhunderts auf dem Bergkloster in eine Wand eingemauert. Wahrscheinlich stammt er von dem auch in den letzten Jahren noch konstatierten fränkischen Friedhofe, der sich an das alte Berg-kloster anschloß. Für die Bestimmung der Zeit, aus der die Inschriften stammen, ist auch der Umstand nicht zu übersehen, daß dicht bei den von Bandel gefundenen in demselben Jahre 10 römische Steinsärge ohne Inschriften zwar, aber mit vielen Bei-gaben, besonders Gläsern und einigen Constantinsmünzen gefunden wurden. Es ist anzunehmen, daß auch die fränkischen Steine nicht einer viel späteren Zeit angehören. Die 3 ersten Steine sind mit christlichen Symbolen verziert. Auf dem ersten befindet sich unterhalb der Schrift das Christuszeichen, das Monogramm Chr. mit 2 Tauben, auf dem zweiten das doppelte Kreuz mit den Buchstaben Alpha und Omega und zwei Tauben, auf dem dritten aber ist das Labarum in einem Ringe mit dem Andreaskreuze vereinigt in der Form eines sechsspeichigen Rades, zu dessen Seiten zwei Pfauen auf Ölzweigen angebracht sind. Das Material der Steine ist weißer Kalkstein, die kleinste Tafel ist 31 cm hoch, 30 cm breit, die größte 57 cm hoch und 40 cm breit.

Die Steine kamen 1862 mit der Bandel'schen Sammlung ins Mainzer Museum, bei ihrer außerordentlichen Wichtigkeit wurden sie

im Paulus-Museum wenigstens in getreuen Nachbildungen zur Aufstellung gebracht.

1. HIC IN PACE   hic in pace
   QVISCET G   quiscet Gru-
     RVTILO.   tilo.

„Hier ruht in Frieden Grutilo."

2. HIC QVISCET IN   hic quiescet in
   PACE LVDINO QVI   pace Ludino qui
   VIXIT ANNVS XXX   vixit annus XXX
   TITOLVM POSVIT   titolum posuit
     VXOR DVDA.   · uxor Duda.

„Hier ruht in Frieden Ludino, welcher 30 Jahre lebte, den
Denkstein setzte seine Gattin Duda. [annorum L

3. H Q . INP. NM PAVTA AN‖ hic quiescit in pace nomine Pauta
   VI . D. XV. TITv . P. PVASI VI. dierum XV. titulum posuerunt
   ET QVITO . ET SICCO. et Quito et Sicco   [Puasi
     BODDI IVIO.   Boddi Ivio.

„Hier ruht in Frieden Pauta des Namens, alt 56 Jahre,
15 Tage. Den Denkstein setzten Puasi und Quito und Sicco,
Boddi, Jvio.

4. HIC QVISC   Hic quiscet   Hier ruht
   ET IN PAC   in pac(e)   in Frieden
   HLAS QVI   Hlas qui   Hlas, welcher
   VIXIT ANN   vixit ann   5 Jahre lebte,
   VS V TI PO   us V. ti(tulum) po(suit) den Denkstein setzte
     PATER.   pater   der Vater.

5. HIC PAV   hic pau-   Hier ruht
   SAT COR   sat cor-   der Körper
   PVS ALD   pus Aldu-   des Albu-
   UALVHI . CV   aluhi, cu-   aluhus, dessen
   IVS . ANIMA   ius anima   Seele sich
   GAVDET . IN   gaudet in   freut im
     CAELO.   caelo   Himmel.

Sammlung
griechisch-italischer Thongefäße und etrurische Sammlung des Paulus-Museums.

— · —

Für die Beurteilung der Leistungen eines Volkes, auf welchem Gebiete es auch sein mag, ist es stets von der größten Wichtigkeit, genau zu erkennen, was für Leistungen dieses Volk auf dem betreffenden Gebiete vorgefunden hat. Als Rom anfing seine Macht zu entfalten, hatte das griechische Volk seinen Höhepunkt bereits erreicht, blühte griechische Kunst und Wissenschaft in zahlreichen üppigen Städten Unteritaliens und kam hier in direkte Berührung mit den Römern. Auf vielen Gebieten knüpfte die römische Entwickelung an die griechische an, man denke nur an die Entwickelung der römischen Poesie. Für die Gefäßbildnerei könnte man dasselbe erwarten. Merkwürdiger= weise tritt uns hier völlige Verschiedenheit entgegen. Die römischen Thongefäße sind in Bezug auf Form und Farbe von den griechischen auf den ersten Blick zu unterscheiden. Wir freuen uns diesen Unter= schied auch im Paulus=Museum jedermann an Originalen vergegen= wärtigen zu können. Herr Major Heyl hat nämlich eine Sammlung in Unteritalien gefundener griechischer Thongefäße und zugleich damit auch eine Sammlung etrurischer Fundgegenstände dem Paulus=Museum überlassen. Die Römer sind in Bezug auf die Bildung ihrer Gefäße und ihres Hausrates viel mehr als bei den Griechen bei den Etruskern in die Lehre gegangen. Aber nicht bloß aus diesem, sondern viel mehr noch aus einem anderen Grunde ist die etrurische Sammlung für uns von Wichtigkeit. Es ist eine bekannte Thatsache, daß die Etrusker in

vorgeschichtlicher Zeit regen Handelsverkehr mit den Völkern nördlich
der Alpen getrieben und diesen Gefäße und Schmucksachen geliefert
haben. Nicht bloß wirklich etruskische, sondern auch echt griechische
Gefäße kamen auf diese Weise in jener fernen Zeit in unser Land.
Man vergleiche z. B. nur den von Lindenschmit in seinen Altertümern
u. heid. Vorz. III 6 1—III abgebildeten, im Speyerer Museum
aufbewahrten großartigen Grabhügelfund von Robenbach, oder den
prächtigen Dürkheimer Dreifuß im Speyerer Museum, dessen genau
entsprechendes Gegenstück zu Vulci in Etrurien gefunden wurde, ebenso
die übrigen in Dürkheim gemachten Bronze= und Goldfunde in Speyer.
Eine Reihe von anderen Beispielen noch bietet in Abbildungen das
erwähnte Lindenschmit'sche Werk. Wenn auch wohl nicht bestritten
werden kann, daß in vorrömischer Zeit die gebräuchlichsten Bronzegeräte,
wie Celte, Sicheln, Meißel u. a. im Lande selbst gefertigt worden
sind, so sind doch ebenso gewiß, das zeigen die Funde ganz deutlich,
die größeren Gefäße und Schmucksachen meist von den Etruskern eingeführt
worden. Gerade der Veranschaulichung dieser Thatsache wegen halten
wir die etrurische Sammlung für eine besonders wichtige Bereicherung
des Paulus=Museums. Sie bringt eine Reihe von Gefäßen und Geräten
zur Anschauung, die in Etrurien selbst gefunden worden sind und doch
zum Teil völlig mit in den Rheinlanden gemachten Funden übereinstimmen.

Wir besprechen zunächst die in dem sechseckigen Schranke auf der
rechten Seite ausgestellten Gefäße.

a) Griechisch=italische Gefäße.

1. eine rotfigurige schwarze Vase von vorzüglichster Erhaltung.
Sie ist 47 cm hoch, ihr Umfang an der weitesten Stelle beträgt
90 cm. Auf der Vorder= und der Rückseite ist ein weit aus=
schreitender Krieger dargestellt, die Lanze über der rechten Schulter
mit Helm, Schild und Schwert; das letztere befindet sich in der Scheide
auf der linken Seite. Der Schild beider Krieger ist in der Mitte
mit einem Ornament in schwarzer Farbe verziert. Beide Krieger sind
mit dem Chiton bekleidet, der durch einen Gürtel zusammengehalten
ist. Vom Hals hängt eine dreifache band= oder kettenartige Verzierung
herab. Die Verbindung des Helms mit der Helmzier ist durch ein
Mäanderband ausgezeichnet. Die Figuren schreiten auf einem roten
mit schwarzen Mäandern geschmückten Streifen. Der Fuß der Vase

7

besteht aus drei Teilen, die von unten nach oben durch schwarz, rot, schwarz unterschieden sind.

2. Fünf elegant geformte gehenkelte Kannen (Hydrien) aus Unteritalien (siehe Tfl. IV 2); dieselben bestehen aus schwach gebranntem Thon und zeigen die natürliche, mattgelbe Farbe desselben. Die größte ist 25 cm hoch, die kleinste 20 cm. Bei zweien sind Bauch und Henkel des Gefäßes glatt, bei den drei anderen gerippt, bei zwei der letzteren ist die Verbindungsstelle, wo der hochgeschweifte Henkel am Bauch und wo er am Hals ansitzt, jedesmal durch ein schön modelliertes Gesichtchen ausgezeichnet. Der Hals sitzt schön auf dem eiförmigen Bauch der Gefäße auf; der obere Teil desselben ist von beiden Seiten her etwas eingedrückt, so daß dadurch eine recht eigent= lich auf die Bestimmung des Ausgusses hinweisende Form entsteht. Der Bauch der Gefäße ist durch einen dünnen Stiel mit dem Fuße verbunden. Die Gefäße zeigen vorzüglich, welche Anmut der Form die Griechen auch in dem geringsten Material zu erreichen verstanden haben.

3. Ein größeres Wassergefäß zum Tragen und Ausgießen ein= gerichtet aus demselben Thon; Höhe 32 cm, Bauchumfang 52 cm. Es ist die eigentliche ὑδρία oder κάλπις (Hydria oder Kalpis) mit 3 Henkeln, zwei kleinen zum Heben und einem dritten hinten angebrachten größeren zum Ausgießen, zugleich zum Halten des Gefäßes, wenn man es mit Wasser gefüllt auf der Schulter trug.

4. Ein Trinkhorn aus demselben gelblichen Thon; siehe Tfl. IV 1. Dasselbe ist ohne alle Bemalung. Die Spitze stellt den Kopf eines Schafes mit scharf abstehenden Ohren vor; an der Rückseite befindet sich ein großer Henkel. Die Länge von der Schnauze bis an den oberen Rand beträgt in gerader Linie 21 cm. Die Form des Hornes als Trinkgefäß findet sich auch bei den Römern, wie ein gläsernes Trinkhorn aus Mariamünster zeigt.

5. Ein reich bemaltes unteritalisches Gefäß mit eigen= tümlicher Henkelbildung. Die beiden Henkel bilden nämlich nicht einen Bogen, sondern steigen mit einer geschweiften Spitze über die Höhe des Gefäßes empor. Diese Spitze und die Verbindungsstellen der Henkel und des Bauches sind durch runde scheibenartige Verzierungen ausgezeichnet. Statt weiterer Beschreibung begnügen wir uns auf die beigegebene Abbildung Tfl. IV 3 zu verweisen.

6. Ein Trinkbecher aus rotem Thon mit außerordentlich feiner

Wandung von 12 cm Höhe. Der eiförmige Becher ist durch einen besonders schlanken Stiel mit dem Fuße verbunden; am oberen Rand befinden sich zwei schön geformte Handhaben.

7. Eine bemalte aus 2 Teilen bestehende Trinkschale aus Thon. (κύλιξ, bei den Römern calix genannt, vergl. Marquardt Privat= leben der Römer S. 632.) Der untere Teil, die eigentliche Schale, mit Fuß und 2 Henkeln versehen, hat als Deckel eine fast gleich ge= bildete Schale ohne Henkel. Der untere Teil ist schwarz, nur ist der Fuß durch eine rote Hohlkehle, der obere Rand durch einen weißen Streifen ausgezeichnet. Der obere, dem Blick zugewendete Teil dagegen ist reich mit Farben geschmückt. Der Grund desselben ist gleichfalls schwarz, der Rand ist mit einem Kranz weißer und gelblicher Punkte und Kreise bedeckt, darüber zeigt sich ein Kopf mit geschlitzten Augen in weißer Farbe, nur das Haar, die Augenbrauen u. a. sind rötlich. Der ganze übrige Raum ist mit weißen und gelben rankenartigen Linien bedeckt. Der Griff des Deckels, der in der Form dem Fuße des unteren Teiles entspricht, ist gleichfalls durch weiße und gelbe Linien auf schwarzem Grunde schön verziert. Innen ist das Gefäß schwarz, doch schimmert die rötliche Farbe des Thones durch. Höhe jedes Teiles 6 cm; äußerer Durchmesser der Schale 11 cm.

b. Etrurische Sammlung.

1. Ein schwarzer Krug aus Thon (Buccherogefäß), Höhe 39 cm, weitester Umfang 59 cm. Um den Bauch des= selben laufen 5½ cm von einander entfernt zwei Reifchen, das obere leicht gerippt. Der Zwischenraum zwischen beiden ist mit Figuren verziert. Ein Wagenlenker lenkt mit hochgehaltenem Zügel zwei in gestrecktem Lauf dahineilende Pferde. Dieses Bild ist in freier Handzeichnung fünfmal wiederholt, zwischen Anfang und Ende aber befindet sich eine Ziege mit einem bandartigen Streifen im Maul. Die Zeichnung ist durch Einritzung hergestellt und hebt sich als gelbe Linie vom schwarzen Grunde ab. Die beiden Henkel des Gefäßes sitzen in gleicher Höhe mit dem Rande an, sind sehr breit und mit Relief geschmückt. Zunächst dem Rande sind sie durch drei kleine Dreiecke, deren Spitzen einander zugekehrt sind, durchbrochen. Dann ist auf beiden Seiten in einem durch vertiefte Punkte bezeichneten Viereck in Relief dargestellt ein grasendes Tier, das von einem Greif gebissen wird.

7*

2. Eine sog. Schnabelkanne aus Bronze. Höhe an der Henkel=seite 21 cm, Höhe bis zum Schnabelende 27 cm.

3. Ein Bronzeeimer mit 2 Henkeln aus Bronze nebeneinander. Unter denselben befindet sich auf der einen Seite ein Ausguß, auf der anderen Seite bedeckt eine Maske die Verbindungsstelle des Henkel=halters mit dem Gefäß. Höhe desselben 17 cm, Durchmesser 12 cm.

4. Eine Schale aus Bronze mit schlankem Fuß und zwei Henkeln aus dickem Bronzedraht.

5. Eine Kanne aus Bronze ohne Schnabel mit hohem Henkel. Höhe der Kanne 16 cm, der Henkel ragt 2 cm über die Kanne empor.

Die übrigen etruskischen Gegenstände sind in dem Tisch zur rechten Hand unter dem Orgeleinbau ausgestellt, nämlich:

6. Zwei Bronzekannen, die eine 15 cm hoch, ohne Henkel, die andere etwas niedriger mit 3 Henkeln, ganz so, wie die oben be=sprochene griechische Hydria Nr. 3.

7. Zwei große Schüsseln aus Bronze, die eine von der Gestalt einer Suppenschüssel, die andere von der einer nach einer Seite sich verflachenden Wanne.

8. Ein große Pfanne aus Bronze mit schön ornamentiertem Griff; derselbe stellt eine unbekleidete männliche Figur vor, die die Pfanne mit dem Kopf und den beiden erhobenen Händen trägt. Durchmesser der Pfanne 30 cm, Länge des Stiels 19 cm.

9. Ein Schöpflöffel aus Bronze mit langem Stiel zum Aus=schöpfen des Weines aus dem Mischkrug, vergl. Marquardt a. a. O. S. 631. Die Höhe des Löffels beträgt 17 cm, der Durchmesser 5 cm..

10. Ein Seiher aus Bronze zum Durchseihen des Weines.

11. Eine Bronzeverzierung, ein Tierkopf mit weit geöffnetem Rachen, der wohl als Ausguß an irgend einem Gefäß gedient hat.

12. Zwei Spiegel mit figürlichen Darstellungen, der eine mit einem dicken elfenbeinernen Griff.

13. Ein menschlicher Kopf mit langen Ohren aus Bronze; derselbe scheint als Verzierung an einem anderen Gegenstand gesessen zu haben.

14. Sechs Fibeln, 2 mit dickem, wulstigem Rücken, sogenannte kahnförmige Fibeln, 4 schlangenartig gewunden, darunter eine von 12 cm Länge. Sie entsprechen ganz den von Lindenschmit in Altertümer u. h. Vzt. Bd. II 11 11 und 1 9 11 abgebildeten in Deutschland ge=fundenen Exemplaren.

15. Ein dicker Armring aus Bronze mit sehr schöner Patina.

16. Zwei Gürtelkrappen aus Bronze mit graviertem Palmetten=
ornament.

17. Zwei eigentümliche Beschlagstücke aus Elfenbein, einen
Schwanenkopf darstellend.

18. Zwei sehr niedliche Pfeilspitzen aus Bronze mit seitlichen
Oeffnungen.

19. Zwei ornamentierte Nägel aus Bronze.

V.

Die übrigen römischen Altertümer des Paulus-Museums.

Im folgenden sollen die noch nicht besprochenen römischen Gegen=
stände des Museums gruppenweise so zusammengestellt werden, daß
die Aufstellung derselben im Museum im ganzen für die Anordnung
bestimmend ist. Da die meisten der vorhandenen Altertümer aus
Gräbern stammen, besprechen wir zuerst die im Museum durch voll=
ständige Zusammenstellung des ganzen Inhaltes einzelner Gräber ge=
gebene Veranschaulichung der verschiedenen römischen Bestattungsformen.

a. Die verschiedenen Bestattungsformen der Römer.

Keine Form der Bestattung ist bei den Römern in der Zeit, in
welcher sie sich in unserer Gegend aufgehalten haben, jemals aus=
schließlich im Gebrauch gewesen, man kann nur im allgemeinen be=
haupten, daß in der früheren Kaiserzeit das Verbrennen, in der
späteren dagegen, namentlich seit dem Aufkommen des Christentums
das Begraben der Leichen das Gewöhnlichere gewesen ist.

Für die Leichenverbrennung war in manchen Orten eine besondere
Verbrennungsstätte ustrina vorhanden, meistens aber wurde an der

Bestattungsstelle selbst die Verbrennung vorgenommen. Derartige Verbrennungsstellen haben sich in Mariamünster zahlreich gefunden, kenntlich durch Aschen= und Kohlenhaufen, vermischt mit verbrannten Knochen, Stücken geschmolzenen Glases, Scherben von Thongefäßen, Münzen und sonstigen Metallstücken, die meist durchs Feuer unkenntlich geworden waren.

Auch besitzt das Paulus=Museum die Beschläge von zwei Ver= brennungskisten, starke, große Kastenbeschläge, das eine nebst Bügel wurde in Heppenheim a. d. W. gefunden, das andere in Hebbesheim bei Kreuznach. Der Hergang der Verbrennung wird vielfach von Schrift= stellern beschrieben, auch solchen, die in der Schule gelesen werden. Ich will hier nur die bekannte Beschreibung des Vergil anführen, Aen. 1 VI 212—232.

„Aber die Teukrer indes wehklagend am Strand um Misenus
Brachten dem Staub — dankloses Geschäft — noch die letzte
der Ehren.
Erstlich errichteten sie von harzigen Kiefern und eichnen
Balken ein riesiges Scheitergerüst, dem die Seiten mit dunklem
Laub sie bekleiden, am vorderen Rand hin Grabescypressen
Hoch aufpflanzen und dann mit funkelnden Waffen ihn schmücken.
Einige rüsten indeß heiß sprudelnde Kessel und warmes
Wasser und waschen den Leib des Erstarrten und reiben mit
Salböl
Seufzend ihn, legen aufs Pfühl die bejammerten Glieder und werfen
Purpurne Kleider darauf, die bekannten Gewänder des Toten.
Andere heben alsdann auf die Schultern die riesige Bahre
— Trauriger Dienst! — und nach altem Gebrauch mit
gewendetem Antlitz
Strecken die Fackeln sie aus zum Brand. Es lodert in Menge
Weihrauch auf, Speisopfer und Öl aus Krügen gespendet.
Als dann erloschen der Brand und die Asche zusammengefallen,
Gießen sie Wein auf den durstigen Staub und die heiligen Reste,
Und Korynäus verschließt das Gebein in eherner Urne.
Dann mit lauterem Naß dreimal die Genossen umschreitend
Sprengt er sie leicht mit dem Tau und dem Zweige des glück=
lichen Ölbaums,
Reinigt und weihet die Schar und redet die Worte des Abschieds."

Der Dichter läßt hier die verbrannten Gebeine in einem ehernen Gefäße sammeln, gewöhnlich wurden dazu Urnen aus Thon oder Glas, oder Steinbehälter, sogenannte Aschenkisten benutzt, und zugleich auch die etwaigen Reste von Fibeln, Ringen und anderem mit in dieselben hineingelegt. (Bei ärmeren Bestattungen wurde wohl auch die Asche einfach in eine Vertiefung der Erde zusammengescharrt.) Die Urnen wurden dann gewöhnlich mit einem Deckel, einem Teller oder auch bloß mit einem Ziegelstück oder einer Thonscherbe geschlossen. In Italien selbst wurden die Urnen größerer Familien oder Verbände häufig in kellerartigen Räumen in Nischen an den Wänden aufgestellt, in sogenannten Kolumbarien. Ob dies auch in den Rheinlanden vorkam, ist nicht sicher, gewöhnlich wurden sie bei uns zugleich mit den bei der Verbrennung gebrauchten Gefäßen, Lämpchen, sog. Thränen= krügen u. a. Gefäßen für Öl und Wasser entweder in der bloßen Erde beigesetzt, oder erst noch durch eine Umschließung von großen Ziegeln geschützt, oder drittens endlich zum Schutz in ein größeres Gefäß hineingestellt, z. B. in ein großes Weingefäß, ein Dolium, dem zu diesem Zweck natürlich der Kopf abgenommen werden mußte. Bei Worms selbst haben sich, abgesehen von den oben erwähnten in den letzten Tagen bei Mettenheim gefundenen Resten, Bestattungen der letzteren Art nicht ge= funden, in anderen Gegenden z. B. bei Trier sind sie häufig. Die im Museum ausgestellten Dolien, drei an der Zahl, wurden bei dem Sporkenheimer Hof in der Nähe von Ingelheim gefunden. In dem einen derselben stand eine eigentümlich verzierte Aschenurne aus weiß grauem hartgebranntem Thon mit aufgemalten roten Kreisen. (S. Tfl. III 2) Die bei Worms und in Rheinhessen überhaupt gewöhnlichste Form ist die Umstellung mit großen Ziegeln, wie dies drei im Museum auf= gestellte Bestattungen mit Urnen verschiedener Größe veranschaulichen. Bestattungen in Glasurnen kommen in Rheinhessen nicht selten vor, wenn sich auch seit dem Bestehen des Museums in der Nähe von Worms nur eine in Wiesoppenheim gefunden hat. Ausgestellt ist im Museum außer dieser eine in der Nähe von Mainz gefundene. Diese ist aus grünlichem Glas und hat ganz die Gestalt der gewöhnlichen Urnen aus Thon ohne Henkel, während die Glasurnen in der Regel oben etwas mehr geschlossen und mit kräftigen Henkeln versehen sind. Die dritte Art der Bestattung in Steinkisten ist im Museum durch zwei Beispiele veranschaulicht. Bei dem einen ist im Innern von zwei gleich großen Steinwürfeln (40 cm im Gebiert, 26 cm hoch) eine cylinderartige Höhlung ausgehauen; in dem unteren Würfel befindet sich die Asche, der obere biente zur Deckung. Auf dem oberen standen mehrere kleine Gefäße und ein rohgeformtes Lämpchen. Die andere ist ein großer Stein von der Gestalt eines Mühlsteinabschnittes, 92 cm lang, 80 cm breit, 40 cm hoch. In der Mitte des Steines ist die Aushöhlung (33 cm Durchmesser) für die Asche hergestellt. Der Stein war mit mehreren Gläsern umstellt, die Oeffnung durch einen Ziegel geschlossen. Wurde die Leiche nicht verbrannt, so wurde sie in Holz- oder Steinsärgen beigesetzt, ausnahmsweise wohl auch in die bloße Erde gelegt, oder mit Ziegeln umstellt. Die in unserer Gegend üblichen Holzsärge waren roh gearbeitete, mit großen Nägeln zusammengeschlagene viereckige Kasten. In Mariamünster konnte man vielfach noch in dem nassen Boden die Form derselben bemerken und ganze Stücke des Holzes herausnehmen, wenn es auch nicht möglich war, einen ganzen Sarg zu erhalten, wie es jetzt in Mainz gelungen ist. Ein Holzstück, sowie eine Anzahl der an den Särgen verwendeten großen Nägel sind ebenfalls ausgestellt. Bei einem der Särge in Mariamünster fand sich ein Hammer, so daß es scheint, als ob die letzte Verschließung des Sarges erst an der Begräbnisstätte vorgenommen worden wäre.

Wenn die Leiche in einen Steinsarg gelegt wurde, wurden in der Regel Gläser, auch Töpfe, die eine oder andere Münze, bisweilen auch irgend ein Lieblingsgegenstand des Gestorbenen, nicht selten auch ein Ei, wohl als Symbol der Unsterblichkeit, der Leiche beigegeben, wobei die Gläser in der Regel in die 4 Ecken des Sarges zu stehen kamen. Dann wurde vielfach die Leiche mit ungelöschtem Kalk überdeckt, der sich, sobald die Leiche in Verwesung überging, löschte und die Leiche fest umschloß und desinfizierte. Dabei prägten sich die Formen der Leiche und ihres Gewandes im Kalke ab. Im Museum ist deshalb erstens ein an der Schillerstraße gefundener Sarg mit allen seinen Beigaben und zweitens ein anderer Sarg mit großen Kalkstücken mit Abdrücken von Gewändern ausgestellt. Die Form der römischen Steinsärge ist zwar verschieden, doch haben sie alle das charakteristische Unterscheidungsmerkmal gegenüber den mittelalterlichen, deren auch einer im Museum ausgestellt ist, daß sie sich nicht nach der einen Seite hin verjüngen, sondern die Form des Oblongs hoben.

Die Form desjenigen, in dem die römische Leiche ausgestellt ist, ist bei weitem die häufigste. Die Außenseite dieser einer Inschrift entbehrenden, bei uns in der Regel aus rotem Sandstein hergestellten Särge ist rauh behauen mit regelmäßiger, der Bewegung des Armes entsprechender Führung des Spitzhammers. Die großen ebenfalls aus einem Stein bestehenden Deckel sind unten flach, oben ein wenig abgeschrägt. Die Größe derselben ist meistens fast gleich, bei dem ausgestellten L. 2,20 m, Br. 74 cm, H. bis z. Deckel 57 cm; Höhe des Deckels am Rande 12 cm, in der Mitte 15 cm. Dieselbe Gestalt hat ein etwa halb so großer im Museum ausgestellter Kindersarg.

Die zweite Art ist veranschaulicht durch den am Eingang des Museums zur linken Hand aufgestellten am Mainzer Thor gefundenen Steinsarg. Derselbe ist aus gelblichem Sandstein hergestellt, ist breiter als die erst erwähnten und mit einem bedeutend schwereren Deckel bedeckt. An den 4 Ecken desselben sitzen 4 schwere Steinwürfel, der Deckel ist sonst dachartig nach beiden Seiten abgeschrägt, nur erhebt sich in der Mitte der Vorderseite eine giebelförmige Spitze. Auch dieser Sarg ist sonst ohne alle weitere Verzierung an allen Seiten rauh behauen und ohne Inschrift.

Durch eine solche auf glatter Fläche und blattartiges Ornament auf dem Giebel des Deckels unterscheidet sich von diesem als dritte Art der am Eingang in die eigentliche Kirche stehende Sarg. Derselbe ist 2,22 m lang, 77 cm br., ohne Deckel 65 cm, mit Deckel 95 cm hoch.

Nun bleibt noch eine vierte Art von Steinsärgen zu erwähnen, deren hier und in der Nähe verschiedene gefunden worden sind. Sie unterscheiden sich von der ersten Art durch eine eigentümliche Verzierung des Deckels. Über die ganze Länge desselben ist ein bandartiger Streifen gelegt, über diesen sind Querstreifen von den vier Ecken des Sarges jedesmal nach der Mitte der gegenüberliegenden Seite gezogen, darüber endlich liegen drei Querstreifen, die den Längsstreifen rechtwinkelig schneiden. Es scheint diese Verzierungsweise nur auf späteren, der ersten christlichen Zeit bereits angehörigen Särgen vorzukommen. Ausgestellt ist der Deckel eines der 1818 in Neuhausen gefundenen Särge.

Zum Schlusse sind nun noch die Bestattungen in Metallsärgen zu erwähnen, die im Paulus-Museum bis jetzt leider noch nicht veranschaulicht werden konnten.

b. Gebilde aus Thon.

Es ist schon oft auf den eigentümlichen Umstand aufmerksam gemacht worden, daß die zerbrechlichen und scheinbar so vergänglichen Gebilde aus Thon von den ältesten Zeiten her in großer Zahl sich erhalten haben, während die scheinbar so festen und lange Dauer versprechenden Gebilde aus Holz und Metall zum großen Teil ganz zu grunde gegangen, oder fast unkenntlich geworden sind. Daher sind es denn gerade für die ältesten Zeiten vorzugsweise die Gebilde aus Thon, die uns Kunde geben, welche Kulturstufe die ältesten Völker bereits erreicht, wie weit sie die Technik der Gefäßbildung vervollkommnet, zu welchen Formen und Ornamenten ihr Schönheitssinn sie geführt. Auch für die römische Periode erregen vor allem die Gebilde aus Thon durch ihre große Anzahl die Aufmerksamkeit eines jeden Betrachters der aus dieser Zeit uns erhalten gebliebenen Zeugen für die Anwesenheit und Herrschaft der Römer in unserer Gegend. Fast alle Gegenstände aus Thon, die in dem Paulus=Museum vereinigt sind, wurden in den letzten Jahren aus römischen Gräbern in Worms und seiner Umgebung erhoben, nur wenige wie die zu dem schon berührten Sporkenheimer Fund gehörenden Dolien, einige Sigillatagefäße aus Rheinzabern, eine kleine Thonbüste aus Andernach und eine italische Amphora gehören nicht dem Umkreis von Worms an. Sämtliche Gefäße aus Thon können wir in 2 Klassen scheiden, in Aschenurnen und andere Gefäße, sei es nun, daß sie bei der Bestattung irgendwie gebraucht und deßhalb mit in die Erde gelegt, oder daß sie in symbolischer Bedeutung dem Toten mit ins Grab gegeben wurden.

1. Die Aschenurnen. Sie haben fast alle eine ähnliche Form, indem sie nach unten ziemlich spitz zulaufen, nach dem Ausguß zu aber stark sich schließen. Nur selten sind sie mit Henkeln versehen. Ihre Größe ist sehr verschieden, die im Paulus=Museum ausgestellten bewegen sich zwischen 17 und 35 cm Höhe und entsprechender Weite. Die meisten sind stark gebrannt, mit Graphit geschwärzt und durch ein mit dem Rade hergestelltes Ornamentband an dem oberen Teile des Bauches verziert. Außerdem kommen aber auch solche von einer mehr oder weniger gelben oder weißen Farbe vor, die zum Teil durch Anstrich hervorgebracht ist. Manche dieser letzteren sind in für uns

höchst auffälliger, ja geradezu unanständiger Weise verziert. Unter den Urnen des Museums heben wir zwei sogenannte Gesichtsurnen hervor, bei denen sich auf dem Bauch die rohe Andeutung eines Gesichtes findet. während an der Öffnung drei Handhaben sitzen. (Siehe Tafel III 5.) Ferner sind zu erwähnen eine, bei der mit roter Farbe Kreise aufgemalt sind (Tafel III. 2), und eine sehr kleine, ringsum mit kleinen Erhöhungen besetzte Urne.

2. Von den übrigen Gefäßen nennen wir zunächst die Krüge, die in den verschiedensten Größen sich in den Gräbern finden. Die bekanntesten sind die sogenannten Thränenkrüglein, deren auch im Museum zur rechten Seite des Eingangs eine große Anzahl aufgestellt ist. Sie bestehen aus mehr oder weniger rotgebranntem Thon, haben die Gestalt einer unten mit möglichst kleinem Fuß und oben mit einem ebenso engen Ausguß versehenen Kugel; am Ausguß sitzt ein kleiner Henkel an. Sie haben in der Regel eine Höhe von 15 cm, doch kommen auch noch kleinere vor. Die ebenfalls zahlreichen größeren Krüge haben meist 2, einige auch 3 Henkel. Das größte Exemplar des Paulus-Museums, abgesehen von den gleich zu erwähnenden Weingefäßen, ist in Offstein gefunden und hat eine Höhe von 43 cm und eine Bauchweite von 1,07 m. Alle diese Krüge dienten offenbar für das bei der Bestattung nötige Wasser, sowie für die am Grabe darzubringenden, oder auf den Scheiterhaufen zu gießenden Spenden. Zu dem letzteren Zweck wurden insbesondere auch die großen Weingefäße gebraucht, die sich in Gräbern (auch bei Worms) ganz oder zerschlagen finden. Dieselben sind teils sogenannte Dolien, große, kugelförmige Gefäße ohne Fuß und mit 2 kräftigen Henkeln am Ausguß. In ihnen pflegte der Wein zunächst während der Gärung aufbewahrt zu werden; nach beendigter Gärung wurde er in die Amphoren umgefüllt, hohe, schmale Gefäße, auch mit 2 kräftigen Henkeln am Ausguß und einer langen Spitze statt eines Fußes, so daß sie stets eines Widerlagers bedurften, um aufrecht stehen zu bleiben. Die Dolien wurden in Sand eingegraben, bedurften deshalb keines Fußes. Ganze Exemplare beider Sorten sind seit Bestehen des Museums in der Umgegend von Worms noch nicht gefunden worden, wohl aber Henkel, Ausgüsse und andere Stücke von sehr großen Exemplaren.

Die ausgestellten Dolien sind bei Ingelheim gefunden und haben einen Umfang von 1,85 m, eine Höhe von 70 cm. Die ausgestellte

Amphora hat einen Umfang von 1,20 m und eine Höhe von 90 cm.

Von den übrigen Krügen erwähnen wir noch besonders 2 kleine Krüge mit einer kleinen Zotte am Bauch. Dieselbe Form ist auch in Glas vorhanden. Der Zweck dieser Gefäßchen ist nicht ganz klar; man hat früher vermutet, daß sie die Stelle unserer Saugfläschchen vertreten hätten; dagegen hat v. Cohausen „Nassauische Annalen" XV. S. 272 ff. die Vermutung eingehend begründet, daß diese Gefäßchen wohl Töpfern und Malern zum Aufspritzen eines farbigen Gusses gedient, also unserem heutigen Malhorn entsprochen hätten.

Interessant ist auch ein kleines, ursprünglich grün glasiertes und fein verziertes Krügelchen aus einem Brandgrab in Mariamünster. Die Glasur hat durch den Leichenbrand zwar stark gelitten, ist jedoch an verschiedenen Stellen noch deutlich zu erkennen.

Einige größere kannenartige Krüge sind mit einer roten Farbe überzogen, die jedoch vielfach verletzt ist. Die Henkel sind bei den= selben zierlicher gearbeitet und mit einer Art Blattansatz versehen. Be= sondere Beachtung verdient eine Kanne mit vertieften von oben nach unten laufenden Windungen um ihren ganzen Körper. Auch eine Kanne aus ganz weißem Thon ist von Interesse.

Indem wir von der besonderen Erwähnung weiterer kleinerer Verschiedenheiten absehen, haben wir nur noch von einer für Worms besonders bemerkenswerten Art von Krügen zu reden, den Gesichtskrügen, die nicht zu verwechseln sind mit den oben erwähnten Gesichtsurnen. Diese Krüge haben sich hier in großer Zahl gefunden. Das Paulus=Museum besitzt bereits 20 derselben und hat außerdem noch einige Krüge von derselben Form, bei denen nur der Ausguß mit dem Gesicht abgebrochen ist. Verschiedene sind noch hier und anderwärts im Privatbesitz, auch stammen die in den Museen von Darmstadt, Mainz, Bonn, Trier und die meisten der in Speyer be= findlichen nachweislich aus Worms. Da derartige Krüge anderwärts nur höchst selten und ganz vereinzelt vorkommen, kann kein Zweifel sein, daß die Wormser Krüge in unserer Stadt auch verfertigt worden sind. In Nieder=Olm wurde im vorigen Jahr das Gesicht eines solchen Kruges gefunden, dasselbe ist jetzt im Paulus=Museum aufbewahrt. Von den 12 Speyerer Krägen sind 6 sicher aus Worms, von den übrigen sind 5 größer als die hiesigen, haben aber kleinere Gesichter, einer hat mit den hiesigen überhaupt keine Ähnlichkeit; ihren Fundort habe ich nicht erfahren können. Am Niederrhein haben sich Krüge gefunden mit fratzenhaften Gesichtern am Ausguß, während bei den hiesigen sich stets ein aus freier Hand gebildetes, zwar mehr oder weniger gelungenes, aber nie fratzenhaftes Frauengesicht findet. (Siehe Tafel III 1.) Das Gesicht meist mit hohem Haarwulst ist an der Ausgußstelle dem Henkel gegenüber angebracht. Bei verschiedenen ist der obere Teil des Kruges, Kopf und Hals mit weißer Farbe überstrichen, bei anderen gehen weiße Striche oder Punktreihen um den Bauch. Bei einer an der Schillerstraße in einem Steinsarg gefundenen sind Augen, Haar und Lippen bemalt, außerdem ist der Hals mit einem gemalten Spitzenkragen bedeckt. Die einzelnen Felder dieses Musters haben abwechselnd rötliche und schwarze Farbe und sind mit weißen und schwarzen Linien eingefaßt. Die unteren Felder sind noch mit je 3 weißen Tupfen verziert. Die Größe dieser Krüge ist sehr verschieden, sie schwankt zwischen 12 und 30 cm Höhe.

An die Besprechung der Krüge reihen wir die der becherartigen Gefäße an. Dieselben haben verschiedene Formen; die häufigste Art hat einen langen Hals und einen mehr oder weniger dicken nach unten sich wieder zusammenziehenden Bauch. Bei manchen nimmt der Hals fast die Hälfte des ganzen Gefäßes ein, bei anderen ist er kürzer. Der Bauch ist entweder glatt, oder mit länglichrunden Eindrücken versehen. Die Größe schwankt zwischen 10 und über 20 cm Höhe. Sie sind nur leicht gebrannt und deshalb sehr zerbrechlich. Die meisten haben außen eine grauschwarze Farbe, von geringer Haltbarkeit, andere sind glänzend schwarz. Zwei der letzteren sind mit weißer Farbe bemalt und tragen in derselben Farbe das eine die Aufschrift „VIVAMVS laßt uns wohl leben", das andere „VTERE gebrauche es." (Siehe Tfl. III 4.) Außerdem wollen wir noch ein kleines 7 cm hohes Becherchen besonders erwähnen; dasselbe ist aus weißem Thon und hat die Gestalt eines an der stumpfen Seite ein wenig abgeschlagenen Eies.

Ferner finden sich in den Gräbern Schüsseln, Schalen, oder Teller, vielfach von sehr grobem Material und schlecht gebrannt. Auf einigen dieser Teller liegen noch Geflügelknochen; offenbar ist also auf ihnen eine Speise mit ins Grab gestellt worden. Auch Seihschüsseln mit durchlöchertem Boden finden sich; im Museum sind zwei größere Bruchstücke solcher ausgestellt. Aus Offstein besitzt das Museum eine

Schüssel von merkwürdiger Form und dunkelgrauer Farbe. Dieselbe hat die Gestalt eines 15 cm hohen, in ½ der Höhe stark eingeschnürten Cylinders, der Boden aber ist stark bis zur Höhe der Einschnürung eingebogen.

Nun haben wir noch die Sigillatagefäße zu erwähnen, die in demselben Schranke wie die Gesichtskrüge ausgestellt sind. Sigillata- oder samische Gefäße nennt man die aus feinem roten Thon hergestellten, sehr hart gebrannten und mit einem sehr feinen, bis jetzt noch nicht mit Sicherheit wieder aufgefundenen Firnis überzogenen Gefäße. Es sind dies mehr oder weniger große Schüsseln, Becher, Schalen und Teller. Die Schüsseln und ein Teil der anderen Gefäße sind durch Figuren geziert und zwar entweder so, daß das Gefäß in eine Form gedrückt wurde, die die betreffenden Ornamente und Figuren vertieft enthielt, oder so, daß auf das gebildete Gefäß aus weicher Masse die Verzierung aufgespritzt wurde, in derselben Weise, wie der Konditor seine Torten mit Zuckerguß verziert (en barbotine), vielleicht mit den oben besprochenen kleinen Gefäßchen mit der Zotte am Bauch. Die aufgespritzte Masse ist entweder dieselbe wie die des Gefäßes und dann vor dem Ueberziehen des Gefäßes mit Glasur aufgetragen, oder sie ist eine weiße, nach der Glasur erst aufgetragene Substanz. Die letztere Art der Verzierung zeigt eine in Mariamünster gefundene Scherbe.

Die erste Art der Herstellung ist im Museum durch eine aus Rheinzabern stammende Formschüssel und ein Stück einer solchen veranschaulicht. Hier sind auch 2 Stempel zu erwähnen; der eine hat die Gestalt eines dicken Daumens, auf seiner unteren Seite ist eine menschliche Figur in Hochrelief angebracht, offenbar um in eine Form- schüssel eingedrückt zu werden. Der andere Stempel mit dem Worte SVMMO wurde im vorigen Jahre in Mariamünster an der alten Begräbnißstätte gefunden. Unter den Sigillatagefäßen verdient be- sonders hervorgehoben zu werden eine in Offstein gefundene Schüssel, die aus besonders feinem Thon hergestellt, mit zierlichem Laubwerk bedeckt und mit feinstem Firnis überzogen ist. Die Schüssel ist, was sie besonders interessant macht, von ihrem römischen Besitzer bereits aus zwei Stücken in der Weise wieder zusammengesetzt worden, daß er in kleine innen und außen eingebohrte Löcher je drei kleine Bleiklammern ein- ließ. Die in Worms in Gräbern gefundenen Sigillatagefäße sind aus viel gröberer Masse, mit zum Teil roher Zeichnung in den Figuren und mit schlechtem Firnis überzogen. Dagegen stammten viele der zerstreut umherliegenden Scherben von ganz feinen Gefäßen her; viele dieser Scherben sind mit schönem Ornament, einige aber auch mit unanständigen Bildern bedeckt. Unter den Bechern kamen besonders häufig in Mariamünster kleine, trichterartige Becher vor, deren oft mehrere ineinander standen.

Auch die römischen Lämpchen wurden vorzugsweise aus Thon hergestellt, viel viel seltener aus Bronze oder gar aus Silber oder Gold. (Zur eigentlichen Beleuchtung bedienten sich die Römer meist der Kerzen). Mehrere der Lämpchen im Museum sind aus terra sigillata gefertigt und mit Figuren geschmückt, ebenso einige aus weißem Thon. Einige tragen Töpferstempel. Sie sind alle in Formen in der Weise hergestellt, daß der untere und obere Teil jeder für sich gefertigt und die beiden dann durch eine Naht an der Seite verbunden wurden. Die meisten haben e i n e Öffnung für den Docht, eine besonders reich verzierte Lampe des Museums hat deren drei, und eine zum Eingießen des Öls, durch die zugleich mittels eines Stiftes der Docht vorgeschoben werden konnte.

Nun bleiben uns von den Gebilden aus Thon im Paulus-Museum noch einige Figuren aus weißem, hartgebranntem Thon zu erwähnen, nämlich 1. die bereits besprochenen Darstellungen sitzender Matronen, 2. eine kleine Büste, sie soll aus Andernach stammen, 3. ein sitzendes Hundchen, ein Kinderspielzeug aus einem römischen Grab in Hillesheim. Außerdem 4. ein Zettelbeschwerer aus gebranntem Thon mit eingeritzter Karikatur, 5. eine große Zahl römischer Ziegel mit und ohne Falze, auch gewölbte Deckziegel; nur einer ist mit einem Töpferstempel MEPS versehen, die meisten anderen sind mit dicht nebeneinander gezogenen Kreisen bedeckt, 6. endlich mehrere in Mariamünster und im Katterloch gefundene römische Heizröhren von der bekannten Form.

c. Glasgefäße.

Wie im ersten Teile gezeigt worden ist, sind in Worms besonders zahlreich römische Glasgefäße gefunden worden, ein Umstand, der allein schon beweist, daß die Bewohner des alten Borbetomagus sich jedenfalls ziemlicher Wohlhabenheit erfreut haben. Denn überall können wir die Beobachtung machen, daß ärmere Ausstattung der Gräber sich vor allem in dem Mangel an Gläsern zeigt; hier hat man aber nicht nur stets zahlreiche Gläser gefunden, sondern insbesondere auch viele besonders zierliche Formen und Prunkgefäße, die selbstverständlich nur in wohlhabenden Familien vorhanden sein konnten. Trotz der vielen früheren Funde zählt doch die Sammlung des PaulusMuseums gegenwärtig bereits 160 Stück, die mit wenigen Ausnahmen in Worms und der nächsten Umgebung gefunden wurden. Einzelne darunter zeigen sehr seltene Formen. Eine besondere Zierde der Sammlung ist zunächst das 35 cm hohe, an der Schillerstraße in einem Steinsarg gefundene Doppelglas. (Siehe Tfl. 11.) Aus dem Boden der Flasche steigt ein sehr niedliches kleines Fläschchen von 12 cm Höhe empor mit seinem Henkel und Eindrücken am Bauch. Die äußere Flasche ist besetzt mit einer Anzahl weißer und bläulicher flacher Nuppen, die mit einer ringförmigen Vertiefung versehen sind. Der Zweck des inneren Fläschchens ist unbekannt. Kompetente Archäologen haben sich dahin ausgesprochen, daß es dabei wohl nur auf eine Spielerei abgesehen gewesen sei. Auffallend bleibt, daß dasselbe Motiv an verschiedenen Orten sich gefunden hat. Denn wie jetzt bekannt, hat sich im vorigen Jahre eine ganz ähnliche, nur etwas kleinere und weniger zierlich gearbeitete Flasche in Andernach gefunden. Ferner ist der Boden eines in Glabbach gefundenen Doppelglases erhalten, und in Trier hat man eine Zeichnung eines früher dort vorhandenen Doppelglases gefunden. Was die Herstellung betrifft, so hat man sich nach dem Urteil von Glasfabrikanten dieselbe in der Weise zu denken, daß erst die kleine Flasche gebildet und dann in die große eingeführt wurde, ehe noch der Hals derselben zusammengezogen war. Zu den selteneren Gläsern gehört auch das 20 cm lange Trinkhorn. (Siehe Tfl. 11.) Dasselbe besteht aus grünlichem Glas und ist mit netzartig aufgegossenen Fäden von derselben Farbe überzogen, die Spitze des Horns ist mit mehreren parallelen Ringen verziert. An der kürzeren Seite befinden sich 2 Ösen zum Aufhängen des Horns. Ein sehr seltenes Stück ist ferner eine 25 cm hohe Amphora aus Glas von derselben Form wie die aus Thon, also unten mit einer Spitze und mit 2 kräftigen Henkeln an den Seiten. (Siehe Tafel 11 6.) Der Fundort des Gefäßes ist nicht sicher bekannt. Eine Glasamphora von gleicher Form, nur mit Ranken werf außen verziert, ist in Pompeji gefunden worden und von Blümner Kunstgewerbe Bd. 1 S. 108 abgebildet.

Durch seine ganz ungewöhnliche Größe ist bemerkenswert ein Glas von der Gestalt der kleinen Salbfläschchen; während diese, wie sie in mehreren Exemplaren vertreten sind, etwa 10 cm oder wenig mehr hoch sind, hat das vorher genannte Glas eine Höhe von 40 cm bei einem Durchmesser an der weitesten Stelle von 3 cm (Tfl. II 12.) Noch 2 andere Salbfläschchen verdienen besondere Beachtung, das eine hat unten einen würfelförmigen Körper von 22 mm im Quadrat und 48 mm Höhe; über diesem weiten Teile erhebt sich dann ein 10 cm langer Hals. Das andere Fläschchen hat genau die Gestalt des bei Blümner Kunstgewerbe I S. 102 abgebildeten kleinen Salbfläschchens. Es besteht aus blauem, aber jetzt silberfarbig oxydiertem Glas und ist ganz mit einem aus weißen und gelben Strichen bestehenden Streifenmuster bemalt. Die 4 letzten Gläser stammen nicht aus der Umgebung von Worms, sie wurden im verflossenen Jahre von Herrn Major Heyl fürs Museum erworben; ihr Fundort ist nicht sicher bekannt.

Unter den Flaschen ziehen den Blick besonders auf sich 2 cylinderförmige Glasgefäße von 45 und 42 cm Höhe. Der Cylinder ist mit dem scharf abgesetzten Hals durch 2 kräftige Henkel verbunden. (Siehe Tfl. II 3.) Flaschen derselben Form, die gleichfalls hier gefunden wurden, befinden sich im Wiesbadener Museum. Ferner sind unter den kolbenförmigen Flaschen sehr schöne Exemplare, namentlich einige in Offstein gefundene aus grünem Glas. Verschiedene Flaschen haben einen kugelförmigen Bauch mit kleinem Fuß und cylinderförmig aufsteigendem Hals ohne Umbiegung am Rande. Unter diesen ist dasjenige von besonderem Interesse, bei dem etwa in der Mitte des Halses ein Glasring sitzt, von dem aus 4 dünne, stark geschweifte Henkel in 4 verschiedenen Richtungen nach dem Bauche des Gefäßes gehen. Dasselbe ist von weißem Glas. (Siehe Tfl. II 2.) Es ist das einzige Stück der Sammlung mit 4 Henkeln; von den ähnlichen Flaschen hat eine 2 Henkel, den andern fehlen die Henkel ganz. Bei mehreren Flaschen sind am Hals und am Bauch parallele Linien in verschiedener Anordnung eingeschliffen. Einige von diesen Flaschen sind mit einem schnabelförmigen Ausguß versehen und vielfach mit Filigranfäden von Glas überzogen. Recht schön ist auch ein 13,7 cm hohes Fläschchen

8

aus dunkelblauem Glas. Sein Henkel ist von einer unburchsichtigen, weißen, porzellanartigen Masse, aus welcher auch der Fuß, der untere Ring um die Öffnung und der Spiralfaden, der sich um den Hals windet, besteht. Ein anderes Fläschchen von nur 5 cm Höhe mit einer kleinen Ausgußrinne am Bauch, ein sog. guttus, ist schon bei den Thongefäßen erwähnt worden.

Auch nicht durch Blasen, sondern durch Pressen in Formen hergestellte Gläser sind mehrere vorhanden. Einige so hergestellte Flaschen haben die Form eines Fäßchens, das oben und unten mit Reifen versehen ist; daraus steigt dann ein dünner Hals mit Rand hervor. Der letztere ist bei einigen durch einen, bei anderen durch zwei Henkel mit dem unteren Teil verbunden. Bei den zwei größten dieser aus grünlichem Glase bestehenden Flaschen ist in den Boden der Fabrikstempel Frontinus eingedrückt. Bei anderen Flaschen aus hellblauem Glas ist der untere Teil viereckig und durch breite Henkel mit dem Hals verbunden.

Glasurnen sind bis jetzt nur 2 ausgestellt, die wir oben schon besprochen haben. Dagegen sind von Glasbechern viele Exemplare der verschiedensten Formen und Größen vorhanden. Das schönste Stück ist ein an der Mainzer Straße gefundener Becher von 21,5 cm Höhe, mit einem Netz von Filigranfäden überzogen und prächtig irisierend. (Siehe Tfl. II 5.) Auch die bei den Thongefäßen beschriebene Form mit Eindrücken am Bauch ist vertreten. (Siehe Tfl. II 8.) Die Höhe der Becher schwankt zwischen 8 cm und 22 cm.

Es bleiben jetzt noch die Schalen aus Glas von mehr oder weniger flacher, oder vertiefter Form zu erwähnen. Darunter sind sowohl solche von ganz hellem, weißem Glas als auch solche von grünem, und wieder solche von prächtig irisierendem Glas. Es wäre interessant, chemisch zu untersuchen, durch welchen Stoff sich das so stark oxybierte Glas von dem anderen ganz hell gebliebenen unterscheidet. Besonders hervorheben wollen wir zwei an der Schillerstraße gefundene Schalen, die wie Silber glänzen und mit blauen Tupfen, die eine auch noch mit einem geflochtenen Band aus blauem Glas ornamentiert sind. Beide Stücke sind leider nicht vollständig erhalten.

d. Zur militärischen Ausrüstung gehörige Gegenstände.

Da unter den römischen Altertümern des Paulus-Museums die auf das Militär bezüglichen eine hervorragende Stelle einnehmen, so

wollen wir sie besonders vor der Besprechung der übrigen nicht aus
Thon oder Glas gefertigten römischen Altertümer des Museums be=
trachten. Die hier gefundenen Grabsteine römischer Soldaten mit
ihren bildlichen Darstellungen und ihren Inschriften, ebenso das
Militärdiplom vom Jahre 90 haben wir oben bereits besprochen,
hier bleiben uns noch folgende Gegenstände der militärischen Aus=
rüstung zu erwähnen.

1. Ein Signum, gefunden im Rhein bei Mainz. (Siehe Tfl. IV 5.)
Die Stangenspitze hat eine ähnliche Form wie eine in der Salburg,
dem bekannten römischen Kastell bei Homburg v. d. H., gefundene;
sie ist 29 cm lang. Das dabei gefundene Bronzebeschläg von 17 cm
Breite und 8 cm Höhe war jedenfalls durch eine Holztafel ausgefüllt,
auf der wohl die betreffende Truppenabteilung näher bezeichnet war.
Das Ganze war vielleicht, die Ringe am oberen Ende scheinen darauf
hinzudeuten, mittels einer Schnur oder eines Kettchens an den
oberen beiden Haken der Stangenspitze befestigt, so daß es lose vor
der Stange hing. Die Form der kleinen Bronzeanhänger erinnert
sehr an die des auf dem einen Grabstein abgebildeten Signums.

2. Daß der auf dem Tafelacker gefundene Löwe aus Bronze
(Tfl. 1 1) ebenfalls als Spitze einer Signumstange gedient habe, haben
wir oben schon als wahrscheinlich bezeichnet.

3. Zwei römische Helme, gefunden im Jahre 1883 im Rhein
bei Mainz. Römische in Deutschland gefundene Helme gibt es
nur wenige, und diese stimmen, wie die Abbildungen der meisten
sonst noch vorhandenen Helme bei Lindenschmit zeigen, keineswegs in
ihren Formen überein, so daß jeder einzelne wieder von besonderem
Interesse ist. Unsere beiden wohl erhaltenen Stücke bilden deshalb
eine besondere Zierde des Paulus=Museums. Der zuerst gefundene
Helm (Tfl. 1 2) war mit einer fingerdicken Sinterschichte überzogen
und ganz unkenntlich geworden; wir verdanken seine Wiederherstellung
dem römisch=germanischen Centralmuseum in Mainz. Er besteht nicht
wie die meisten sonst noch gefundenen Helme aus Bronze, sondern
aus kräftigem Eisenblech in dem zur Verzierung und wahrscheinlich
auch zur Verstärkung auf der Stirnseite zwei 14 cm lange und
gut fingerbreite ∾ förmige Erhöhungen von innen herausgetrieben sind;
außerdem ist die Uebergangsstelle zum Nackenschild gewellt und ver=
stärkt. Der Rand ist mit einem schmalen Bronzeband eingefaßt, das

8*

nur an der Stirnseite etwas breiter (2 cm breit) und mit 7 wellen-
förmigen Riefen versehen ist. Außerdem ist der Rand des Helmes
mit Rosetten aus Bronze verziert, und zwar sitzen je 2 an der
Schläsenstelle, 3 auf dem Nackenschilde. Das verbreiterte, horizontal
abstehende Bronzeblech um die Ohren ist jedesmal mit 3 Nägeln besetzt, außerdem sitzt ein Bronzenagel auf der Mitte der Stirne,
je einer über dem Ansatz der Wangenbänder und einer in der Mitte
des Nackenschildes. Auf beiden Seiten hängen nämlich in einem
Charnier gut handgroße Wangenbänder, die auch mit Bronzeblech
eingefaßt und mit je 3 Rosetten geschmückt sind. Auf dem Nackenschirm sitzt hinten ein Henkel aus Bronze, wahrscheinlich zum Aufhängen des Helmes. An der höchsten Stelle ist der Helm schon in
römischer Zeit mit einem Bronzeplättchen geflickt; etwas weiter nach
vornen sitzt ein Bronzekrappen, wahrscheinlich zum Befestigen des
Stirnbandes.

Der zweite Helm besteht zwar auch aus Eisen, ist aber viel reicher mit
Bronze verziert. (Siehe Tfl. 13.) Der ganze Nackenschirm und eine 7 cm,
über der Stirne jedoch nur 3 cm breite Einfassung besteht aus Bronze.
An der höchsten Stelle sitzt eine runde Bronzekapsel von der Größe
eines Fünfmarkstückes mit einem Einschnitt zur Befestigung einer
Helmzier. Von dieser Kapsel gehen vier 3 cm breite Bronzestreifen
aus, durch die die ganze Helmfläche in 4 Felder geteilt wird, die
2 hinteren derselben sind durch die Figur eines Tempels mit Altar
darin aus Bronze verziert, während die vorderen Felder ganz mit
einem adlerartigen Ornament ausgefüllt sind. Das zuerst erwähnte
Ornament des Tempels kehrt in einfacherer Form ohne Altar
auch auf den Wangenbändern wieder. Dieselben haben oben einen nahezu
3 cm breiten Bronzestreifen und sind mit einem schmalen Bronzeband
eingefaßt. Von dem Tempel abgesehen, sind sie mit 3 kleinen Bronze-
rosetten und einem Bronzeknöpfchen verziert. An der inneren Seite
ist an dem einen unten ein Ringelchen vorhanden zum Verbinden der
beiden Wangenbänder. Zugleich sieht man an diesem Bronzeblech,
daß es schon einmal zu einem anderen Zwecke gedient haben muß, da
noch deutlich die Spuren früherer Zeichnung darauf sichtbar sind.
Das Stirnband ist bei diesem Helm auch aus Bronze und ist mit
Nägeln befestigt, die einen 2 cm langen verzierten Kopf haben. An
den Ohren tritt das mit 3 Nägeln befestigte Bronzeblech zum Schutze

des Ohres über 1 cm im rechten Winkel von dem Helme ab. Des Visiers, das die meisten anderen Helme zeigen, entbehren die beiden Helme des Paulus-Museums.

4. Der Griff eines Centuriostabes aus Bronze, gefunden im Rhein bei Mainz. Der Griff ist eine geriefte 10½ cm lange Hülse, das Stück der Rebe, das in der Hülse steckt, hat sich durch die Verbindung mit der Bronze sehr gut erhalten, so daß es noch als Rebe leicht erkenntlich ist. Auf dem Holz im Innern der Kapsel liegen 2 kleine Steinchen, durch die beim Aufstoßen des Stockes ein Rasseln entstand.

5. Ein Dolch in sehr reich ornamentierter Scheide, gefunden im Rhein bei Mainz. Die obere Fläche der Scheide ist reich tauschiert; sie ist in ein der Spitze entsprechendes Dreieck und mehrere Quadrate eingeteilt. Diese Felder sind durch breite Goldlinien hergestellt und selbst wieder durch goldene Kreuze geschmückt, während die Ecken mit rotem Email ausgefüllt sind. Auch diese kostbare Waffe war in einem so schlimmen Zustande, daß man die ursprüngliche Gestalt nicht mehr vermuten konnte; sie wurde vom römisch-germanischen Central-museum in Mainz wiederhergestellt.

6. Ein bis zum fehlenden Griff 24 cm langer Dolch ohne Scheide, bei Mölsheim gefunden.

7. Ein Ortband eines römischen Schwertes aus Bein, gefunden 1884 beim Fundamentieren des neuen Turmes am Stadthaus; es gleicht in seiner Gestalt dem von Lindenschmit in „Tracht und Bewaffnung des römischen Heeres" Tfl. XI 8 abgebildeten Exemplare.

8. Eine Lanzenspitze mit breitem Blatt von 41 cm Länge.

9. Zwei im Rhein bei Mainz gefundene 44 und 39½ cm lange ganz schmale Speerspitzen mit scharfem Krat.

Außer diesen Originalen besitzt das Museum noch folgende Veranschaulichungsmittel der römischen Ausrüstung.

1. Das vorzügliche unter der Aufsicht und Leitung des Herrn Direktor Lindenschmit von dem Bildhauer Scholl hergestellte Modell eines ausgerüsteten römischen Legionars in Lebensgröße. Jeder, der dieses Modell einmal mit Aufmerksamkeit betrachtet hat, wird gewiß nie mehr über die Beschaffenheit der einzelnen Ausrüstungsgegenstände, über das scutum, das pilum, den gladius, den pugio, das cingulum militiae, die Sandalen, den Lederkoller und anderes im Zweifel sein,

und bietet somit dieses Modell ein ganz besonders belehrendes Ver=
anschaulichungsmittel.

2. Eine genaue von Herrn Mahländer hier hergestellte Nach=
bildung des sogenannten Schwertes des Tiberius.

3. Eine Nachbildung eines Stückes der bei Lauersfort, in der
Nähe von Crefeld gefundenen silbernen Phalerä, d. h. der Orden
eines römischen Offiziers.

e. Zur häuslichen Einrichtung, zum Schmuck und zum Spiel dienende Gegenstände.

Die sämtlichen hierhergehörigen Gegenstände sind, abgesehen
von den bereits besprochenen auf dem Tafelacker gefundenen Sachen,
in den beiden Tischen unter der ehemaligen Orgel und im unteren
Teile des Schrankes, in dem die Gesichtskrüge stehen, ausgestellt. Hierbei
wollen wir nicht unterlassen zu bemerken, daß fast sämtliche in dem
Schranke zur rechten Hand ausgestellte Gegenstände von Herrn Major
Heyl dem Museum überlassen worden sind. Wir erwähnen zuerst die
zahlreichen Bruchstücke einer reich bemalten Wandbekleidung aus Stuck
mit noch jetzt außerordentlich lebhaften Farben; sie wurden in
römischen Fundamenten beim Weinsheimer Zollhaus gefunden; die
ausgestellten farbigen Marmorstücke sind Trümmer römischer Wand=
bekleidung aus den römischen Bädern zu St. Barbara bei Trier.

Von beweglichen Gegenständen sind zu erwähnen:

1) 2 Füße von Lichtständern aus Bronze, einer mit drei, der andere
mit 4 verzierten Füßen.

2) Ein eigentümliches Geräte aus Bronze. Dasselbe besteht aus
einem 20 cm langen und 2 cm breiten, oben verzierten Stab,
an dem vorn im rechten Winkel ein 8 cm hoher Pferdefuß
ansitzt, während an der anderen Seite ein beweglicher Ring
und ein ebenfalls im rechten Winkel ansitzendes 6 1/2 cm langes
Blatt sich befindet.

3) Eine römische Schnellwage aus Bronze, gefunden im Rhein bei
Mainz, vorzüglich erhalten, nur das anhängende Gewicht aus
Eisen ist durch Orhdierung stark beschädigt. Der Wagbalken ist

16 cm lang und mit römischen Zahlzeichen an den Einkerbungen
versehen.

4) Eine Anzahl einzelner Gewichte und zwar eine große Bleikugel
mit einer Öse, um als Gewicht an einer Schnellwage zu dienen
und mehrere kleine knopfartige Gewichte aus Blei, wie sie z. B.
die römischen Aerzte in ihren Arzneikästchen mitzuführen pflegten.
Dieselben stammen aus römischen Gräbern in Offstein.

5) Zwei Schellen aus Eisen von der Form unserer Kuhschellen
und zwei kleinere aus Bronze.

6) Ein kleines, 4 cm hohes, 3¼ cm breites Gefäßchen aus Horn
mit einem fest schließenden Deckel, wahrscheinlich ein Tintenfaß.
Ein anderes hier gefundenes Tintenfaß aus terra sigillata haben
wir bereits erwähnt. Die Römer schrieben mittels Rohrfedern,
die wie Gänsefedern zugeschnitten wurden, auf Papyrus und
Pergament und zwar sowohl mit schwarzer als auch mit roter
Tinte.

7) Eine Anzahl Nadeln aus Horn und Bronze, oben mit flachem
Knopf und unten mit einer abgesetzten besonderen Spitze, die
wohl sicher als Schreibgriffel (stili) zum Schreiben auf Wachs=
tafeln gedient haben; zu demselben Gebrauch hat sicher auch ein
Teil der übrigen ausgestellten Stifte ohne besonders abgesetzte
Spitze gedient. Auch einige Exemplare solcher Schreibgriffel
aus Eisen sind vorhanden. Das obere Ende derselben ist glatt
und etwas verbreitert zum Ausstreichen des Geschriebenen, also
zum Zusammendrücken und Glätten des Wachses.

8) Ein 17 cm langer Papier= oder Pergamentglätter aus Bein.
Derselbe ist an dem oberen dickeren Teile durch sich kreuzende
Linien und einfache Querstriche verziert. Das ausgestellte
Exemplar stammt aus Italien; es wurde aber ein gleiches,
ebenso verziertes Exemplar in den Gärten nördlich vom Mainzer
Thor gefunden, welches sich im Privatbesitz befindet.

9) Ein 11 cm langer Zirkel aus Bronze (κίρκινος) zum Abmessen
der Kolumnen beim Schreiben.

10) 4 Löffel von verschiedener Form, 2 aus Silber, 1 aus Bronze,
1 aus Horn. Die Römer bezeichnen die Löffel mit den beiden
Worten ligulae und cochlearia. Die ersteren sind größer und
entsprechen in ihrer Form den heutigen Eßlöffeln; der Stiel

bildet bei denselben in der Regel vor dem eigentlichen Löffel ein scharfes Knie, das Ende ist oft wie ein Kuh- oder Pferde- fuß gestaltet. Die cochlearia sind kleine Löffelchen mit kreis- runder Höhlung, deren Stiel nadelförmig ausläuft. Die aus- gestellten Exemplare zeigen den Unterschied.

11) 2 zweizinkige, 14 cm lange Gabeln aus Bronze; das Ende der einen ist wie ein Ziegenfuß gestaltet, das der anderen durch mehrere Reischen verziert. Ob in der späteren Kaiserzeit in vornehmen römischen Häusern Gabeln beim Essen selbst gebraucht wurden, ist zweifelhaft, die Regel war es jedenfalls nicht. Das Fleisch wurde vollständig zerlegt vorgesetzt und dann mit den Fingern zum Munde geführt. Für Tischgabel hat die lateinische Sprache gar kein Wort. Ueberhaupt ist der Gebrauch der Gabel bei Tisch ziemlich modern; in Frankreich ist er erst 1379 nach- weisbar und nach England ist er gar erst im Anfang des 17. Jahrhunderts gekommen. Unsere beiden aus Italien stammenden Gabeln werden deshalb wohl auch nur zum Zer- legen in der Küche gedient haben.

12) Eine größere Zahl in Mariamünster und der Umgegend ge- fundener römischer Messer aus Eisen; es sind fast alle die ver- schiedenen bei Lindenschmit A. u. h. Vorzeit II 4 IV abgebildeten Formen vertreten.

13) Eine kleine 10 cm hohe Bronzestatuette des Herkules mit Löwenhaut und Keule und eigentümlichen hakenartigen Ansätzen an den Fußsohlen, mit denen die Figur wahrscheinlich an Holz befestigt war. Fundort angeblich Mainz.

14) Eine etwas kleinere, der vorhergehenden ähnliche Statuette des Herkules ohne die Ansätze an den Füßen. Fundort nicht bekannt.

15) Ein Torso einer kleinen Bronzestatuette aus Italien.

16) Zwei Bronzestatuetten, die eine eine 12 cm hohe Minerva, die andere 9½ cm hoch, ein einen Korb auf dem Kopf tragendes Mädchen vorstellend aus Rheinzabern. In Bezug auf die Echt- heit dieser beiden Figuren bestehen jedoch Zweifel.

17) Ein drachenartiger Kopf aus Bronze, gefunden in Mariamünster.

18) Eine Anzahl kleiner Beschlagstücke aus Bronze und Bronzenägel mit ornamentiertem Kopf, einer z. B. mit einem Löwenkopf.

19) 8 Pincetten aus Bronze in verschiedenen Formen.

20) 2 Bronzebeschläge von kleinen Kästchen. Ueber solche von großen Verbrennungskisten ist schon oben Seite 102 gesprochen worden. Zum Aufbewahren der Schmucksachen, ebenso zum Bewahren der vielfach üblichen Hausapotheken waren kleine Kasten von bestimmten Formen im Gebrauch, die häufig dem Toten mit ins Grab gegeben wurden. So kommt es denn, daß oft in den römischen Gräbern sich Schlösser, Schlüssel und Beschläge von solchen Kästchen finden. Das Museum besitzt das vollständige Beschläge von 2 Kästchen, von denen das eine wahrscheinlich zum Aufbewahren des Schmuckes, das andere wohl eher einer Hausapotheke gedient hat. Das letztere wurde in Offstein gefunden. Die einzelnen Teile des Beschlägs können wohl kaum eine andere Verwendung gehabt haben, als die ausgestellte Ergänzung zeigt. Hiernach waren in einem Hauptkasten 4 kleine Schublädchen und darüber ein größeres, die allesamt durch den gemeinsamen Kastendeckel verschlossen wurden. Dieser war an der einen Seite mit Charnieren, oder, da sich diese nicht gefunden haben, vielleicht mit Leder befestigt, während an der gegenüberliegenden Seite das Schloß sich befand, in das wie bei vielen unserer Kofferschlösser ein von oben herabfallender Haken eingriff. Das andere Kästchenbeschläg wurde in Mariamünster gefunden. Das Kästchen hatte, wie man in dem nassen Boden noch deutlich sah, die Gestalt eines länglichen Cigarrenkastens. Das Schloß desselben hat ein sehr großes Schloßblech aus Bronze, dahinter aber sitzt ein ganz kleines Schlößchen aus Eisen, auch mit eisernem Riegel, während sonst die Riegel in der Regel von Bronze hergestellt sind, wie z. B. ein in Herrnsheim gefundener.

21) Ein Schloß mit darin befindlichem Schlüssel.

22) Sechs Bronzeschlüssel und der Griff eines großen Exemplars.

23) Drei eiserne Schlüssel, der eine zeigt die älteste Schlüsselform eines lateinischen T. Über die Form der römischen Schlüssel und die Einrichtung der Schlösser hat v. Cohausen eingehend in den Nassauischen Annalen Bd. XIII (1874) gehandelt, auf welche Abhandlung wir hier verweisen, indem wir nur bemerken, daß die nach Cohausen am häufigsten vorkommende Art der Schlüssel, welche dazu dienen, aus dem durchbrochenen Schloß-

riegel Stifte, die sich in denselben senken, zu heben und dann
den Riegel zu schieben, nur durch 2 unserer Bronzeschlüssel
vertreten ist; alle anderen haben eine unseren Schüsseln ähnliche
Form, nur alle mit fast gleichen Einschnitten am Bart.

24) Zwei römische Metallspiegel. Wenn die Römer auch vielleicht
in späterer Zeit Glasspiegel im Gebrauch gehabt haben
(vgl. Plinius n. h. 36, 193), so war dies doch jedenfalls nur
Ausnahme. Im allgemeinen dienten als Spiegel gegossene
oder geschliffene Metallplatten, gewöhnlich von Kupfer vermischt mit Zinn, Zink und anderen Stoffen, oder auch von
massivem Silber. Man hatte auch große in die Wände eingelassene
Spiegel, am häufigsten aber waren die Handspiegel, teils
flach, teils hohl geschliffen, mit Griff aus demselben Stoff,
oder auch ohne Griff. Häufig sind dieselben mit gravierten
Umrissen, welche meist mythologische Gegenstände darstellen,
verziert. Öfters sind solche Handspiegel mit einem Deckel versehen, welcher entweder abgenommen, oder, wenn er durch ein
Charnier befestigt ist, auf und zugeklappt werden kann. Der
erste der ausgestellten Spiegel ist ein hohlgeschliffener Spiegel
mit einer Darstellung des Parisurteils. Der Stiel aus dem
gleichen Material ist leider abgebrochen. Der Spiegel soll in
Mainz gefunden worden sein; die Bruchstelle am Stiel war,
als wir denselben bekamen, noch ganz frisch, was in der That
auf einen Fundort in unserer Nähe schließen läßt. Einen
Hohlspiegel mit Deckel zum Auf- und Zuklappen hat Herr
Dr. Fliedner in Herrnsheim gefunden. Außerdem ist ein
kleiner, viereckiger Hand- oder Taschenspiegel (7 cm lang,
6 cm hoch) vorhanden aus noch spiegelndem Weißmetall.

25) Verzierter Bleirahmen eines kleinen runden Handspiegels von
6 cm Durchmesser; gefunden in einem römischen Grab bei der
Kunstwollspinnerei dahier.

Die Spiegel und Schmuckkästchen mögen den Uebergang bilden
zu den zum Schmuck dienenden Gegenständen. Es sind folgende:

1) Vierzig Gewandnadeln, sog. Fibeln in den verschiedensten
Formen aus Bronze und Gold, zum Teil mit Email geschmückt. Das letztere ist bei einigen, die durch den Leichenbrand durchgegangen sind, zerstört, z. B. bei einer in Maria-

münster gefundenen, deren Scheibe einen Krug vorstellt, einer
sog. Urnenfibel. Durch mehrere Exemplare ist dann zunächst
vertreten eine aus Italien, wie es scheint, importierte Fibel=
form. Die Nadel ist durch eine in einer querliegenden Hülse
befindliche Feder mit dem gerippten Bügel verbunden, der als
bloße Verzierung auf einem ebenen, 2—3 cm breiten Bronze=
streifen aufsitzt, welcher mit einem runden, breiteren Aufsatz von
gewelltem und durchbrochenem Bronzeblech verziert ist. An
dieses scheibenförmige Mittelstück der Fibula schließt sich ihr
unterer Teil an, auf dessen Rückseite der Haken zur Aufnahme
der Nadel befestigt ist. Dieser untere Fortsatz ist genau wie
der Bügel gerippt. Abgebildet sind solche Fibulä bei Linden=
schmit A. u. h. B. II. 12. III. Ferner ist eine aus der in
unserer Gegend früher schon heimischen Fibel hervorgegangene
Form mit freiliegender Spirale und fensterartig durchbrochenem
Nadelhalter durch zahlreiche Exemplare in verschiedenen
Größen (bis zu 16 cm Länge) vertreten. Zahlreich sind dann
die der späteren Kaiserzeit angehörigen sogenannten Armbrust=
fibeln vorhanden, darunter besonders eine sehr stattliche ver=
goldete aus Mariamünster. Bei den älteren derselben sitzt die
Nadel an einer in einer Hülse liegenden Spirale, während bei
den jüngeren an die Stelle der Spirale das Charnier tritt.
Endlich sind eine größere Anzahl in verschiedener Weise ver=
zierter Rund= oder Scheibenfibeln ausgestellt. Auf die zahl=
reichen kleinen Varietäten können wir hier natürlich nicht ein=
gehen; erwähnen wollen wir nur noch eine zur Heyl'schen
Sammlung gehörige, die aus dickem Golddraht in der Weise
gebildet ist, daß als Zierplatte derselbe in vielen Windungen
spiralförmig gewundene Draht dient, aus dem auch die Nadel
selbst besteht.

2) Haarnadeln zum Feststecken des Haares. Es sind 9 silberne
Nadeln und viele aus Bronze und Knochen ausgestellt. Der
Knopf der silbernen ist bald eine Kugel, bald ein Würfel, oder
ein Dodekaeder, oder ein Ikosaeder. Die aus Bronze sind meist
glatte Nadeln ohne Knopf, nur mit einigen Reischen verziert;
einige der Heyl'schen Sammlung haben jedoch auch reichere
Verzierungen. Am meisten verziert ist der Knopf bei den

Nadeln aus Knochen; nur wenige zeigen hier einen einfachen
runden Knopf, die meisten einen Pinienzapfen oder ein ähn=
liches Ornament; drei zu der Heyl'schen Sammlung gehörige
sind mit einem schönen Frauenkopf geschmückt.

3) 4 Aufsteckkämme, sämtlich sehr gut erhalten, alle im Boden
der Stadt gefunden. Dieselben dienten wie die Nadeln zum
Feststecken der Haare. Sie sind aus Knochen hergestellt und
zeigen alle oben eine Vertiefung; sie gleichen genau den von
Lindenschmit A. u. h. V. II 11 IV) abgebildeten.

4) Eine Anzahl dicker, mattblauer, wie eine Melone gestalteter
Perlen, die vereinzelt in den von uns untersuchten Gräbern
gefunden wurden.

5) 4 große Halsketten aus kleineren blauen und grünen Perlen
aus Glas, sowie durchbohrten Achatstücken, die zusammen mit
größeren Bernsteinperlen, einmal auch mit einer durchbohrten
Muschel in Mariamünster gefunden wurden. Die letzteren wurden
wohl als eine Art Anhänger in der Mitte der Kette getragen,
so wie sie an den 4 ausgestellten Ketten eingereiht sind.

6) Eine künstlich aus feinstem Bronzedraht geflochtene Kette zur
Heyl'schen Sammlung gehörig.

7) Ein als Anhänger getragenes größeres und mehrere aneinander
gereihte kleinere Stücke Gagat, eine unserem Jett ähnliche
Masse, gefunden in Mariamünster.

8) Ein schön gestalteter Anhänger aus Bronze mit einem Einsatz
einer roten Glasmasse.

9) Mehrere Phalli, die auch als Anhänger getragen wurden.
Unsere Stücke wurden bei Mainz gefunden, das eine ist zugleich
noch mit einer großen römischen Bronzekette versehen.

10) Eine Anzahl Halsringe aus Bronze, fast alle aus Mariamünster.
Es sind dünne Reifchen aus Bronzedraht mit verschieden ge=
staltetem Verschluß. Von Interesse ist besonders eine hier
mehrfach vertretene, sonst seltene Form desselben; auf der einen
Seite des Ringes ist der Bronzedraht platt geschlagen und wie
eine Knopfscheere mit einem etwa 1¼ cm langen Einschnitt
versehen, in den das umgebogene Ende der anderen Seite ein=
greift. Bei anderen ist durch Umbiegung des Endes und
Umwickelung desselben mit feinem Draht eine Schlinge hergestellt.

11) Ein dicker silberner Halsring von eigentümlicher Form und Verzierung, den Herr Major Hehl dem Museum überlassen hat. Leider ist der Fundort desselben nicht ganz sicher bekannt. Er soll in unserer Gegend gefunden worden sein, die ganze Art der Verzierung aber macht dies sehr zweifelhaft. Siehe die Abbildung desselben in der Westdeutschen Zeitschrift Band 2.

12) Eine Anzahl Armringe, ähnlich wie die Halsringe teils aus glattem, teils aus gedrehtem Bronzedraht gebildet, gefunden in Mariamünster.

13) Mehrere Armringe aus einem etwas über $\frac{1}{2}$ cm breiten mit Linien und Kreisen reich verzierten Bronzestreifen gebildet.

14) 1 Armring aus Gagat aus Mariamünster.

15) Verschiedene Ohrringe aus Bronze und Silber; bei mehreren ist zur Verzierung ein perlenartiges Knöpfchen, bei einigen eine wirkliche Perle angebracht.

16) Eine Anzahl Ringe in verschiedener Größe und Stärke aus Bronze, Horn oder Silber, die in den hiesigen Gräbern gefunden wurden und wohl als Fingerringe, oder irgendwie an der Kleidung getragen worden sind.

17) Ein Fingerring aus einem Bronzestreifchen, auf dem das Wort AMA „liebe" steht.

18) 8 Stück verschieden geformte, in den Gräbern gefundene Schnallen aus Bronze.

19) Ein jetzt zusammengeschmolzener Ziergegenstand aus Gold, gefunden in einem röm. Grab in Offstein.

20) Ein kleiner 5 cm langer Bronzegegenstand von der Gestalt eines strigilis.

Hieran haben wir noch 2 interessante Gegenstände anzureihen, nämlich:

21) Ein beim Fundamentieren des Stadthausturmes gefundener Bronzegegenstand von der Gestalt einer großen Rundfibel; in der Mitte sitzt ein größerer und um den Rand herum kleinere Knöpfe. Für eine wirkliche Fibel ist der Gegenstand jedenfalls zu schwer, auch ist keine Spur eines Nadelansatzes an der allerdings stark zerstörten Rückseite vorhanden; wahrscheinlich diente das Stück als Beschläg am Pferdegeschirr.

22) Eine im Rhein bei Mainz gefundene große Zierscheibe aus Bronze; 25 cm Durchmesser. Im Innern ist ein Kreis von

8 cm Durchmesser ausgespart. Dieser wird bedeckt von einer zweiten dazugehörigen Zierscheibe von 12 cm Durchmesser, so daß dieselbe also einen Teil der unteren Scheibe noch mitbedeckt. In der Mitte dieser kleineren Scheibe sitzt ein beweglicher dicker Bronzeknopf mit einer Öse auf der Rückseite. Dieser Bronze= knopf sitzt übrigens zunächst auf einem ebenfalls beweglichen, dünnen dritten Bronzescheibchen auf von 4 cm Durchmesser, das die nicht ornamentierte Mitte der zweiten Scheibe bedeckt, und selbst durch gepunzte Punktreihen und 6 ausgeschnittene, mit der Spitze nach dem Mittelpunkt gerichtete kleine Dreiecke verziert ist. An der größten Scheibe befinden sich auf 2 gegen= überliegenden Seiten je 2 dicke Bronzeknöpfe mit Ösen auf der Rückseite zum Befestigen der Scheibe. Die große Scheibe ist nun zunächst durch zahlreiche konzentrische Kreise in der Weise verziert, daß zwischen diesen Kreislinien 4 auch konzentrische Felder freibleiben. Von diesen sind wieder zunächst die beiden äußeren Felder durch in der Richtung des Radius gehende Ornamente, eingeschlagene Punkte und Dreiecke von kleinen Kreisen umgeben, in 5 Teile geteilt, die inneren 2 Felder sind ebenso in 5 Teile geteilt, nur treffen die sie teilenden in der Richtung des Radius laufenden Ornamente immer ungefähr auf die Mitte eines äußeren Teiles. Diese Felder sind nun in der Weise verziert, daß im äußersten Feld drei Reihen in der Form der römischen Quincunx gestellte Punkte durchgeschlagen sind, während im zweiten Kreisfeld zwischen je zwei Radien siebenmal zwei konzentrische Kreise gezogen sind, in denen allemal der Mittelpunkt durch einen Punkt bezeichnet und 4 in der Form des Kreuzes gestellte Punkte durchgeschlagen sind. Die zwischen 2 Kreisen entstehenden Zwickel sind jedesmal mit einem Dreieck durchbrochen. Dieselbe Ornamentierungsweise zeigen auch die zwei inneren Kreisfelder; hier stehen zwischen zwei Radien jedesmal 5 Kreise. Der Rand nach innen ist nochmals besonders durch ganz kleine Kreise und gepunzte Punktreihen verziert. Auch die Verzierung der kleineren Scheibe ist ähnlich, nur ist sie nicht in 5 sondern in 4 Teile durch in der Richtung des Radius gehende Verzierungen geteilt. Zur Veranschaulichung des Gesagten sehe man die Zeichnung eines

Stückes der großen Scheibe Tfl. V 2. Wozu diese Zierscheiben gedient haben, ist noch nicht sicher zu entscheiden, vielleicht dienten sie auch als besonders reiche Verzierung an Pferdegeschirr.

Nun bleiben uns noch einige zum Spiel dienende Gegenstände zu erwähnen:

1) 28 Spielsteine aus Knochen von der Gestalt unserer über= sponnenen Rockknöpfe, zusammen gefunden in einem Sarg am Mainzer Thor.

2) 5 römische Würfel verschiedener Größe (der kleinste ist 7 mm, der größte 25 mm groß).

3) Mag ein neben diesen Sachen liegendes italienisches Kupferas erwähnt werden. Dasselbe gehört zu der von Herrn Major Heyl dem Museum überlassenen Sammlung. Auf der einen Seite ist ein Januskopf, auf der anderen ein Schiffsschnabel dargestellt, es wiegt 265 Gramm.

f. Chirurgische Instrumente.

Ein Teil der hier ausgestellten Instrumente wurde hier und in der Umgegend gefunden, die meisten derselben aber wurden in Italien gesammelt und durch Herrn Heyl dem Museum überlassen. Dieselben bedürfen einer eingehenderen Beschreibung, als sie hier gegeben werden kann. Es wird dies an anderer Stelle nachgeholt werden.

Wir fassen im allgemeinen zusammen:

1) 62 verschiedene Spatel, Sonden, Nadeln mit verschiedenen Ösen, Ohrlöffelchen, Stili und Ähnliches.

2) Eine 39 cm lange Bronzenadel mit kleinem Knopf und eine etwas weniger lange mit verziertem Knopf.

3) 4 nadelartige Geräte aus Bein, oben mit einer Öse versehen.

4) Der eine Arm einer großen Polypzange aus Bronze.

5) Der eine Arm einer Zange aus Knochen, das hintere Ende ist als Löffelchen gebildet, das andere dagegen als gekrümmte Spitze.

6) Ein Schröpfkopf aus Bronze, gefunden auf der Begräbnisstätte am Mainzer Thor. Ganz gleiche sind in Mainz in größerer Anzahl auch mit anderen ärztlichen Instrumenten zusammen gefunden worden. (Siehe Tfl. V 3.)

7) Zum Schluß seien noch 2 eigentümlich ornamentierte Spatel

aus Bronze erwähnt, von benen der größere in Mariamünster gefunden wurde, der kleinere aber zur Hehl'schen Sammlung gehört. Sie bestehen zur Hälfte aus einer platten Lanzette, die sich auf beiden Seiten in der Mitte etwas verdickt. Durch Stiel und Lanzette zieht sich auf beiden Seiten in der Mitte ein eingelegter Silberdraht. Außerdem ist das ganze verziert mit größeren Silberblättchen und kleineren Goldblättchen. Am Stiel sind auch die schmäleren Nebenseiten ebenso verziert; unten ist derselbe mit einem kleinen Spalt versehen. (Siehe Tfl. V a u. b.)

g. Handwerksgeräte.

Von den ausgestellten Handwerksgeräten wurde ein Teil in Gräbern gefunden, der größere Teil dagegen wurde im Rhein bei Mainz gefunden, zusammen mit anderen römischen Sachen; auch bieten verschiedene Kennzeichen die sichere Garantie, daß wir es mit römischen Geräten zu thun haben. Es sind besonders:

1) Verschiedene größere Messer aus Mariamünster.
2) Scheeren von verschiedener Größe; alle in Gräbern gefunden.
3) Hämmer; einer aus Mariamünster, die anderen aus dem Rhein bei Mainz.
4) Beile und Äxte, zum Teil in Worms gefunden; besonders sind mehrere ganz kleine Beilchen von Interesse, auch auf dem Tafel= acker wurde ein solches gefunden.
5) Ein 32 cm großer Löffelbohrer, gefunden in Mölsheim.
6) Ein großer eiserner Pfriem ebendaher.
7) Eine Fischangel; Bleigewicht mit Bronzebeschläg aus dem Rhein bei Mainz.
8) Verschiedene Enterhaken aus dem Rhein bei Mainz.
9) Nägel verschiedener Art und verschiedener Größe, gefunden in den Gräbern um Worms.

Hiermit schließen wir unsere Übersicht der in den verflossenen vierthalb Jahren im Paulus=Museum vereinigten römischen Altertümer. Hoffentlich erfreut sich das Museum auch fernerhin der Gunst der Bürgerschaft unserer Stadt in gleichem Maße wie seither, und bleibt auch fernerhin das Glück demselben gewogen, damit es immermehr seinen Zweck erfüllt, Jung und Alt zu belehren und eine Zierde unserer Stadt zu sein.

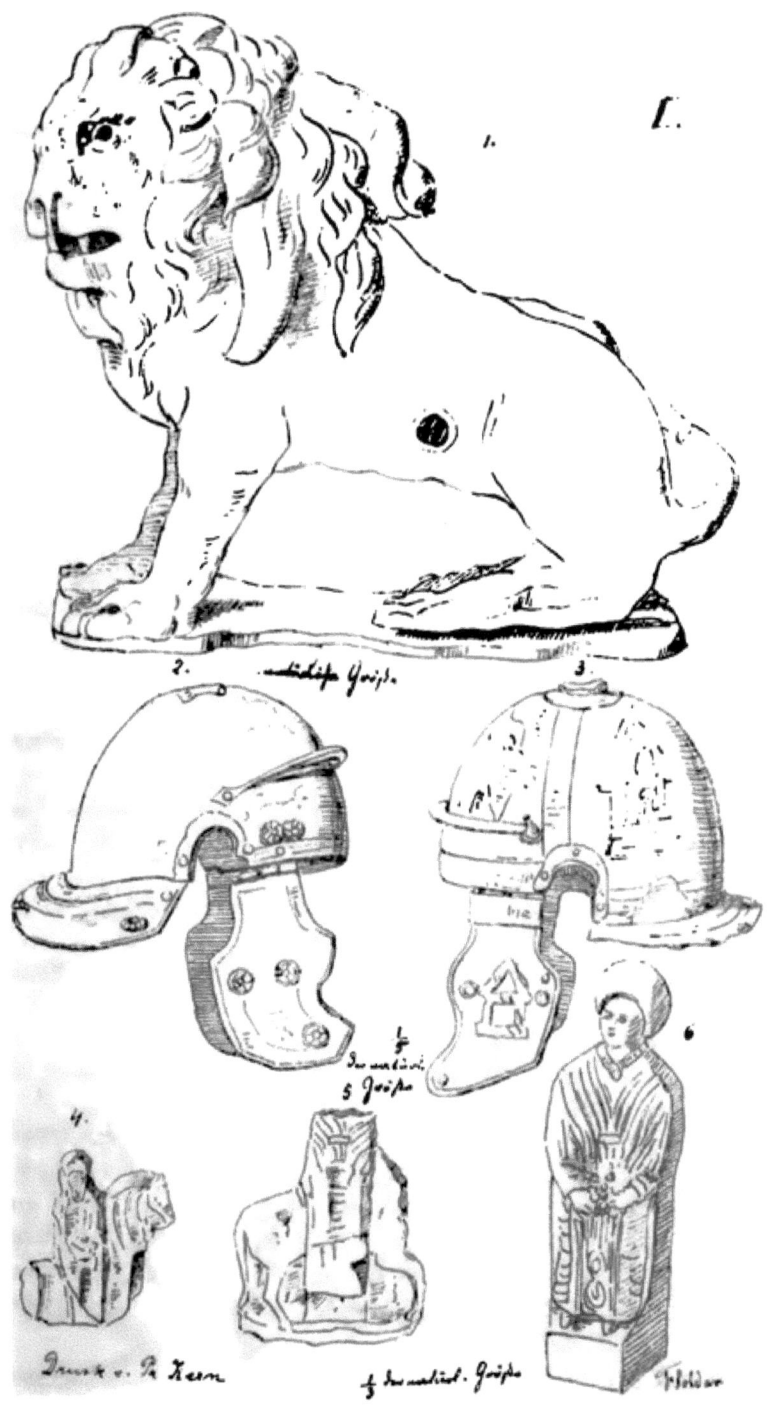

I.

1.

2. antidies Gnips.

3.

4.

4. Drusk v. Pr Keen

5. der mchioi 5 Gnips

6.

7. der mchiol. Gnips

Holder

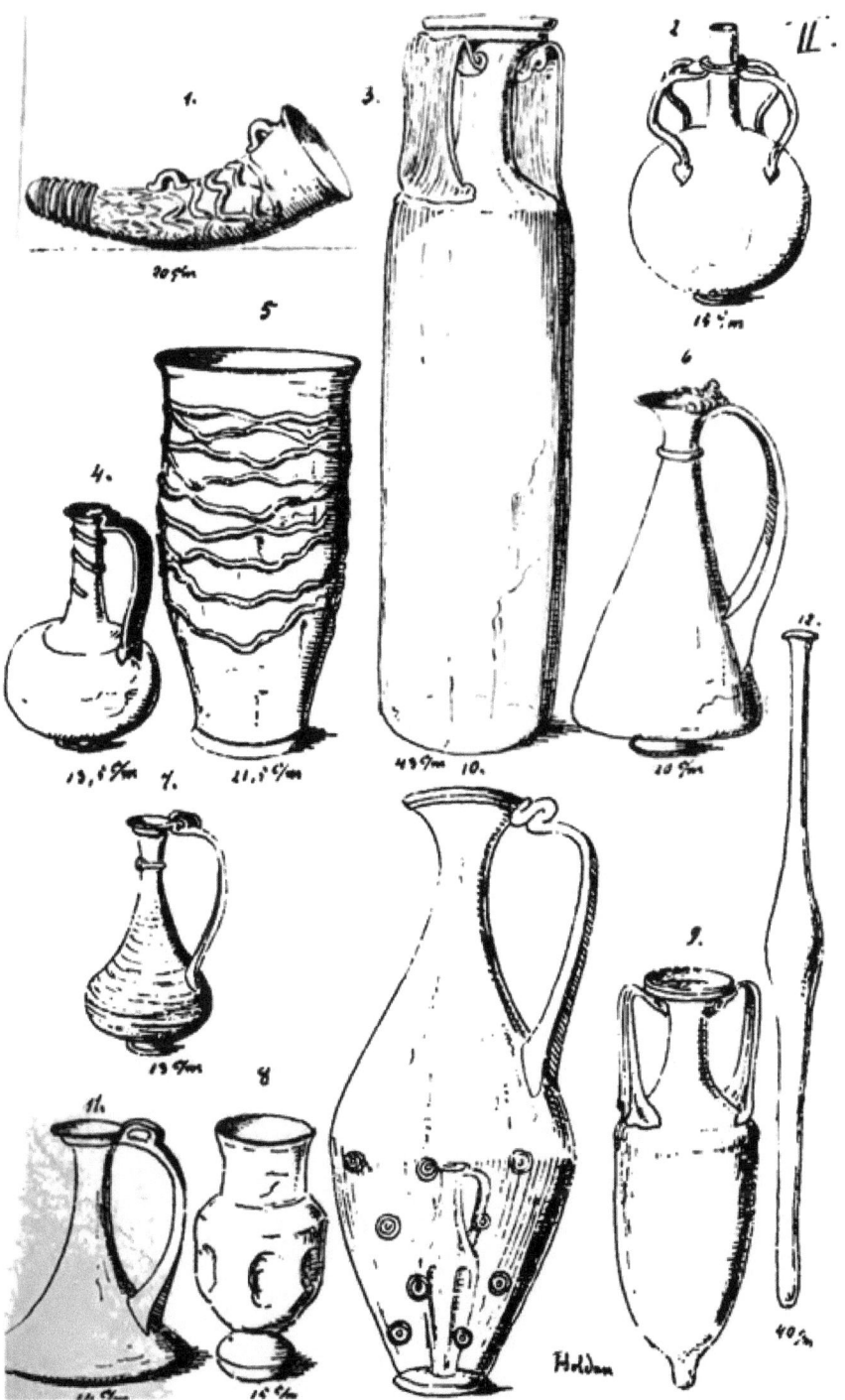

II.

Holdan

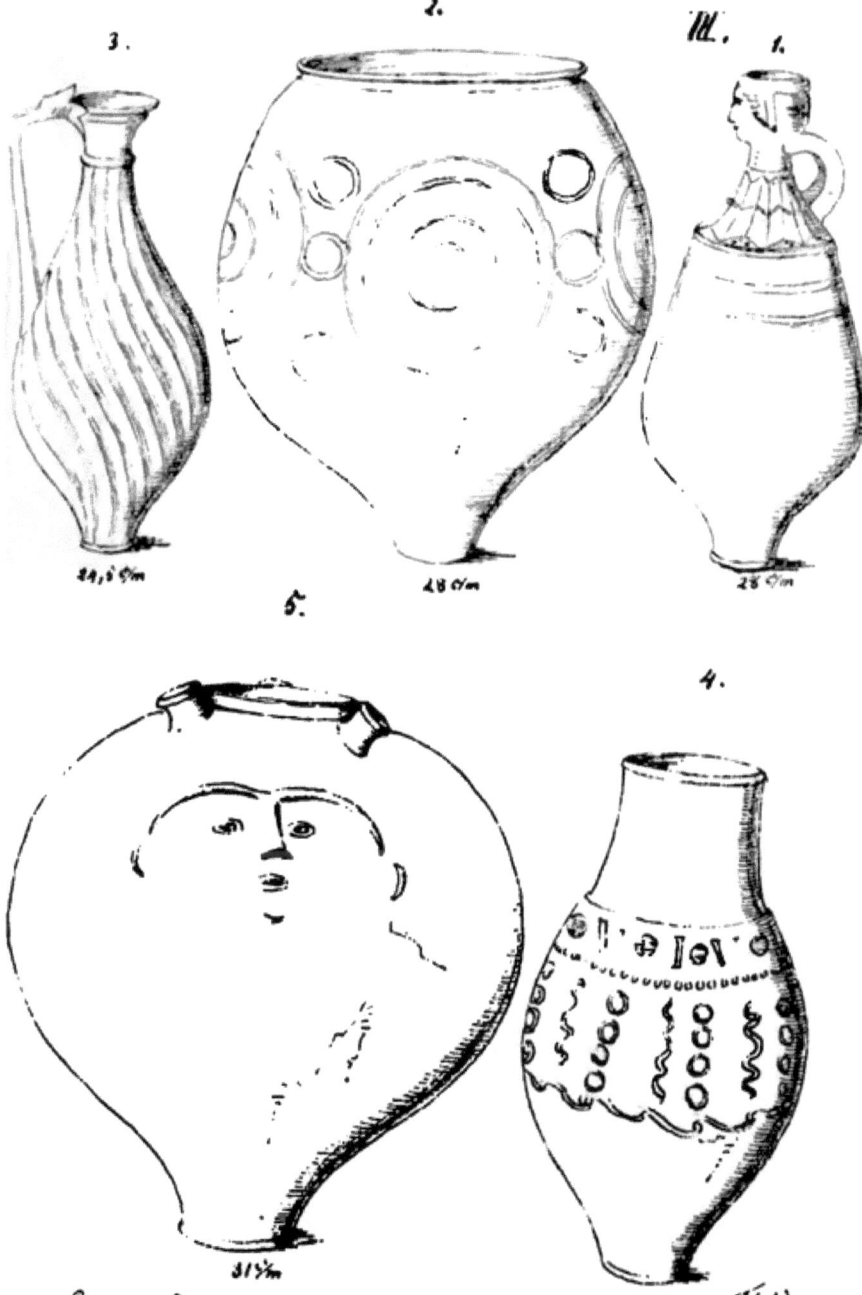

3.

2.

III.

1.

5.

4.

24,5 c/m

28 c/m

28 c/m

31 c/m

28 c/m   Moldova

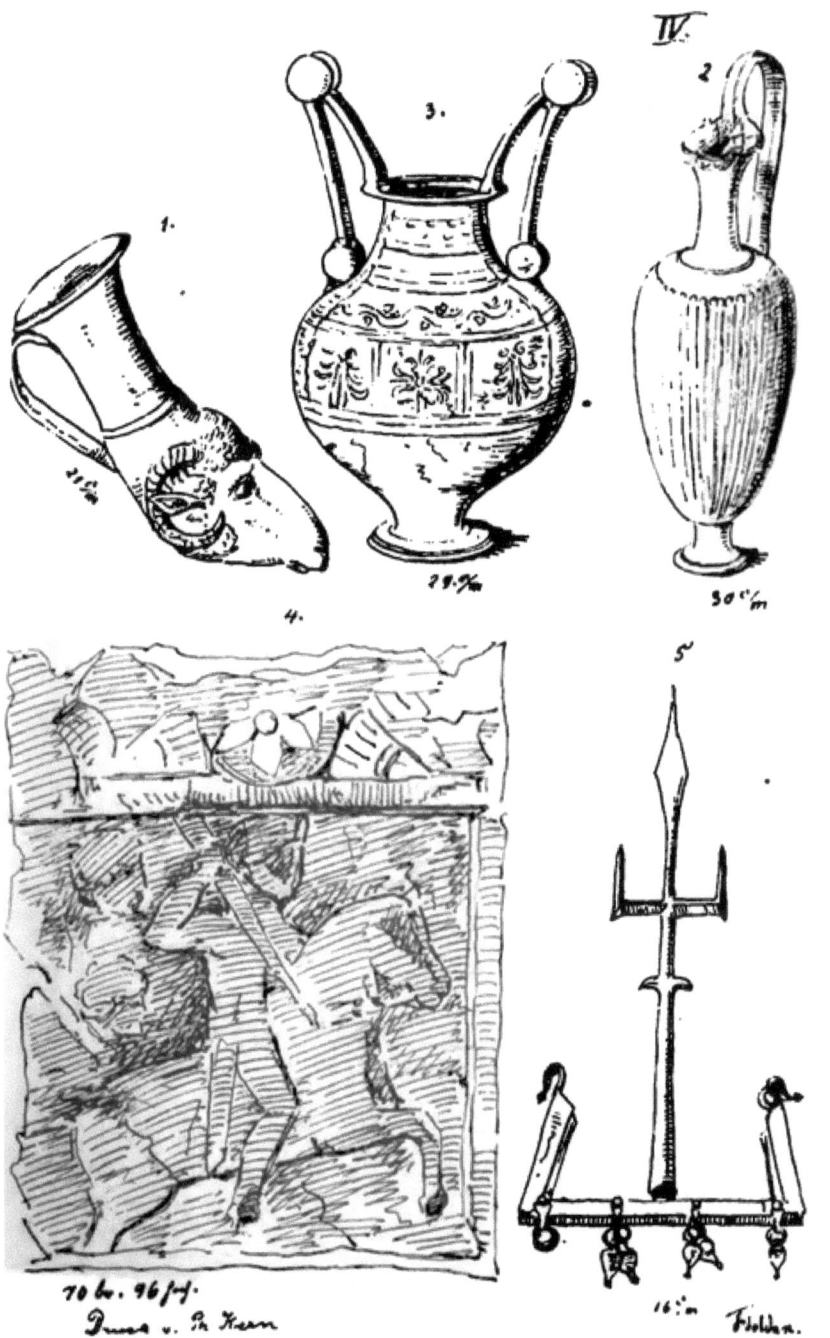

IV.

1.

2.

3.

4.

5.

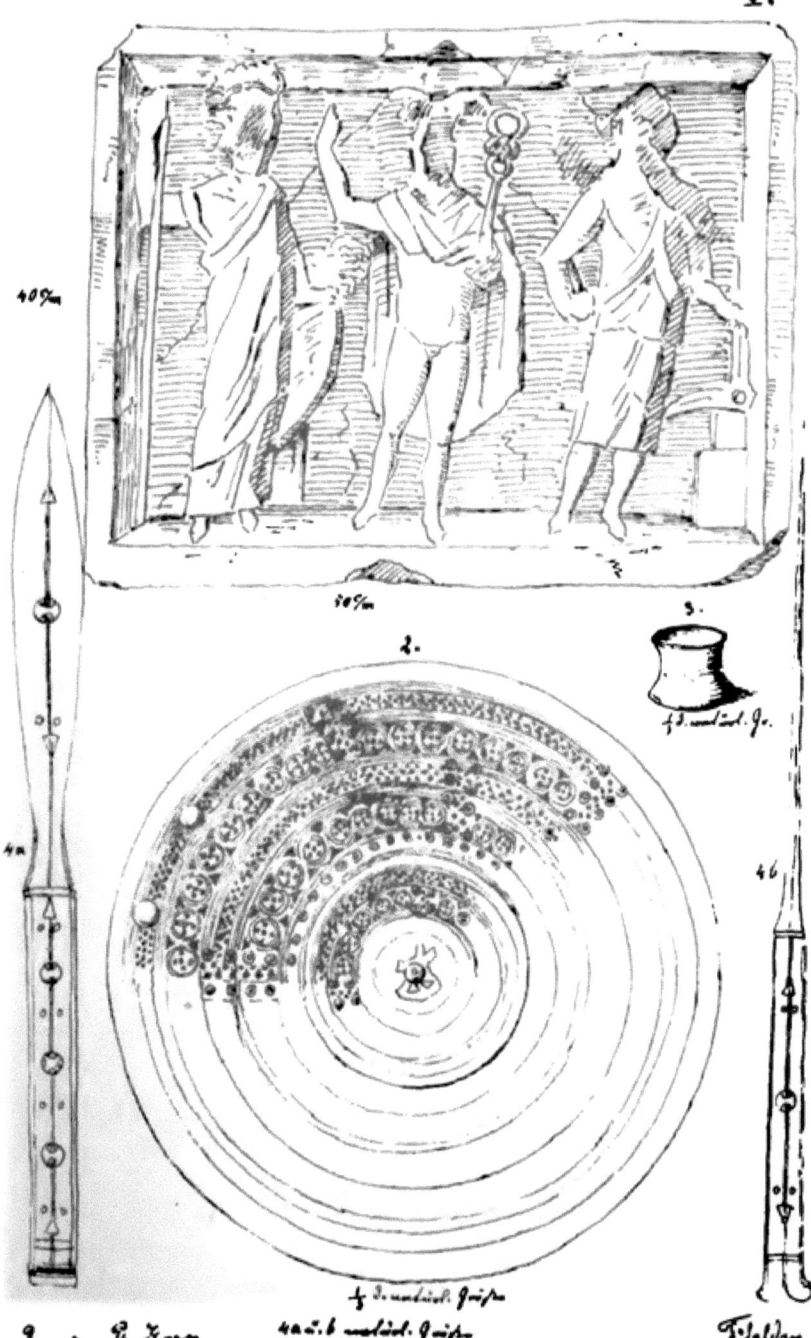

1.

V.

40 %m

50 %m

2.

3.

4 d. natürl. Gr.

4 a.

46

¼ d. natürl. Größe

4 a. u. b natürl. Größe

a . 9. Nann

F. Jordan.

Die

Römische Abteilung

des

Paulus-Museums

der

Stadt Worms.

Zweiter Teil.

Von

Dr. August Weckerling.

Worms.
Druck von Eugen Kranzbühler.
1887.

Die

Römische Abteilung

des

Paulus-Museums

der

Stadt Worms.

Zweiter Teil.

Von

Dr. August Weckerling.

Progr.-Nr. 575.
588

Worms.
Druck von Eugen Kranzbühler.
1887.

Die

Römische Abteilung

des

Paulus-Museums

der

Stadt Worms.

- - -

Zweiter Teil.

Von

Dr. August Weckerling.

Worms.
Druck von Eugen Kranzbühler.
1887.

Die römische Abteilung des Paulus-Museums der Stadt Worms.

Zweiter Teil.

Vorbemerkungen.

Als der Verfasser der folgenden Mitteilungen vor 2 Jahren in der Beilage zu dem Ostern 1885 ausgegebenen Programme unseres Gymnasiums über die römische Abteilung des Paulus-Museums schrieb, glaubte er annehmen zu können, daß in dieser Abteilung des Paulus-Museums zunächst keine wesentliche Bereicherung mehr eintreten werde. Nach den zahlreichen Funden in früheren Jahren und nachdem es dann seit der 1881 erfolgten Errichtung des Paulus-Museums gelungen war, sowohl an der Nordseite der Stadt einen noch nicht aufgedeckten Teil des dortigen römischen Gräberfeldes aufzufinden, als auch an der Südseite derselben bei Mariamünster die zahlreichen früher hier gemachten Funde durch eine größere systematische Ausgrabung im Sommer 1882 so ziemlich für immer, wie es schien, abzuschließen, war kaum noch auf weitere, größere Funde zu rechnen. Der Verfasser schrieb deshalb seine Arbeit, die zugleich als Katalog der römischen Abteilung des Paulus-Museums dienen sollte. Allein noch in demselben Jahre zeigte es sich, daß jene Annahme nicht richtig gewesen, daß man bei den Ausgrabungen

im Sommer 1882 auf einen verhältnismäßig abgelegenen Teil
der römischen Begräbnisstätte gestoßen war, und daß das dort
angenommene Aufhören der Gräber nach Osten hin nur ein
scheinbares gewesen. Denn durch die bei der Verlegung des
Mariamünsterbaches vorgenommenen ausgedehnten Erdarbeiten
wurde östlich von der früheren Ausgrabungsstelle noch ein
römisches Gräberfeld von ungeahnter Ausdehnung aufgefunden.
Außerdem wurden auch in verschiedenen anderen Teilen der Stadt
interessante römische Funde gemacht und mehrere wichtige anderwärts in den Rheinlanden gemachte römische Funde für das
Paulus-Museum erworben. Dadurch ist die römische Abteilung
desselben so vermehrt worden, daß die frühere Arbeit über dieselbe, ihren Zweck, als Katalog derselben zu dienen, nur noch
sehr unvollkommen erfüllt. Dem Verfasser ist es deshalb sehr
angenehm gewesen, daß ihm von der Direktion des Gymnasiums
auch der Raum des diesmaligen Programmes zu einer Ergänzung
seiner früheren Arbeit zur Verfügung gestellt wurde. Einen Teil
der auf den folgenden Blättern zu besprechenden Gegenstände
haben zwar der Verfasser der folgenden Mitteilungen und sein
Freund, Herr Dr. Köhl, bereits in den Korrespondenzblättern der
Westdeutschen Zeitschrift Jahrgang 1885 behandelt; allein die
betreffenden Mitteilungen sind dort als einzelne Fundnotizen er-
schienen und für die Leserkreise, für die diese Arbeit doch in erster
Linie berechnet ist, für die Schüler des Gymnasiums und die
Bevölkerung unserer Stadt, kaum zugänglich gewesen. Außerdem
wird es auch für diejenigen Freunde des Paulus-Museums, die
jene Mitteilungen in der Westdeutschen Zeitschrift gelesen haben,
wohl nicht ohne Interesse sein, hier den ganzen Zuwachs der
römischen Abteilung des Museums während der 2 letzten Jahre
im Zusammenhange behandelt zu finden. Unangenehm bleibt es,
daß nicht das ganze jetzt im Museum vereinigte Material in einer
Arbeit zusammen bearbeitet werden konnte, denn wie oft Nach-
träge übersehen und unbeachtet gelassen werden, ist ja allbekannt;
immerhin aber schien es geratener, den Freunden des Museums
einen aus 2 parallelen Teilen bestehenden Katalog der römischen
Abteilung zu bieten, als einen ganz unvollständigen. In den
Vorbemerkungen zur früheren Arbeit war in Aussicht gestellt

worden, daß auch die anderen Abteilungen des Museums, insbesondere die fränkische, in ähnlicher Weise behandelt werden
sollten. Gerade dieser Teil der Sammlung ist in den letzten
2 Jahren auch außerordentlich bereichert worden und wird voraus
sichtlich auch in den nächsten Jahren zunächst noch weiteren
starken Zuwachs erhalten, so daß eine jetzt veröffentlichte Be
sprechung dieser Abteilung auch sehr bald wieder unvollständig
sein würde. Auch aus diesem Grunde schien es besser, zunächst
die frühere Arbeit zu ergänzen. Diese Ergänzung wird aber
wohl am besten in der Weise gegeben werden, daß sie sich eng
an die frühere Arbeit anschließt und die Einteilung derselben bei
behält, da so am deutlichsten der Gewinn der beiden letzten Jahre
nach den verschiedenen Seiten hin in die Augen fällt und da sich
dies zugleich auch für die praktische Verwendung der Arbeit als Katalog
am meisten empfiehlt. Wir werden deshalb in dem ersten Abschnitt
zunächst zur Ergänzung der Nachrichten über früher in Worms
und Umgegend gemachte römische Funde einiges zusammenstellen,
was dem Verfasser über solche nachträglich noch bekannt geworden
ist, dann die Ausgrabungen bei Mariamünster im Zusammenhang
besprechen und hieran dann eine Zusammenstellung der an verschiedenen Stellen der Stadt und in der Umgegend gemachten
Funde reihen. Im 2. Abschnitt werden wir die auf dem Tafel
acker der Firma Dörr und Reinhart in den 2 letzten Jahren
gemachten Funde behandeln. Der 3. Abschnitt soll den Zuwachs
an Inschriften und römischen Skulpturen vorführen, während wir
im 4. den Zuwachs der Sammlung griechisch = italienischer und
etrurischer Funde, im 5. aber die übrigen neu hinzugekommenen
römischen Altertümer im einzelnen besprechen werden. Daß auch
dieser Arbeit wieder zur Veranschaulichung eine Anzahl Tafeln
beigegeben werden konnten, verdankt der Verfasser der Freundlichkeit
seines Kollegen, des Herrn Soldan, der, abgesehen von den Abschriften der Beschwörungstäfelchen, die Zeichnungen geliefert und
autographiert hat. Die Skizze des Gräberfeldes bei Mariamünster
auf Tfl. I ist nach dem großen Plane dieses Feldes gefertigt, den
Herr Kulturingenieur Völzing für das Paulus=Museum hat auf-
nehmen lassen. Die Skizze des römischen Hauses auf Tfl. II ist
nach einem größeren Plane hergestellt, den Herr Landtags-

abgeordneter Reinhart durch Herrn Bauunternehmer Schmidt jun.,
der die Ausgrabung geleitet, für das Museum hat zeichnen lassen.
Sämtlichen Herren sei hiermit bestens gedankt. Was in der Einleitung zum ersten Teile gesagt wurde, hat der Verfasser zu seiner
Freude auch hier zu wiederholen, daß er nämlich bei seiner Arbeit
von seinem Freunde, Herrn Dr. Köhl, mit dem er das Museum
gemeinschaftlich verwaltet, aufs eifrigste unterstützt worden ist.
Herrn Dr. Köhl, sowie allen anderen Herren, die den Verfasser
durch verschiedene Mitteilungen unterstützt haben, insbesondere den
Herren Professor Crecelius in Elberfeld, Hofbibliothekar Holder
in Karlsruhe, Professor Mommsen in Charlottenburg und Ober-
bibliothekar Professor Zangemeister in Heidelberg spricht derselbe
hiermit seinen besten Dank aus. Außer der im ersten Teile ver-
zeichneten Literatur hat der Verfasser nur noch einige weitere
Werke benutzt, die an den betreffenden Stellen angeführt werden.
Im übrigen sei hier auf das Verzeichnis im ersten Teile
verwiesen.

I.

Weitere Mitteilungen
über frühere römische Funde in Worms nebst einem Berichte über die in den Jahren 1885 und 1886 in Worms und seiner Umgebung gemachten römischen Funde.

Billigerweise müssen wir an der Spitze dieses Berichtes erwähnen, daß das Bestehen der civitas Vangionum nun nicht
mehr bloß durch die Abschrift einer nicht mehr vorhandenen
Wormser Inschrift in den epigraphischen Handschriften des Accursius
in der Bibliotheca Ambrosiana zu Mailand (siehe Teil 1 S. 10),
sondern auch durch einen in Maria-Münster gefundenen Meilenstein inschriftlich bestätigt wird. Denn die Inschrift dieses

interessanten Steines schließt mit den den Standort des Steines, d. h. seine Entfernung von dem Mittelpunkte der Stadt angebenden Buchstaben C. V. L. I., was sicher nichts anderes bedeutet als civitas Vangionum leuga una, etwa unserem: „Nach Worms 25 Minuten" entsprechend. (Die Vermessung römischer Straßen nach Leugen, dem alten gallischen Wegmaß, war neben der nach römischen Meilen nicht bloß in Gallien, sondern auch in Germanien allgemein üblich. Die Leuge, etwa 3000 natürliche Schritt zu 0,75 Mtr., verhielt sich zur römischen Meile wie 3 zu 2.) Für die Größe und Bedeutung der durch diesen Stein inschriftlich bezeugten civitas Vangionum, wie sie offiziell von den Römern genannt wurde, während sich im Volksmunde der alte Name Borbetomagus nach wie vor erhielt, haben die Funde der 2 letzten Jahre unwiderlegliche Beweise gebracht, zugleich aber haben sie auch aufs neue gezeigt, eine wie gewaltige Zerstörung über das römische Worms hereingebrochen ist. Überall, wo Reste der römischen Stadt aufgefunden wurden, so insbesondere auf dem Tafelacker der Firma Dörr und Reinhart und in der kleinen Wollgasse fand man sie zusammen mit Spuren von starkem Brande und vollständiger Verwüstung. Überreste der römischen Stadt sind übrigens, wie im ersten Teile gezeigt worden ist, innerhalb der heutigen Stadt im ganzen nur wenige bis jetzt aufgefunden worden; es mag deshalb hier die kürzlich dem Verfasser gewordene Mitteilung des Herrn Uhrmacher Körner eine Stelle finden, daß am Dominikanerplatz beim Bau des Hauses Nr. 8 (im Jahre 1872) verschiedenes Mauerwerk und dazwischen zwei etwa 80 cm hohe römische Dolien (Weinkrüge) gefunden worden seien. Da Herr Körner sich stets für römische Altertümer interessiert und viele selbst besessen hat und versichert, daß er die Krüge selbst gesehen habe, so ist an der Richtigkeit der Angabe nicht zu zweifeln, wenn auch Herr Körner nicht angeben kann, wo die Krüge hingekommen sind. Möglicherweise sind es die beiden Dolien, die das Mainzer Museum aus Worms besitzt.

Dafür, daß der Mangel an geeigneten Sandsteinen in der Nähe von Worms gerade hier besonders häufig zu erneuter Benutzung römischer Steindenkmäler und römischer Steinsärge Veranlassung gegeben hat, ergab sich im Herbste des vorigen Jahres

ein interessanter Beweis. Im Laurenzichor des Domes wurde am
26. November 1886 von Herrn Propst Fehr bei seinen zur Er-
forschung der Ursachen der Schäden dieses Chores vorgenommenen
Nachgrabungen das Grab des nach Schannat (Historia episcopatus
Wormatiensis Francof. 1734) 1192 gestorbenen Wormser Bischofs
Konrad II. von Sternberg aufgefunden. Über das Grab vergleiche
man Helbig, Prodromus Annalium Wormatiensium. Mogunt. 1615,
über den ganzen Fund aber den Bericht des Herrn Domvikars
Schnütgen im Korrespondenzblatt der Westdeutschen Zeitschrift VI 1
Nr. 5; auch von Herrn Dompräbendat Schneider in Mainz wird derselbe eingehend behandelt werden. Wir wollen hier nur auf den Deckel
des Sarges hinweisen. Während nämlich der Sarg, in dem die
Leiche des Bischofs liegt, aus dem frühen Mittelalter zu stammen
scheint, ist der Deckel sicher ein römischer Sargdeckel. Während
sich der Sarg, wie fast alle mittelalterlichen Särge, nach den Füßen
hin verjüngt, bildet der Deckel wie die der römischen Steinsärge genau
ein Oblong, so daß er zu dem Sarge gar nicht ordentlich paßt,
außerdem aber hat er die sehr charakteristische, eine Verwechslung
geradezu ausschließende Form vieler römischen Sargdeckel, 4 Würfel
an den 4 Ecken und eine dachförmige Erhöhung in der Mitte der
Vorderseite, im übrigen regelmäßige Abschrägung nach den Seiten.
Vor der erneuten Verwendung hat man, wie es scheint, um dem
Deckel seine charakteristische römische Form etwas zu nehmen, mit
einem stumpfen Meißel die 4 Würfel und die dachförmige Erhöhung etwas abgehauen. Also sogar für das Grab eines
Bischofs und zwar eines bedeutenden und berühmten Bischofs,
denn Konrad II. von Sternberg war ein streitbarer Mann, der
in der Geschichte der Stadt Worms eine bedeutende Rolle gespielt
hat, hat man sich mit einem alten römischen Steine beholfen, obwohl
man es offenbar nicht für ganz passend hielt, den alten Heiden-
sarg für ein Bischofsgrab wieder zu benutzen, und sich deshalb
mit dem Deckel begnügte und diesem in etwas wenigstens seine
charakteristische Form nahm. Da ist es wahrlich nicht auffallend,
daß sich verhältnismäßig so wenige Steindenkmäler aus römischer
Zeit hier erhalten haben. Sie sind eben in frühester Zeit schon
anderweit wieder und wieder bis zur Unkenntlichkeit verarbeitet
worden. Erst seit den Zeiten der Renaissance erwachte das anti-

quarische Interesse für römische Funde auch in unserer Stadt und bewirkte, daß wenigstens die wichtigeren Funde, die mit Inschriften versehenen, sowie die figürliche Darstellungen zeigenden, nicht sofort wieder als Steine benutzt und verarbeitet, sondern auf bewahrt und beschrieben wurden. Seit dem 16. Jahrhundert sind deshalb, das kann man mit ziemlicher Sicherheit annehmen, in unserer Stadt außer den im ersten Teile erwähnten früheren Funden keine größeren, wichtigeren Funde gemacht worden. Zu den im ersten Teile zusammengestellten Nachrichten und hand schriftlichen Aufzeichnungen, aus denen deutlich hervorgeht, daß man im 16. und 17. Jahrhundert auch in unserer Stadt auf römische Funde wohl geachtet und sie in den zahlreichen Auf zeichnungen der wichtigsten Vorkommnisse angemerkt hat, können wir diesmal einen Brief hinzufügen, von dem der Verfasser eine Abschrift der Freundlichkeit des Herrn Professor Crecelius in Elberfeld verdankt. Wir führen diesen Brief um so lieber hier an, weil er auch durch die in ihm erwähnten Personen für Worms und besonders für die Geschichte der hiesigen höheren Schulen von Interesse ist. Der Brief ist nämlich vom Magister Konrad Schopp geschrieben, dem Rector der von dem reformierten Kur fürsten Friedrich III. von der Pfalz im Jahre 1565 in dem kaum eine Viertelstunde von Worms entfernten Neuhausen in den Räumen des eingezogenen alten Cyriakusklosters errichteten Latein schule mit Alumnat, die sich eine Zeit lang großer Blüte erfreute. An Schopp hatte sich im Jahre 1603 der berühmte Vorsteher der damals noch nicht ihrer größten Schätze beraubten Heidelberger Universitätsbibliothek Janus Gruter mit der Bitte gewandt, ihm eine Abschrift der in Worms vorhandenen römischen Inschriften zu besorgen. Gruter bereitete nämlich damals seine große Inschriften sammlung vor, die erst im Jahre 1616 unter dem Titel: Inscrip tionum Romanarum corpus absolutissimum erschien. Schopp hat nun jener Bitte entsprochen und seine Abschriften Gruter zugleich mit dem erwähnten Briefe als Begleitschreiben übersandt. In demselben teilt er zugleich mit, er habe sich bei dem Rector des Wormser Gymnasiums Zorn, einem sehr gründlichen Forscher auf dem Gebiete der Wormser Geschichte, erkundigt und von ihm die Versicherung erhalten, daß außer den übersandten Inschriften feine weiteren in Worms vorhanden seien. Nur ein alter (mit Figuren geschmückter) Stein sei noch vorhanden im Silberborner-hof, der aber von Freher bereits beschrieben worden sei, weshalb er, da er ohne Inschrift sei, nicht weiter auf ihn eingehen wolle. Der Brief ist aufbewahrt in Rom in der vaticanischen Bibliothek im Cod. Palat. 1907 f., welcher eine große Menge von Briefen an Janus Gruter enthält, meist aus den Jahren 1617—1620, die zusammengebunden und mit durchgehender Paginierung versehen sind. Unser Brief steht Bl. 74 und lautet:

S. P. Jam dudum a me satisfactum oportuit tuae, vir doctiss., petitioni de describundis quibusdam lapidibus Wormatiae reliquis, nisi Episcopi praesentia Aulae me initu prohibuisset aliquantisper. Mitto autem opportune per convictorem doct. Parei, M. Polycarpum, inscriptiones istas a me descriptas. Jnquisivi apud urbis Rectorem Dn. Zornium, antiquitatum Wormatiensium religiosissimum investigatorem, qui extra istas nullas inibi alibive visi significat, nisi antiquum aliquem lapidem in Silberbornerhoff a Dn. Frehero exscriptum pag. 29. edit. primae et in Origines Palatin. translatum, de quo actum agere nolui: caret enim literata inscriptione. Jdem Rector meminerat Laurentii Schraderi, qui omnia Jtaliae monumenta collegisset, ut Appianus Germaniae: puto visum utrumque tuae Excellae. Cui si alia aliqua in re inservire potero, promptitudine mea expectationem tuam ut vincam stadebo. Dat. rapt. d. 27. Julii ao 1603. Neuhusii.

T. Praest. studiosiss.

M. Cunr. Schoppius
Rector ibid.

Am Rande steht noch: Visitur item in turri quadam Wormatiensi, portae superiecta, lapis oblongus cum hac inscriptione: SPECULA VANGIONUM.

Adresse: Clarisso & Consultisso Viro / Dn. Jano Grutero, histo- / rico & Bibliothecario Palatino, / fautori suo summe observando. / Heidelberg / Cito.

Abgesehen von der Bezugnahme auf den ersten sicher bekannten Rector der Wormser Lateinschule, den Magister Zorn, den Verfasser der Wormser Chronik, bestätigt der Brief zugleich also auch die Teil I Seite 21 ausgesprochene Vermutung, daß der Stein im Silberborner-Hof in der Speiergasse und der von Freher Orig. Palat. I. p. 50 beschriebene Stein ein und derselbe seien.

Wie im ersten Teile gezeigt worden ist, haben sich an die römische Stadt im Süden, Westen und Norden entlang den zur Stadt führenden Straßen 3 große römische Begräbnisstätten angeschlossen. Wir haben es diesmal vorzugsweise mit der an der Südseite der Stadt gelegenen zu thun. Die Ausdehnung derselben veranschaulicht die auf Tafel I beigegebene Skizze. Nachdem auf dem Gebiete der nördlich von dem Schildweg gelegenen Heyl'schen Fabrik in der Nähe des alten Klosters in früheren Jahren zahlreiche römische Funde gemacht worden waren, hatte der Altertumsverein im Sommer 1882 das auf dem Plane Tafel I mit a b c bezeichnete etwa ein Dreieck bildende Gebiet untersuchen lassen und dabei zahlreiche in der früheren Arbeit beschriebene Funde gemacht. Nach Osten hin hatten auf diesem Gebiete die Funde wesentlich abgenommen. Es erschien damals als wahrscheinlich, daß höchstens in dem nächsten Acker sich das Gräberfeld noch fortsetzen werde. Da dieser Acker damals seiner Bestellung wegen nicht untersucht werden konnte, hatte sich der Verein den Abschluß seiner Ausgrabung für spätere gelegene Zeit vorbehalten. Diese, wie sich später gezeigt hat, sehr umfassende Aufgabe ist dem Verein glücklicher Weise durch sehr bedeutende von der Stadt vorgenommene Erdarbeiten wesentlich erleichtert worden. Im Frühjahre 1885 wurde nämlich der Mariamünsterbach, der bis dahin von seinem Austritte aus der Heyl'schen Fabrik an nach Norden an der Ostseite der Stadt geflossen war, in der entgegengesetzten Richtung nach Süden geleitet, wo er sich jetzt in der Nähe der bayrischen Grenze mit der von Horchheim kommenden Altbach vereinigt. Um dies zu ermöglichen, mußten auf der ganzen Länge vom Austritte des Wassers aus der Fabrik bis zur Frankenthaler Straße ziemlich hohe Dämme aufgeworfen werden, für die vom Schildwege an die neben den jetzigen Dämmen hinziehenden Äcker mehrere Fuß tief bis auf den Sand ausgehoben wurden. Es ist das auf dem Plane mit d e f g bezeichnete Gelände. Dasselbe hat eine Länge von ca. 300 Mtr. und eine durchschnittliche Breite von 35 Meter. Die Ausgrabung begann am 25. April 1885. Es zeigte sich

alsbald, daß die frühere Annahme, das Gräberfeld werde von dem
früher ausgegrabenen Stücke an nach Osten hin keine große Ausdehnung mehr haben, nicht richtig war, daß man vielmehr gerade
jetzt erst den Hauptteil dieser Begräbnisstätte aufgefunden hatte.
Auch fanden sich bald dicht neben dem westlichen Damme
Spuren der auf dem Tafelacker der Firma Dörr und Reinhart
auf eine größere Strecke hin aufgedeckten römischen Thalstraße, die
von Worms nach Süden nach Speier und weiter zieht. Sie
ließ sich auch hier eine größere Strecke entlang dem neuen Damme
verfolgen: an der Biegung des Dammes in der Nähe der Chaussee
bei h auf dem Plane scheint sie eine Strecke unter dem neuen
Damme zu liegen und dann in die Frankenthaler Landstraße über-
zugehen. Durch die aufgefundene Straße ist nun aber auch ein
ziemlich sicherer Anhalt für die Ausdehnung der Begräbnisstätte
nach Osten gegeben, denn es ist nicht nur noch kein römisches
Grab auf der Rheinseite der Straße gefunden worden, sondern es
ist auch an und für sich höchst unwahrscheinlich, daß die Römer
ihre Toten östlich von der am Rande des Überschwemmungsgebietes
hinziehenden Straße in dem häufig unter Wasser gesetzten Gelände
beerdigt haben sollten. Die ganze Begräbnisstätte umfaßte also
nördlich des Schildwegs einen großen Teil der heutigen Fabrik-
anlagen, südlich des Schildweges aber das große Gebiet zwischen
dem neuen Damme und der Frankenthaler Straße in der Weise,
daß am Schildwege selbst die Begräbnisstätte noch bis in die
Nähe der heutigen Häuser reichte, während sie nach Süden zu
allmählich schmäler wurde.

Gleich am ersten Tage der Ausgrabung stieß man auf mehrere
Gräber, auch auf einen zerstörten Steinsarg und fand dabei
mehrere Thränenkrüge, sowie ein kleines sechseckiges Fläschchen
von grünlichem Glase. Ebenso fand man auch in den nächsten
Tagen verschiedene Aschenbestattungen und 2 Steinsärge, die aber
gleichfalls bereits ausgeraubt waren. Erst 8 Tage nach Beginn
der Arbeit, Samstag den 2. Mai, stieß man auf zwei unversehrte
Steinsärge. In beiden waren die Leichen nicht in der im ersten
Teile Seite 28 beschriebenen Weise mit Kalk oder Gips überdeckt,
sondern einfach in den Sarg hineingelegt. Die Skelette lagen
vollständig regelmäßig. In dem ersten Sarge standen in den Ecken

an der Kopfseite eine kolbenförmige Flasche mit nach oben sich
erweiterndem Ausguß und ein 15 cm hoher schöner Glasbecher, bei
den Füßen stand eine weitere 15 cm hohe Flasche mit kugelförmigem,
leichte Eindrücke an den Seiten zeigendem Bauche und einem geraden,
sich nicht erweiternden Halse. In dem zweiten Sarge fanden sich
gleichfalls 3 Gläser, außerdem noch ein Gesichtskrug von der im
ersten Teile Seite 108 u. f. beschriebenen Form. Das Paulus-
Museum besitzt solcher Krüge im ganzen 22 ganz, 3 teilweise erhaltene, sowie einen vollständigen Kopf eines sehr kleinen und
das Gesicht eines größeren Kruges. Von den Gläsern stand
die unten bei den Glasgefäßen näher zu beschreibende Glasschale mit Henkel und eingeschliffenen geometrischen Ornamenten
an der linken Hand der Leiche. In der Schale lag eine kleinere
kolbenartige Flasche. Bei den Füßen stand eine weitere kolbenartige Bulle mit sich erweiterndem Ausguß, auf der anderen Seite
stand der erwähnte Krug. Bei Hochwasser scheint in diesen Sarg
Wasser eingedrungen zu sein, wenigstens war der Gesichtskrug
noch vollständig mit Wasser gefüllt. Auf der Glasschale, die mit
der darinliegenden kleinen Flasche gegen die Regel nicht in einer
der Ecken des Sarges, sondern an der linken Hand der Leiche
stand, lag ein Zahn. Es wird sich dies wohl auch am einfachsten
so erklären, daß durch das eindringende Wasser die Schale nebst
dem Fläschchen von ihrer Stelle gehoben, und daß dabei auch der
Zahn auf die Schale geschwemmt worden ist. Durch die Sarg-
wände ist aber dann das Wasser wieder allmählich in das Erd-
reich durchgesickert, da der Stein dieses, wie fast aller hier gefundenen Särge nicht dauernd für das Wasser undurchlässig ist.

Von sonstigen Beigaben fand sich in beiden Särgen nichts.
Auch bei anderen Leichenbestattungen in Stein- und Holzsärgen
konnten wir hier durchgehends beobachten, daß bei ihnen nur
selten Gewandfibeln oder andere Gegenstände von Metall oder
Knochen u. s. w. gefunden wurden, während bei den Aschenbestattungen sich öfter nicht nur Fibeln, Arm- und Halsringe
und andere bei der Bekleidung gebrauchte Gegenstände, sondern
auch Spiegel, Spielsteine, Schlösser und Beschlagteile von
Kästchen und andere dergl. Gegenstände fanden, die der Verstorbene
im Leben im Gebrauch gehabt hatte. Unter anderem haben sich

eine Anzahl Emailfibeln bei Mariamünster gefunden, aber alle ohne Ausnahme in Brandgräbern, was in diesem Falle um so unangenehmer ist, weil bei allen das Email durch den Leichen= brand zum größten Teile zerstört worden ist. Man hat also offenbar die zu verbrennende Leiche in wirklicher Kleidung auf den Scheiterhaufen gelegt und Lieblingsgegenstände des Ver= storbenen, ferner Gefäße mit Öl, Salbbüchschen, Gläser und anderes bei der Bestattung Gebrauchte daneben gestellt, oder zu der in eine Urne gesammelten Asche hinzugefügt. So fand sich in einer Urne in Mariamünster ein großes Stück Weihrauch, offenbar ein übrig gebliebener Rest von dem bei der Verbrennung gebrauchten. Ein Stück Weihrauch fand übrigens Herr Dr. Köhl auch in einem in dem Gebiet von Baldenberg u. Schön gefundenen Steinsarge, in dem sich auch eine unten noch näher zu be= schreibende Halskette von Bernsteinstäbchen fand. Im allgemeinen aber hat man, wie es scheint, bei Bestattungen in Särgen die Leiche mit einem einfachen Totentuche umhüllt und so in den Sarg gelegt, worauf man in der Regel nur ein oder mehrere Glas= oder Thongefäße in die Ecken des Sarges stellte und allen= falls noch ein Ei oder eine andere symbolische Gabe hinzufügte. Nach diesen allgemeinen Bemerkungen kehren wir wieder zurück zur Zusammenstellung der Ergebnisse der Ausgrabung. Gleich am folgenden Arbeitstage, Montag den 4. Mai, fand sich wieder ein Steinsarg. Auch in ihm war das Skelett einer weiblichen Leiche vollständig erhalten; am Kopf und bei den Füßen standen drei Glasgefäße, und zwar stand auf der rechten Seite des Kopfes die unten näher zu besprechende und abgebildete Gesichtsflasche, auf der linken Seite lag ein schöner Glasbecher, zwischen den Füßen aber lag eine 32 cm hohe cylinderförmige Flasche mit kurzem Hals und breitem Abschluß, der durch zwei breite Henkel mit dem Bauch verbunden ist. Der Durchmesser derselben beträgt 9$\frac{1}{2}$ cm. Sämtliche drei Särge bestanden aus gewöhn= lichem, nicht eben hartem Pfälzer Sandstein, waren in der für die römischen Särge charakteristischen Weise mit dem Spitzhammer behauen, die Deckel hatten die gewöhnliche nach allen Seiten hin abgeschrägte Form. Alle drei Särge standen dicht bei einander. Man konnte für das Paulus=Museum eine ganz ungewöhnliche

Bereicherung erhoffen, wenn die weiteren Erdarbeiten ein gleiches Resultat lieferten. Leider gingen diese Erwartungen nicht vollständig in Erfüllung. Denn obwohl das Gräberfeld sich in ungeahnter Weise ausdehnte, und die Ausgrabung fast täglich Steinsärge zu Tage förderte, die vielfach in ziemlich regelmäßiger Reihenfolge standen, war das Ergebnis doch durchaus nicht dem entsprechend. Denn von den 85 Särgen, die aufgedeckt wurden, (siehe Tafel 1) waren außer den 3 erwähnten, dicht bei einander stehenden nur 2 noch unversehrt, alle anderen erwiesen sich als früher bereits ausgeraubt. Bei fast allen ist hierbei offenbar in derselben Weise verfahren worden. Durch einen Schlag mit einem schweren Hammer wurde der Deckel in eine größere und eine kleinere Hälfte geteilt und die kleinere dann aufgehoben; von dieser Öffnung aus wurden dann die Beigaben aus dem Sarge herausgeholt. Hier und da blieb dabei wohl ein kleineres Gläschen in einer der Ecken des Sarges stehen, oder es zerbrach ein Glas beim Anfassen und blieben dann die Stücke in dem Sarg liegen. Die Skelette wurden natürlich bei diesem Herausholen der Gläser, ohne daß der Deckel vollständig geöffnet war, in der Regel mehr oder weniger in Unordnung gebracht. Nach der Herausnahme der Gläser ist zwar das Deckelstück meist wieder auf die Öffnung gelegt worden, aber ohne Sorgfalt, wie es gerade fiel, so daß diese Särge nicht mehr vollständig geschlossen waren und sich deshalb im Laufe der Zeit mit Schwemmerde gefüllt haben, während in die wenigen unversehrt gebliebenen Särge gar keine Erde eingedrungen ist. Bei einigen der ausgeraubten Särge war das Deckelstück gar nicht wieder auf den Sarg gelegt, sondern stand auf der einen Langseite des Sarges senkrecht in die Höhe. Auch die bei der Ausgrabung 1882 gefundenen Steinsärge waren ausgeraubt. Ebenso sind die meisten der an der Nordseite der Stadt seit dem Bestehen des Museums gefundenen Särge, sowohl die bei den Erdarbeiten auf dem Gebiete der Firma Valckenberg und Schön als auch die im Hofe der Eulenburg gefundenen, ausgeraubt. Auch der im ersten Teile beschriebene, 1666 bei der Anlage von Ravelins am heutigen Mainzer Thor gefundene und jetzt noch im Museum aufbewahrte Sarg mit Inschrift, sowie der zu Grunde gegangene Sarg der Spectatia Peregrina waren offenbar auch ausgeraubt, wenn es auch nicht ausdrücklich angegeben ist, denn auch bei ihnen ist in derselben Weise vom Deckel eine kleinere Hälfte abgesprengt.

Wann hat diese allgemeine Beraubung der römischen Steinsärge bei unserer Stadt stattgefunden? Zunächst kann wohl mit Bestimmtheit behauptet werden, daß seit dem 15. Jahrhundert die Beraubung nicht stattgefunden haben kann, denn seit dieser Zeit war stets soviel Sinn für römische Altertümer in unserer Stadt vorhanden, daß, wie im ersten Teile gezeigt, besonders über Gräberfunde sowie über Denk= mäler mit Inschriften von dem einen oder anderen Aufzeichnungen hinterlassen worden sind. Aber auch in den früheren Jahrhunderten des eigentlichen Mittelalters kann eine solche systematische Plünderung kaum vorgenommen worden sein. Denn, was hätte doch die Menschen etwa des 8. oder 9. Jahrhunderts zu der immerhin recht mühsamen Arbeit veranlassen sollen? Die meisten der in den Särgen stehenden Gläser waren jedenfalls auch damals schon für den eigentlichen Gebrauch nicht mehr geeignet, anti= quarisches Interesse aber hat die damaligen Menschen gewiß nicht veranlaßt. Dagegen scheint es mir zweifellos, daß, wenn wirklich die Särge im Mittelalter aufgefunden worden wären, man viel weniger den Inhalt derselben als die Steinsärge selbst für ganz wertvolle Funde gehalten und herausgenommen haben würde, sei es nun, um sie wieder aufs neue als Särge zu benutzen, wie wir dies bei den an und in dem Dome gefundenen Särgen gesehen haben, oder, um sie als Steine anderweit zu verbrauchen, ebenso wie man die auf dem großen Friedhofe jedenfalls in großer Zahl vor= handenen Steindenkmäler so gründlich verbraucht hat, daß man auf dem eigentlichen Gräberfeld nur noch einen halben Grabstein gefunden hat. (Siehe unten Abschnitt III.) Außerdem hat sich der merkwürdige Umstand herausgestellt, daß die zwischen den Steinsärgen befindlichen Aschenbestattungen, sowie die Bestattungen in Holzsärgen durchgehends unversehrt waren. Wäre man zufällig etwa durch Roden des Bodens oder infolge von eigentlichem Nach= suchen auf die Särge gekommen, so wäre man sicher auch auf die anderen Bestattungen gestoßen und hätte sie schon einfach durch die Arbeit zerstört. Auch der Umstand, daß an verschiedenen der zerstörten Särge, wie oben angegeben, das abgeschlagene Deckelstück senkrecht in die Höhe stand, ist doch wohl nur dann erklärlich, wenn, um an den Sarg zu gelangen, nur ein Loch in der Breite des Steinsarges ausgehoben wurde, so daß das in die Höhe gehobene Deckelstück an die Erdwand angelehnt werden konnte. Alle diese Umstände scheinen notwendig darauf hinzuweisen, daß das Aufgraben der Särge in einer Zeit stattgefunden hat, in der die Gräber, in denen die Toten in Steinsärgen bestattet waren, noch äußerlich durch Erhöhung des Bodens oder durch Denkmäler zu erkennen waren, also entweder noch in römischer Zeit, oder in der Zeit unmittelbar nach der Römerherrschaft, als rohe Germanenstämme durch Mord und Brand der Römerherrschaft am Rhein ein Ende bereiteten und auf den Trümmern derselben sich selbst niederließen. Daß schon in römischer Zeit die Beraubung stattgefunden habe, ist wohl kaum anzunehmen. Der Friedhof war, wie verschiedene Grabsteine zeigen, bis in die spätesten Zeiten der Römerherrschaft im Gebrauch: auf einem noch benutzten Friedhofe durfte aber doch sicherlich eine derartige systematische Aufgrabung und Beraubung der Gräber nicht vorgenommen werden. Wären die zwischen den Särgen vielfach gefundenen Aschenbestattungen jünger als die in den Steinsärgen, so könnte man wohl annehmen, daß bei diesen jüngeren Bestattungen die Särge aufgedeckt und ihrer Beigaben beraubt worden seien, nun findet aber im ganzen gerade das umgekehrte Verhältnis statt. Soweit es sich hier nach der Form der Gefäße und den dabei gefundenen Münzen kontrollieren ließ, waren im Durchschnitt die Aschenbestattungen die älteren, die in den Steinsärgen die jüngeren. Daß die Römer die Gräber aufgedeckt hätten, um sie ihrer Beigaben zu berauben, ist auch deshalb nicht wahrscheinlich, weil die meisten der in den Särgen liegenden Gläser in römischer Zeit schwerlich von solchem Werte waren, daß sie ein entsprechender Lohn für die Arbeit des Aufgrabens und Aufdeckens gewesen wären. Die Besieger der Römer dagegen besaßen nicht die Geschicklichkeit und Kunst der Besiegten in der Herstellung von Gläsern. Für sie waren die Gläser sonst nicht zu erlangende Wertgegenstände. Auch hielt sie nicht Pietät irgendwie ab, die in den Gräbern stehenden Gläser wieder in Gebrauch zu nehmen. Wenn sie aus den Schädeln ihrer Feinde sich Trinkgefäße fertigen ließen, haben sie sich gewiß auch nicht gescheut,

2

die in den Gräbern ihrer Feinde stehenden Gläser wieder in Gebrauch zu nehmen. Dazu, daß die Besieger der Römer es gewesen, die im 5. Jahrhundert etwa die Gräber geöffnet, dazu stimmt auch, daß bei einem der ausgeraubten Särge eine kleine silberne fränkische Nadel gefunden wurde. Auch darf wohl der Umstand hier zur Begründung unserer Ansicht angeführt werden, daß auch die eigenen Gräber der Franken in unserer Gegend vielfach offenbar von ihnen selbst ausgeraubt worden sind, und daß nach der Annahme des Christentums der Gräberraub wiederholt durch Gesetze streng verboten werden mußte.

Nach Form und Material kann man unter den hier gefundenen Särgen 2 Arten unterscheiden. Die meisten sind aus einem rötlichen, sehr porösen Pfälzer Sandstein gefertigt und haben durchschnittlich eine lichte Länge von 2,20 Meter, bei einer Breite von 74 cm. und einer Höhe von 57 cm. Alle sind in gleicher Weise mit dem Spitzhammer in Viertelkreisschlägen behauen, einige mit als Viertelstab gebildeten Eckpolstern versehen. Der Deckel ist nach allen vier Seiten gleichmäßig abgeschrägt. Neben dieser durch 2 Exemplare im Innern des Museums vertretenen Art geht eine andere seltenere Art von Särgen her, die, zum Teil aus gelblich-weißem Sandstein gearbeitet, Deckel von der Form haben, die wir oben bei dem im Dom gefundenen Bischofsgrabe beschrieben haben, d. h. mit 4 Würfeln an den 4 Ecken und einer dachförmigen Erhöhung in der Mitte der Vorderseite. Zu dieser Art gehören die beiden in den Nischen an der Außenseite des Museums aufgestellten Särge. Eine Inschrift fand sich auf keinem der 85 hier gefundenen Särge.

Neben den Bestattungen in Steinsärgen fanden sich, wie schon erwähnt, jedoch viel seltener auch solche in Holzsärgen (25—30). Auf dem 1882 untersuchten Gebiete hatten sich dieselben zahlreicher gefunden; diesmal fanden sie sich fast nur auf dem Tfl. I mit H bezeichneten Platze, wo die Steinsärge eine Strecke fehlen. Es waren, wie es scheint, ärmere, meist von der Straße weiter abgelegene Gräber. In dem hier meist nassen Sande des Bodens hat sich das Holz der Särge trotz der seit der Bestattung verstrichenen Zeit von etwa 1500 Jahren noch vielfach so erhalten, daß man die Form des Sarges noch wohl erkennen konnte, ja ein solcher Sarg, bei dem nur der Deckel gebrochen und eingesunken war, konnte noch aus der Erde wieder herausgenommen und ins Museum gebracht werden. Auffallender Weise fanden sich bei diesem Sarge gar keine Nägel, die sich, wenn sie früher vorhanden gewesen wären, gewiß erhalten hätten. Auch war das Holz nicht etwa in einander gefalzt, so daß es eigentlich nur eine Umstellung der Leiche mit Brettern gewesen zu sein scheint. Andere Särge waren, wie sich öfters noch deutlich erkennen ließ, roh gearbeitete viereckige Kasten aus ziemlich dicken tannenen Brettern, die durch merkwürdig große, schwere Nägel zusammengehalten wurden. Der Beigaben sind es in diesen Holzsärgen in der Regel nur wenige. in dem im Museum aufbewahrten z. B. fand sich nur ein Krug am Fußende des Sarges. Zwischen diesen Bestattungen in Särgen fanden sich, wie schon gesagt, sehr zahlreiche Aschenbestattungen in den verschiedenen Formen. In der Regel befand sich die Asche in einer Urne aus gebranntem Thon, manchmal aber auch in einem anderen Gefäße, so einmal in einer Glasurne von der Form unserer Fischglocken, siehe unten Teil V., einmal in einem großen Weinkruge, einer sogenannten Amphora, deren Ausguß abgeschlagen war, wiederholt in thönernen Heizungsröhren von der bekannten Form mit einer runden Öffnung an der Vorderseite, endlich nicht selten in einer sogenannten Aschenkiste, manchmal war die Asche auch einfach auf einem Platze zusammengeschüttet. Die in Mariamünster gefundenen Urnen haben alle so ziemlich dieselbe Form, nur wechseln sie in der Größe und sind mehr oder weniger schlank gebaut. Sie haben einen sehr kleinen Fuß, einen verhältnismäßig weiten Bauch und sind an der ohne Halsansatz gebildeten Öffnung oben mehr oder weniger zusammengezogen. Die kleinsten haben eine Höhe von 7 cm. bei einem Durchmesser von ca. 10 cm., während bei den größten die Höhe 38 cm. und der Durchmesser 35 cm. beträgt. Bei weitem die größte Zahl besteht aus einem grauen, fest gebrannten Thon, in den vor dem Brennen etwa in ⅔ der Höhe mit dem Töpferrädchen ein Ornamentband ringsum eingedrückt ist. Sie sind dann mit einer grauschwarzen Farbe überzogen, die sich aber durch die Feuchtigkeit der Erde vielfach wieder abgelöst hat. Die kleinere Anzahl der Urnen ist aus einem schwach gebrannten, sandig sich anfühlenden gelblich

2*

weißen Thon, wieder andere sind aus rötlich gebranntem Thon
gebildet. Sogenannte Gesichtsurnen, wie deren früher 2 in
Mariamünster gefunden worden sind (siehe Teil I Tafel III), sind
bei der letzten Ausgrabung nicht vorgekommen, die dritte jetzt im
Museum aufbewahrte stammt aus einem in der Nähe von Mainz
gefundenen Grabe. Im Innern der Urnen befinden sich die verbrannten Gebeine: beim Ausleeren derselben konnte man oft
beobachten, daß unter den Knochenresten am Fuß der Urne eine
kleine Menge reinen Quarzsandes lag. Die Beobachtung ist sowohl von Herrn Dr. Köhl, als auch von dem Verfasser selbst
so oft gemacht worden, daß die Annahme eines bloßen Zufalls
wohl ausgeschlossen ist. Es scheint, daß wir es dabei mit einem
symbolischen Brauche zu thun haben, mit dem wir etwa unseren
Gebrauch, eine Hand voll Erde in das Grab zu werfen, ver-
gleichen möchten. Öfters fanden sich unter den verbrannten
Knochen auch die Reste von anderen Gegenständen aus Horn
oder Knochen, die mit dem Toten zusammen verbrannt und dann
mit den Gebeinen, von denen sie nur bei genauerem Zusehen zu
unterscheiden sind, gesammelt worden sind. So fanden sich eine
größere Anzahl ornamentierter, d. h. durch Querstreifen am
unteren oder oberen Rande verzierter Röhrchen von etwa 8—10
cm. Länge, die wohl als Stiele gedient haben, ferner Deckel von
Salbbüchschen und solche Büchschen selbst, endlich zwei jetzt noch
17 und 18 cm. lange, einem Papierglätter gleichende Stäbchen
aus Bein, die scherenartig 11½ cm. vom oberen Ende entfernt durch
einen Bronzestift verbunden waren. Die unten noch ca. 6 cm. langen
Teile zeigen eine unregelmäßige Bruchstelle und sind jedenfalls länger
gewesen. Die Bestimmung des Gegenstandes ist nicht mehr festzustellen. Da diese Gegenstände, wie gesagt, infolge der Einwirkung
des Feuers von den menschlichen Gebeinen ohne genaueres Zusehen
nicht zu unterscheiden sind, werden sie wohl in den meisten Fällen
nicht beachtet, wenigstens ist dem Verfasser nicht bekannt, daß von
anderer Seite schon darauf aufmerksam gemacht worden wäre.
Außerdem fanden sich vielfach Reste von anderen gleichfalls durch
das Feuer des Leichenbrandes mehr oder weniger zerstörten
Gegenständen, so Fibeln verschiedener Form, u. a. auch solche
mit Emailverzierung, bei denen aber, wie schon erwähnt, das

Email bis auf geringe Reste herausgeschmolzen ist, Arm- und Halsringe, Ohrringe, kleinere Messer, Münzen, auch die im ersten Teile schon erwähnten Beschläge von Verbrennungskasten, häufig auch Stücke geschmolzenen Glases, einmal, wie schon angeführt, ein größeres Stück Weihrauch. Die hier gefundenen Münzen werden wir unten am Ende des II. Abschnittes zusammenstellen. Die Aschen=urnen waren entweder einfach in die Erde gestellt, oder in der im Museum veranschaulichten Weise mit großen Ziegeln umstellt. Die meisten dieser Ziegel haben eine Größe von 49 cm. zu 38 cm., daneben kommen aber auch quadratförmige von 37 cm. und kleinere von 18 cm. Seitenlänge vor, die letzteren nur bei ganz kleinen Urnen, also bei Kindergräbern. Die größeren Ziegel sind meist mit einer Riefelung von konzentrischen Kreisstücken, aber nicht mit einem Stempel versehen. Obwohl wir von der besprochenen Aus=grabung einen ganzen Wagen voll Ziegel auf dem Museumsspeicher aufbewahren und weit mehr noch bei der Arbeit zerbrachen und zu Grunde gingen, ist unter dieser großen Menge doch kein gestempelter gewesen. 1882 hatte sich ein quadratförmiger Ziegel mit einem Stempel der 22. Legion und einer mit dem Stempel MEPS gefunden. Offenbar ist also das Ziegelbrennen im römischen Worms vor=zugsweise von Privatleuten betrieben worden.

In betreff der oben erwähnten Aschenkisten ist noch zu be=merken, daß einige der in Mariamünster gefundenen aus 2 über=einander gedeckten, innen cylinderförmig ausgehöhlten Steinwürfeln bestehen, die an der jetzt im Museum unter der Orgel zur linken Hand aufgestellten durch verbleite eiserne Klammern auf beiden Seiten fest mit einander verbunden waren. In den meisten Fällen dagegen hatte man sich mit einem Steinbehälter begnügt und die Öffnung mit einer schweren Ziegelplatte bedeckt, so z. B. bei der jetzt im Museum aufgestellten Kiste von der Gestalt einer Säulentrommel und der daneben stehenden mit ovaler Vertiefung. Manche von diesen Steinkisten scheinen schon zu anderen Zwecken gedient zu haben, da sich auf zweien, auf der im Museum unter dem Meilen=stein stehenden und einer anderen Buchstaben X und XA, offenbar Versetzzeichen, fanden.

In die Aschenkiste oder in den von Ziegeln umgebenen Raum zu der die Asche bergenden Urne waren in der Regel ein oder mehrere sog. Thränenkrüge von der bekannten Form hinzugefügt, wie deren mehrere Hundert im Eingang des Museums auf beiden Seiten aufgestellt sind; aber auch größere Krüge fanden sich bis zu einer Höhe von 35 cm und einem Umfange von nahezu 1 m, ferner ungezählte Teller und Schüsseln, teils ganz rohe irdene Ware, teils feinere Sigillatagefäße, außerdem Becher aus Thon in verschiedenen Formen und Größen, endlich über 100 der bekannten Grablämpchen, auch 3 aus Thon gebrannte Leuchter d. h. Kerzenhalter und Glasgefäße. Vollständig oder wenigstens nahezu vollständig erhaltene Gläser lieferte die Ausgrabung im ganzen 99 Stück. Da wir unten bei der Besprechung des Zuwachses der Sammlung alle wichtigeren Stücke besprechen werden, wollen wir hier auf das einzelne nicht weiter eingehen.

In Kindergräbern fanden sich vielfach ganz kleine Gefäße, wie sie noch heute den Kindern zum Spielen gegeben werden, ganz kleine Krüge, Urnen, Schüsselchen u. dgl. mehr. Aber auch anderes Spielzeug wurde gefunden, so ein Stück von einem in Thon geformten Hahn, ferner der untere Teil eines Statuettchens aus weißem Thon, auf dem eine interessante Inschrift steht, die den ziemlich sicheren Beweis liefert, daß das Figürchen in Köln gefertigt und von dort hierher geliefert worden ist. Siehe unten Abschnitt III.

Auch in Gräbern von Erwachsenen fand sich ähnliches; so fand z. B. Herr Dr. Köhl am 11. Juli in einer Aschenkiste außer einer Glasschale einen sog. Ringschlüssel aus Bronze, siehe unten Abschn. V und einen ganzen Satz Spielsteine, 25 Stück, die durch Material und Farbe, sowie durch Kreise und Punkte in 5 Gruppen zerfallen, zusammen mit zwei in der Mitte durchbohrten Scheibchen aus Bronze und einem in der Mitte eingekerbten Griff aus Horn. Offenbar waren die beiden Bronzescheibchen ehedem durch ein Holz verbunden und wurden durch einen in der Kerbe des Griffs befestigten und um das Holz gewickelten Faden in rasche Umdrehung versetzt. Das Spiel ist im Museum ausgelegt in dem Tische zur Rechten des Eintretenden unter der Orgel. An einer anderen Stelle fand man ein kleines Hausaltärchen, aus weißem Thon ganz leicht gebrannt (siehe Abschn. III.) Auch Haarnadeln aus Bronze oder Horn, zum Teil mit verziertem Kopf, einmal

auch ein ziemlich gut erhaltener Metallspiegel von viereckiger
Gestalt (93 mm lang, 81 mm breit), endlich Schreibgriffel zum
Einritzen der Buchstaben in Wachstafeln, sog. stili, fanden sich
öfters.

In einem mit Ziegeln umstellten Grabe, das sich vereinzelt
mehrere Hundert Schritte vom Gräberfeld entfernt an der Frankenthaler Straße fand, befand sich außer einem Lämpchen und einem
Krügelchen auch eine nach Aussage der Arbeiter verhältnismäßig
sehr große Figur aus weißem Thon gebrannt, eine Puppe, wie
die Arbeiter sagten, die aber leider, wie so vieles andere von denselben zerschlagen und weggeworfen wurde. Es war wahrscheinlich
eine sitzende Matrone, ähnlich der im Museum aufbewahrten an
der Mainzer Straße gefundenen, nur etwas größer. Wie in
diesem Falle durch den Unverstand des betreffenden Arbeiters ein
charakteristischer und deshalb wertvoller Gegenstand verloren
gegangen ist, so ist es leider in sehr vielen Fällen gegangen. Die
an einen Unternehmer vergebenen Erdarbeiten wurden mit der
größten Eile betrieben, wodurch natürlich die römischen Gegenstände,
insbesondere die Gläser, Urnen, Krüge, Becher u. dgl. in sehr
großer Zahl zu Grunde gingen. Dazu kam vielfach noch bei
manchen Arbeitern Mangel an gutem Willen und Unverstand. Insbesondere waren manche Arbeiter trotz aller Bemühungen nicht zu
bewegen, wenn sie ein Glas oder einen Topf oder sonst einen Gegenstand zerhauen hatten, wenigstens die Stücke sorgfältig zu sammeln
und aufzubewahren. Wie viel auf diese Weise zu Grunde gegangen ist,
ist schwer zu sagen, besonders zu beklagen aber ist es, daß gerade
einige Gegenstände von besonderem Werte nicht erhalten geblieben oder
stark beschädigt worden sind. So wurde von einem italienischen
Arbeiter neben einem Steinsarge in der Nähe der Frankenthaler
Straße ein römischer Gladius mit einem gedrehten Horngriff mit
bequem für die Finger eingerichteten Vertiefungen gefunden.
Durch einen Schlag mit der Picke war zwar der Griff in
viele Stücke zersprungen, aber es waren doch noch alle Stücke bei
einander, und ebenso war das Schwert selbst vollständig erhalten,
so daß es leicht hätte wieder hergestellt werden können. Der
jugendliche Arbeiter zeigte seinen Fund einem anderen, der ihm
unglücklicher Weise sagte, dafür werde er sicher kein Trinkgeld

bekommen. Sofort warf der Italiener die Hornstücke auf die fortzufahrende Dammerde und zerschlug den Gladius selbst auf einem Steine in kleine Stücke. Als der Verfasser an Ort und Stelle kam, konnte er nur noch einige kleine Stücke des Schwertes und des Griffes auffinden und daraus erkennen, ein wie schöner und interessanter Gegenstand hier durch Unverstand zu Grunde gegangen war. Nicht weit davon fand ein Arbeiter am 12. September ein in Sand gebettetes Grab (Bestattung in Holzsarg) und dabei die interessante, jetzt im Museum ausgestellte Glasschale mit eingeschliffener oder vielmehr eingeritzter Zeichnung. (Siehe unten Teil V und Tfl. VIII 2). Die Schale wurde beim Aufgraben zerschlagen, oder war auch vielleicht schon, wie der Arbeiter behauptete, im Boden zerdrückt. Ein anderer Arbeiter wollte am Abend die Stücke nebst anderen Sachen in einem Kasten für das Museum abliefern, fiel aber, nachdem es bereits dunkel geworden war, mit dem Kasten hin, so daß die Glasscherben zum Teil herausrollten. Er raffte dieselben soviel wie möglich zusammen, allein bei der Zusammenfügung der Stücke stellte sich heraus, daß mehrere Stücke fehlten, insbesondere ein größeres Stück des Randes, wodurch die Inschrift der Schale unvollständig ist. Alles Suchen in der Frühe des anderen Morgens war vergeblich, da durch die stets rasch weiter betriebenen Arbeiten sich die betreffende Stelle alsbald wieder verändert hatte.

Wir haben diese Umstände etwas eingehender mitgeteilt, um zu zeigen, welche Schwierigkeiten die Sammlung und Erhaltung der hier gemachten Funde boten, und warum es trotz unausgesetzter Bemühung nicht möglich war, die Funde vollständiger zu erhalten, als es thatsächlich geschehen ist. Wir haben deshalb auch darauf verzichtet, unser Fundverzeichnis hier zu veröffentlichen. Denn da die meisten Särge ihres einstigen Inhalts ganz beraubt waren, andere nur noch zufällig stehen gebliebene Reste enthielten, die in der Erde gebetteten Gegenstände aber vielfach zerschlagen wurden, so daß es sehr oft vom Zufall abhing, welche zusammengehörige Gegenstände erhalten blieben, so könnte es kein Interesse beanspruchen, und es hieße nur allzu sehr die Geduld der Leser auf die Probe stellen, wenn wir im einzelnen aufzählen wollten, welche Gegen-

stände im Laufe des ganzen Sommers vom Ende April bis Ende
September fast täglich gefunden wurden.

Wir haben nun noch der bei der Ausgrabung gefundenen
römischen Skulpturen und Inschriften zu gedenken, eine genauere
Beschreibung derselben behalten wir uns für den III. Abschnitt vor.

Lange Zeit schien es, als werde die Ausgrabung in dieser
Beziehung nur ein sehr geringes Resultat haben. Gleich im Anfang
der Ausgrabung fand sich die obere Hälfte eines größeren Grabsteines, eines sog. Reitersteines, aus grauweißem Kalkstein. Der
Stein scheint zu neuer Verwendung an Ort und Stelle vor-
bereitet worden zu sein, denn es ist nicht nur der untere Teil und
die ganze linke Seite desselben in einer Breite von etwa 20 cm
abgeschlagen, sondern auch oben ein großes sogenanntes Wolfsloch
eingehauen. Die untere Hälfte des Steines und die abgeschlagenen
Stücke der linken Seite sind verschwunden, unser Stück selbst ist
offenbar nur durch irgend einen Zufall liegen geblieben. (Näheres
siehe im III. Abschnitte.) Der Stein zeigte, daß jedenfalls einst
zahlreiche Grabsteine auf dem großen Friedhofe vorhanden gewesen, daß dieselben aber später anderweit wieder verwendet
worden sind, daß deswegen bedeutendere Grabsteinfunde kaum
zu erwarten seien. Dem schien denn auch das thatsächliche
Resultat der Ausgrabung zu entsprechen. Von Grabsteinen fand
sich zunächst gar nichts mehr, dagegen fand man etwa in der
Mitte des aufgegrabenen Feldes eine 85 cm hohe Halbsäule aus
rotem Sandstein, oben mit einem weiblichen Kopfe. Die hintere Seite
der Säule und auch des Kopfes oben zeigt den rohen, unbearbeiteten
Stein. Offenbar war also das Säulchen mit seiner hinteren
Seite in eine Wand eingefügt und diente als Pilaster oder als
Stück einer Balustrade zur Verzierung dieser Wand. Das
Säulchen spricht also deutlich dafür, daß nicht bloß Grabsteine,
sondern auch größere Grabdenkmäler einst auf dem Friedhofe vorhanden gewesen, aber ebenso wie die Grabsteine zerschlagen und
anderweit verwendet worden sind, so daß nur ein zufällig übrig-
gebliebener Rest ihr einstiges Vorhandensein verkündet. Da fügte
es ein glücklicher Zufall, daß schon ganz am Ende des aus-
zugrabenden Gebietes in dem Winkel, den die neuen Dämme mit
der Frankenthaler Straße bilden, bei G. auf Tafel I eine Reihe

von interessanten Funden an Skulpturen und Inschriften gemacht
wurden. An dieser Stelle stießen die Arbeiter nach der Entfernung
der oberen Erde auf eine sumpfige Schicht, in der ein roter, stark
verwitterter Sandstein lag. Bei näherer Untersuchung erwies sich
derselbe als ein stark verstümmelter römischer Reitergrabstein von
sehr später Arbeit. Insbesondere die rechte Seite der bildlichen
Darstellung und der größte Teil der Inschrift sind zerstört. Dieser
Fund veranlaßte uns, die ganze Stelle genauer untersuchen zu
lassen. Diese Untersuchung fand statt vom 17. Juli ab und hatte
folgendes Ergebnis.

Es zeigte sich, daß an der Stelle im Boden eine ziemlich
starke Quelle hervordringt, die die Stelle in einem größeren Um=
kreis versumpft. Von Nordwesten her nach dieser Stelle hin
fanden sich Reste eines stark beschotterten Weges (siehe Tafel I),
ein paar Wagen voll größerer und kleinerer Steinbrocken, darunter
auch ein ornamentiertes Stück eines Grabsteingiebels. Dieser Weg
führte also über die an der besprochenen Stelle befindliche Quelle
hinweg nach der unter und dicht neben dem neuen Damme hin=
laufenden römischen Straße, zu der der Zugang hier ebenso wie
an einer etwa in der Mitte des Gräberfeldes gelegenen Stelle
mit einigen regelmäßig behauenen Steinen gepflastert war. (Einige
von diesen Steinen werden im Museum aufbewahrt.) Um nun
diese Straße über die Wasserstelle hinzuführen, hatte man, wie es
scheint eine Holzbrücke darüber gebaut: nachdem diese aber irgend=
wie, wahrscheinlich durch Feuer, zerstört worden, scheint man ohne
eine neue Brücke die ganze Stelle dadurch gangbar gemacht zu haben,
daß man mit großen Steinen von dem benachbarten Friedhofe und
der in nächster Nähe vorüberziehenden (römischen) Straße die
ganze Stelle auffüllte und so die Quelle hinderte, gerade
an dieser Stelle zu Tage zu treten. Man fand nämlich im
Boden Holzpfähle, die noch teils ganz, teils in Stücken
herausgenommen werden konnten, von ganz ähnlicher Art
wie die bei Mainz im Jahre 1882 aus dem Bette des Rheins,
die bei Groß-Krotzenburg 1885 aus dem Bette des Mains ge=
zogenen Pfähle aus den Fundamenten römischer Brücken, wie
man sich im Paulus=Museum leicht überzeugen kann. Denn es
steht hier einer der an der besprochenen Stelle zu Tage ge=

förderten Pfähle zusammen mit einem der Mainzer und einem
der Groß-Krotzenburger Pfähle, die dem Museum von dem
Großh. Ministerium der Finanzen überlassen worden sind. (Ueber
die bei Groß-Krotzenburg aufgefundene röm. Brücke siehe Korresp.
d. Westdeutschen Zeitschrift IV. 93.) Der Unterschied der Pfähle
besteht vorzugsweise in der Größe und darin, daß die an unserer Stelle
gefundenen nicht wie bei den großen Brückenbauten mit eisernen Pfahlschuhen versehen sind. Unser von der Mainzer Römerbrücke herrührende
Pfahl hat eine Höhe von 3,16 Meter, während der Groß-
Krotzenburger nur 1,86 Mtr. (ein zweiter ebendaher 1,53 Mtr.),
der aus Mariamünster aber 1,45 Mtr. hoch ist. Die beiden
ersteren sind mit kräftigen gleich gebildeten Pfahlschuhen versehen
(es liegen auch noch 2 ebendaselbst gefundene Pfahlschuhe ohne
Holz dabei), der hier gefundene ist bloß zugespitzt. Der ganze
Raum zwischen diesen Pfählen war nun an unserer Stelle mit
größeren und kleineren Steinen ausgefüllt. Da fand sich zunächst der schon erwähnte Meilenstein, ferner außer dem zuerst
gefundenen schon angeführten Grabstein der des Panzerreiters Valerius
Maxantius und der des Circitors Aurelius Rapinus, ferner 2 von
Privatleuten, der der Fanita Juflia) (sic) und der der 2 Brüder
Severius Lupulus und Severius Florentinus. Auf einem Steinbrocken steht ein prächtig gehauenes 10 cm. hohes A. Schade,
daß von der in dieser Prachtschrift gemeißelten, jedenfalls der
früheren Zeit angehörenden Inschrift nur ein so geringer Rest
sich erhalten hat. Außerdem fanden sich 2 interessante Skulpturen:
erstens eine oben abgestutzte Pyramide von grauem Sandstein,
in deren Mitte ein 55 cm. im Durchmesser großes kreisrundes
Medaillon ausgehauen ist. Die in demselben dargestellten beiden
weiblichen Figuren, Mutter und Tochter wie es scheint, sind
leider gerade an den Gesichtern etwas verletzt (siehe Abschn. III
und Taf. VI 1). Zweitens fand sich ein Teil eines der in West-
deutschland öfter gefundenen interessanten Jupiterdenkmäler, bei
denen ein Reiter auf hoch sich erhebendem Pferde über einem unter
demselben liegenden Giganten steht. (Näheres siehe Abschn. III.)
Endlich fand sich noch ein roh gearbeiteter Kopf aus rotem Sandstein, der wahrscheinlich zu dem oben erwähnten Grabsteine
der beiden Brüder gehört. Ein ornamentierter Stein aus grauem

Schiefer war im Wasser so mürbe geworden, daß er beim Herausnehmen vollständig zerfiel. Außerdem wurden, von den zahlreichen kleineren Steinbrocken abgesehen, mehrere große Quader von grauem Schiefer und eine mächtige halbe Säulentrommel aus grauweißem Sandstein hier zu Tage gefördert. Von anderen Gegenständen fand sich nur ein Stück einer Fibel aus Bronze, das im Wasser eine schöne gelbe Farbe angenommen hatte, und eine angebrannte, d. h. auf der einen Seite verkohlte, auf der anderen Seite dagegen noch glattpolierte Spindel aus Gagat, in deren Öffnung auch der Stift teilweise noch erhalten ist.

Dieses an und für sich höchst unscheinbare Stück veranlaßte uns, oben die Vermutung auszusprechen, daß zunächst in römischer Zeit eine Holzbrücke über die Stelle vorhanden gewesen, die dann wahrscheinlich durch Brand zerstört worden sei. Denn so dürfte sich wohl der Zustand dieser Gagatspindel am leichtesten erklären, daß dieselbe zufällig auf der Brücke gelegen, oder zwischen Balken eingeklemmt beim Abbrennen der Brücke teilweise verkohlt und dann in das Wasser hinuntergefallen ist. Wann diese Zerstörung stattgefunden hat, ob noch in römischer Zeit, oder bald nachher in den Zeiten der Völkerwanderung, die so viele Kriegsscharen hier vorüberziehen sahen, ist nicht mehr mit Bestimmtheit zu entscheiden. Dem Verfasser scheint das letztere das Wahrscheinlichere zu sein; es würde dies bedingen, daß dann in denselben Zeiten, in denen, wie oben wahrscheinlich zu machen gesucht wurde, die Gräber geöffnet und ihres Inhaltes beraubt wurden, ein gangbarer Weg durch das Wasser dadurch wiederhergestellt worden sei, daß man große auf dem anstoßenden Gräberfelde umherliegende Steine in das Wasser warf. Sollte dies noch in römischer Zeit geschehen sein, so müßte es jedenfalls in der spätesten Zeit der Römerherrschaft geschehen sein, da einige der gefundenen Steine, z. B. der Grabstein des Maxantius sicher der spätesten Zeit angehören. Übrigens wird die hier hervortretende Wassermenge jedenfalls größer gewesen sein, als es jetzt bei der Aufdeckung der Stelle der Fall war. Es wird sich das Wasser, nachdem hier das Hervortreten desselben unmöglich gemacht, einen anderen Ausfluß gesucht haben; es könnten z. B. recht wohl die in dem Graben an der Nordseite des Schildwegs befindlichen Quellen damit zusammenhängen. Im Anschluß hieran möchten wir nun noch eine Beobachtung des Herrn Dr. Köhl mitteilen, die wohl geeignet ist, auch anderwärts gute Dienste zu leisten. Herr Dr. Köhl fand nämlich bei seinen Nachforschungen nach den römischen Straßen in unserer Gegend, daß die mittelalterlichen Siechen- oder Leprosenhäuser, die sogenannten Gutleuthäuser, in Gegenden mit römischen Straßen in der Regel an diesen gelegen haben, offenbar weil zur Zeit der Errichtung dieser Häuser die alten Römerstraßen noch im Gebrauch waren: deshalb erscheint es geraten, überall da, wo man dieser Benennung begegnet, nähere Nachforschungen anzustellen. Auch unsere an römischen Funden so reiche Stelle bestätigt diese Beobachtung. Dieselbe heißt nämlich im Munde des Volkes, obwohl vor der Ausgrabung von Wasser oder einem Brunnen keine Spur zu sehen war, noch immer Gutleutbrunn. Auch ergibt sich aus Urkunden, daß thatsächlich in der Nähe dieser Stelle, wo zwei römische Wege zusammentrafen, am alten Heidenkirchhof, das Wormser Gutleuthaus gelegen hat. Die Lage desselben ergibt sich z. B. aus einer Urkunde des Grafen Henrich von Spanheim vom Jahre 1380, in der es heißt: — „von der Burgerweyde wegen, daruff unsere Dörffer mit Nahmen Horchheim, Pfeffelcheim, Hochheim, Winßheim und Böß-Oppenheim, die zu der Herrschaft zu Stauff gehörent, Recht haut zu fahren, und umb die zween Weg, die zu derselben Weyden giengen, mit Nahmen der ein Weg der da soll gen von Horchheim, die alte Bach abe über den Adelberg hinter den guten Leuthen hin, uf die Weyde, und den andern Weg über die Winkelfurth bey dem Heiligen Häußlein, die Speyrer Straß uf denselben Weg uß, bis uf die Weyde." Die hier erwähnte alte Bach ist der heute „Altbach" genannte Bach, welcher sich jetzt etwas unterhalb unserer Stelle mit dem Mariamünsterbache vereinigt und dann durch die Adelberg genannte Gewann fließt. Denselben Aufschluß über die Lage des Gutleuthauses gibt schon eine lateinische Urkunde aus dem Jahre 1275, die im Urkundenbuche der Stadt Worms Bd. I S. 237 abgedruckt ist.

Auch für das Vorhandensein einer größeren römischen Begräbnisstätte an der Westseite der Stadt an der nach Pfeddersheim führenden Straße (siehe Teil I S. 29), also vor dem

Andreasthore haben sich wieder neue Beweise ergeben. Schon vor mehreren Jahren wurde in dem Hofe des Hauses der Frau Simpson (Ecke der Promenaden- und Andreasstraße) ein römisches Grab gefunden, das außer einer kleinen gelben Aschenurne, nur noch ein kleines Schälchen und einen Sigillatateller als Beigaben enthielt. Ebenso soll vor einer Reihe von Jahren in der Promenadenstraße an dem Herrn Häfner Bayer gehörigen Hause ein römisches Grab gefunden worden sein. Als 1885 ein Kanal durch die Andreasstraße angelegt wurde, stieß man an dem alten Festungsgraben auf ein in den Graben vorspringendes kasematten-artiges Gelaß, unmittelbar vor der Mauer desselben aber, fast von derselben geschnitten, lag ein spätrömisches Grab, wie man aus den darin gefundenen Scherben deutlich erkennen konnte. — Im ersten Teile S. 29 wurde erwähnt, daß beim Bau der Brücke für die Alzeier Bahn an der Pfiffligheimer Straße mehrere römische Gräber gefunden worden seien, wir hofften deshalb auf weitere Funde beim Bau der Brücke für die Offsteiner Bahn unmittelbar neben jener. Es fanden sich zwar auch Überreste von menschlichen Gebeinen, aber kein eigentliches Grab und vor allem keine Beigaben. Dagegen fand sich bei demselben Bahnbau an der Knappenstraße südlich von der Brücke ein römisches Grab mit mehreren schönen Thongefäßen und Gläsern als Beigaben. Auch fand sich ein römisches Grab, in dem ein Glasbecher, ein Krügelchen und mehrere Teller die Beigaben waren, an dem äußersten Ende der Alzeier Straße gegenüber dem Hause des Herrn Zimmermann Elz.

Nun haben wir noch die in den 2 letzten Jahren auf dem Gebiete des großen Gräberfeldes auf der Nordseite der Stadt gemachten Funde zu erwähnen. Die Fortsetzung der an der Südseite der Stadt aufgegrabenen römischen Straße nach Norden und damit eine genauere Abgrenzung des Gräberfeldes nach der Rheinseite ist zwar noch immer nicht gefunden, wohl aber sind wieder an verschiedenen Stellen Gräberfunde gemacht worden. Bei den Neubauten der Firma Valckenberg und Schön im Jahre 1885 wurden zahlreiche Gräber gefunden, mehrere Steinsärge, vorzugsweise aber Aschenbestattungen, zum Teil zwar mit Ziegeln umstellt, die meisten aber ohne solche in die Erde gebettet. Leider wurden auch diesmal wieder die Erdarbeiten mit solcher Eile betrieben, daß von den gefundenen Gegenständen verhältnismäßig nur sehr wenige erhalten blieben. Einige Gläser, Urnen, Krüge und Lämpchen kamen ins Museum, eine Anzahl anderer wurde an einen Händler verkauft. Wie Herr Fuhrmann Schüttler versicherte, hatte er auch ein Lämpchen aus Glas gefunden und während der weiteren Arbeit einstweilen nebenhin gestellt; hier wurde es ihm aber leider zerschlagen. Von den anderen Funden sind namentlich zu erwähnen: ein sehr schöner Kamm, eine große vergoldete Armbrustfibel und eine interessante Halskette aus oben und unten durchbohrten Bernsteinstäbchen, die zusammen mit einem Stück Weihrauch in einem römischen Sarge gefunden wurde; außerdem mehrere Bronzemünzen. Bei einem Teile der hier vorgenommenen Erdarbeiten wurde nicht tief genug gegangen, so daß man in diesem Teile bloß bei der Fundamentierung der Pfeiler auf römische Gräber stieß.

Dicht dabei in dem Herrn Örtge gehörenden Hause Nr. 4 an der Mainzerstraße wurden sowohl im Jahre 1885 im Hofe des Hauses, als auch im Herbste 1886 vor dem Eingange zu demselben in der Straße beim Anschließen des Hauses an den Kanal mehrere römische Aschenbestattungen in Urnen gefunden mit den gewöhnlichen Beigaben, einigen Krügen und Lämpchen. Bei dem Grabe in der Straße fanden sich auch ein Ziegel und Reste von dem Beschläge der Verbrennungskiste. Auch an der eine größere Strecke weiter hinaus von der Mainzer Straße abzweigenden Burgstraße wurden bei der Fundamentierung des Anbaues der Eulenburg 3 Steinsärge und eine Aschenkiste gefunden. 2 von den Steinsärgen waren ausgeraubt, der dritte enthielt noch ein unzerstörtes, mit Kalk bedecktes Skelett, außerdem aber fand sich nur eine römische Bronzemünze darin. In der Aschenkiste fanden sich unter der Asche ganz feine Goldfäden, die offenbar von einem Brokatgewebe herrühren und das Feuer des Scheiterhaufens überstanden haben. Außerdem lag in der Kiste ein kleines Schloßriegelchen. Auch beim Bau des der Eulenburg gegenüber gelegenen Eckhauses fand Herr Bauunternehmer Paul Schmidt im Jahre 1875 einen unversehrten römischen Steinsarg, in dem mehrere sehr schöne Gläser gewesen sein sollen.

Eine größere Strecke östlich von hier, hinter dem Gebäude der Wollgarnspinnerei in der Hermannstraße zeigte sich beim Fundamentieren der von Herrn Bauunternehmer Schwalb erbauten Häuser der Boden vielfach mit römischen Scherben durchsetzt. Gräber fanden sich nicht, während, wie im ersten Teile erwähnt worden ist, beim Bau der benachbarten Wollgarnspinnerei solche noch gefunden worden sind. Die römische Straße dürfte deshalb wohl zwischen diesen Baustellen und der Wollgarnspinnerei durchziehen. Irgend welche römische Fundamentreste haben sich an unserer Stelle nicht gefunden und sind auch nicht zu vermuten, denn soweit hat sich die römische Stadt gewiß nicht nach Norden hin ausgedehnt. Die hier gemachten Funde, römische Scherben, mehrere Münzen, drei der unten noch näher zu besprechenden römischen Aufsteckkämme und ein Stück grünlichen Glases von der Größe eines 2 Markstückes mit dem Kopfe einer alten Frau in Medaillonform werden also wohl zufällig hierher gekommene Abfälle sein. Das eben erwähnte Glasmedaillon ist ein recht interessantes Stück; es hat offenbar als Verzierung auf einem selbst ziemlich dünnwandigen Glasgefäße gesessen. Die Rückseite zeigt deutlich das entsprechende Stück dieses nicht ganz 1 mm dicken Glases. Auf diesem liegt eine ganz kreisrunde 4—7 mm dicke Glasplatte von 34—38 mm Durchmesser, über dieser erhebt sich dann ein geperlter Reif, aus dem der Kopf selbst etwa 9 mm hervortritt. Das Kinn tritt hinter dem stark eingezogenen Mund weit hervor, das Haar ist in der Mitte gescheitelt und wird durch einen Reif um die Stirne festgehalten. Das ganze hübsche Medaillon ist offenbar nicht gegossen, sondern aus weicher Glasmasse frei modelliert, man erkennt an den Haarlinien im Glas deutlich, wie der Verfertiger die Masse hin- und hergezogen hat.

Während an der Nordseite der Stadt die Richtung verschiedener römischer Straßen zwar vermutet, aber selbst die der Hauptstraße, der südlich der Stadt auf dem Tafelacker von Dörr und Reinhart aufgedeckten Thalstraße, wie angegeben, bis jetzt noch nicht durch Ausgrabungen hat sicher gestellt werden können, ist es an der Südseite der Stadt im letzten Frühjahre gelungen, außer der Thalstraße noch drei weitere römische Straßen wirklich aufzufinden und freizulegen.

1. Es war mitgeteilt worden, bei der Fundamentierung der früher Ernst'schen Malzfabrik an der Speierer Straße sei man auf eine Straße getroffen und habe dabei in dem Schutte zahlreiche Gefäßscherben gefunden. Ebenso teilte auch Herr Bauunternehmer Paul Schmidt mit, daß er beim Ausheben des Kellers für das nördliche Eckhaus an der nach dem Katterloch zu führenden Sackgasse (der Rosengasse gegenüber) eine Straße gefunden habe. Neben derselben wurde nach der Angabe des Herrn Schmidt ein Töpferofen mit einer Anzahl teils ganzer, teils zerbrochener Gefäße gefunden, deren Form Herr Schmidt jedoch nicht mehr in der Erinnerung hat, dabei aber auch eine Anzahl Köpfe von den bekannten kleinen weißen Thonpfeifchen. Die ersten Angaben lassen an einen römischen Töpferofen denken, allein die letzte Angabe widerspricht dem entschieden, wenn nicht etwa doch ein Irrtum vorliegt, und die Pfeifchen entweder nicht an derselben Stelle gefunden worden sind, oder gar nicht Köpfe von Pfeifchen, sondern Füße von Statuettchen u. dgl. waren. Da also doppelte Veranlassung zu einer Nachprüfung der Angaben vorlag, und durch die erwähnte Sackgasse eine solche auch möglich war, so ließ der Vorstand des Altertumsvereins in dieser Gasse neben dem Hause einen Graben ziehen. Wirklich wurde auch alsbald die gesuchte Straße in gut erhaltenem Zustande gefunden. Dieselbe liegt hier einen Meter unter der heutigen Oberfläche und hat eine Breite von 6 Meter. Die Straße ist ebenso hergestellt wie die im 1. Teile S. 42 beschriebene, auf dem Taselacker von Dörr und Reinhart aufgedeckte Straße; auch sie besteht aus in Lette gebetteter Betonmasse aus grobem Kies. Die Dicke des Straßenkörpers beträgt ungefähr 70 cm, die Erhöhung in der Mitte gegen die Ränder bis zu 25 cm. Der Schutt unmittelbar über und neben der Straße enthielt Scherben von römischen Gefäßen, Ziegelstücke und Tierknochen. Irgend welcher Anhalt bezüglich eines Töpferofens aber wurde nicht gefunden, und es muß deshalb vorerst noch dahin gestellt bleiben, was es mit dem von Herrn Schmidt gefundenen Ofen für eine Bewandtnis gehabt hat. Um nun die Richtung der gefundenen Straße genau festzustellen, wurde zunächst weiter südlich an dem Ausgange der Klostergasse nach derselben gesucht, aber vergeblich, man fand bis zu beträcht-

licher Tiefe nur aufgeschütteten Grund. Auch eine in der Promenadenstraße neben dem Hause des Herrn Kommerzienrat Eller vorgenommene Nachgrabung hatte keinen Erfolg. Man fand nur einen schön verzierten römischen Spielstein aus Knochen. Es blieb deshalb nur die Möglichkeit übrig, daß die Straße nicht parallel neben der heutigen Straße hinzieht, sondern dieselbe schneidet. Es wurde deshalb 100 Schritte südlich von der oben beschriebenen Fundstelle am Beginn des Pfannebecker'schen Wingerts im Bankette der Staatsstraße nachgegraben, und hier wurde die Straße auch alsbald gefunden. Es zeigte sich, daß die römische Straße in einem spitzen Winkel in die heutige Straße einläuft. Während an der ersten Fundstelle die Straße in ihrer ganzen Breite noch östlich vom heutigen Bankette liegt, reicht sie an der zweiten Stelle nur noch 1,15 m von Westen her in das Bankett herein. Die Tiefe unter der heutigen Oberfläche beträgt hier 1,41 m. Durch einen Graben im Bankette der Straße in der Nähe der Thüre des genannten Wingerts (40 Schritt südlich von der 2. Stelle) fand man in derselben Tiefe gerade noch den östlichen Rand der römischen Straße in einer Dicke von 30 cm. Denkt man sich die gefundene Straße in der durch die 3 Fundstellen nun genau bestimmten Richtung nach der Stadt zu verlängert, so trifft sie etwa in der Mitte der heutigen Stadt mit der in der Richtung der Mathildenstraße etwa ziehenden Thalstraße zusammen, während sie nach Süden verlängert genau auf den sog. alten Niedesheimer Weg trifft, der schnurgerade an der Rückert'schen Ziegelei vorüberführt, wo fortwährend römische Scherben, Ziegelstücke u. dgl. gefunden werden. Wenige Schritte weiter sind dann von Dr. Köhl die Teil I S. 34 erwähnten römischen Fundamentmauern, Stuckreste und andere römische Gegenstände gefunden worden.

2. Nur wenige Schritte westlich von der Speierer Straße wurde noch eine dritte von Worms nach Süden ziehende Straße aufgefunden. Dieselbe wurde zuerst beobachtet beim Bau des Hauses des Herrn Mechanikus Engel an der Promenadenstraße, und zwar behaupteten die Arbeiter, dieselbe ziehe von Osten nach Westen entlang der Promenadenstraße. Der Vorstand des Altertumsvereins erfuhr leider davon erst, als es bereits nicht mehr möglich war, die Angabe an der Baustelle selbst zu kontrollieren. Herr Engel gestatte jedoch be-

reitwilligſt in ſeinem Hofe neben ſeinem Hauſe einen Graben zu ziehen. Hier fand man denn auch wirklich 2,50 m unter der heutigen Oberfläche die Straße. Der hier ſtark anſteigende Boden erwies ſich als gewaltige Schuttaufhäufung. Eine vollſtändige Freilegung der Straße war in dem Hofe nicht möglich. Die Angabe, daß die Straße von Oſten nach Weſten ziehe, erwies ſich aber durch verſchiedene Nachgrabungen auf dem Gebiete der Wormatia als irrtümlich, es zeigte ſich, daß auch dieſe Straße nach Süden zog. Sie wurde noch an zwei eine größere Strecke auseinander liegenden Stellen freigelegt: erſt dicht an dem Bache ein paar Schritte nördlich von dem Kalkofen auf dem Gebiete der Wormatia und dann auf dem ehemaligen Tafelacker der Wormatia in der Nähe der Eiſenbahn, etwas nördlich von der Roſengaſſe. An der erſten Stelle liegt die Straße 1,66 m unter der heutigen Oberfläche und hat eine Breite von 5 m. Die Straße iſt 0,65 m dick und iſt abweichend von den beiden anderen Straßen durch eine förmliche Steinſtückung hergeſtellt. Im Graben an der Seite der Straße fanden ſich Spielſteine, Thon- und Glasſcherben und Ziegelſtücke. Durch die andere Fundſtelle etwas nördlich der Roſengaſſe wurde die Richtung der Straße genau beſtimmt. Dieſelbe muß hiernach mit der unter 2 beſprochenen Straße in der Mitte der Stadt etwa zuſammentreffen, während ſie nach Süden nach dem Kirſchgarten und dann am Rande des Eisbachthales in gerader Richtung weiterzieht etwas nördlich von Horchheim vorüber nach Offſtein, Eiſenberg, Kaiſerslautern. Vielfach iſt ſie als „Hochſtraß" und unter anderen an Römerſtraßen erinnernden Namen noch heute als Feld- und Nebenweg im Gebrauch. An der zuletzt erwähnten Fundſtelle liegt ſie ebenfalls 1,40 m unter der heutigen Oberfläche. Der Straßenkörper iſt hier 75 cm dick und aus Kies und Kalkſteinen hergeſtellt; neben demſelben läuft ein tiefer liegender, 1,45 m breiter betonierter Weg her. Neben dieſem, alſo im Chauſſeegraben, fand man Münzen, Scherben, Spielſteine, darunter 1 aus Blei.

3. Die dritte neu aufgefundene Straße endlich iſt eine Querſtraße, die von Oſten nach Weſten zieht. Sie wurde gefunden beim Ausgraben des Kellers für das von Maurer Gruhn

in der Speierer Straße dem Hause Nr. 34 gegenüber erbaute Haus. Sie ist noch nicht vollständig, sondern bis jetzt nur in einer Breite von 1,35 m freigelegt; sie ist ebenso wie die anderen Straßen hergestellt. Der Straßenkörper hat eine Dicke von 70 cm und liegt 1,55 m unter der heutigen Oberfläche. Eine Fortsetzung der Straße jenseits der unter Nr. 2 besprochenen Straße auf dem Taselacker der Wormatia konnte bis jetzt noch nicht aufgefunden werden.

Im Anschluß hieran haben wir nun noch die Orte des Umkreises unserer Stadt zusammenzustellen, in denen in den zwei letzten Jahren römische Funde gemacht worden sind, sowie einige frühere Funde zu erwähnen, die uns jetzt erst bekannt geworden sind. Wir halten uns dabei an die im ersten Teile gegebene Reihenfolge der Aufzählung:

1. **Weinsheim.** Abgesehen von bei der Rücker'schen Ziegelei gefundenen Bruchstücken wurden 2 römische Münzen, eine silberne des Augustus und eine Bronzemünze Konstantins, von hier ins Museum geliefert.

2. **Wiesoppenheim.** Bei der Ausgrabung des fränkischen Gräberfeldes dieses Ortes durch Herrn Dr. Köhl im Jahre 1878 fanden sich außer den im ersten Teile erwähnten Gegenständen auch Teile eines großen römischen Reliefs als Platten für ein fränkisches sog. Plattengrab verwandt. Auf der einen Platte ist ein Eber in raschem Laufe dargestellt, auf einer anderen nicht mehr erhaltenen war die hintere Hälfte eines Pferdes zu sehen.

3. **Horchheim.** In der Mitte zwischen Horchheim und der Pfeddersheim-Frankenthaler Straße, nur wenige Schritte von der oben erwähnten, hier vorüberziehenden römischen Straße entfernt, wurden in den letzten Wochen Überreste eines römischen Gebäudes, Ziegelstücke, auch ein wohlerhaltener quadratförmiger Ziegel und Gefäßscherben gefunden. Die Gewann heißt: „Auf der Platt", ein Name, der sehr oft an römischen Straßen vorkommt und mit dem römischen **platea** zusammenhängt. An der Teil I. S. 35 erwähnten Stelle wurde wieder eine kleine Silbermünze der **Julia Maesa** gefunden.

4. **Offstein.** Beim Bau der Bahn von Worms nach

Offstein fand sich ein mit Ziegeln umstelltes Grab, in dem sich
mehrere Thongefäße befanden. Auch kamen auf einer größeren
Strecke längs des Einschnittes der Bahn von der Werntz'schen
Mühle aufwärts römische Überreste, Sigillatascherben u. dgl. zum
Vorschein. Bei einem fränkischen Plattengrabe fand sich ein römischer
Mühlstein mit einem Durchmesser von 76 cm als Deckstein verwandt.

5. Bischheimer Hof. Schon beim Bau der Bahn von
Worms nach Alzey sollen hier römische Gegenstände, insbesondere
viele römische Münzen im Bachbette gefunden worden sein. Bei
den neuerdings deshalb angestellten Nachgrabungen fand sich eine
zerbrochene römische Heizungsröhre, eine Anzahl Scherben von
römischen Gefäßen und Ziegeln und eine der sogenannten
Melonenperlen.

6. Bermersheim. Vor etwa 20 Jahren wurde hier
östlich vom Orte an einer Stelle, in deren Nähe die von Dr. Köhl
bei Pfeddersheim aufgefundene römische Straße vorüberzieht, ein
Steinsarg gefunden, in dem verschiedene Gefäße gewesen sein sollen.
Der Altertumsverein ließ deshalb im vorigen Jahre an derselben
Stelle nachgraben. Es fand sich sogleich (2. März 1886) ein zweiter
Steinsarg von der gewöhnlichen Größe und Gestalt, vor dem die
beiden jetzt im Museum ausgestellten Dolien lagen, während im
Innern des Sarges sich bei der mit Kalk übergossenen Leiche
nicht weniger als 5 Glasgefäße fanden.

7. Eppelsheim. Nördlich von Eppelsheim, östlich von
dem Heppenheimer Wege, fanden sich zahlreiche Scherben von
Sigillatagefäßen. Die im ersten Teile erwähnten, im Paulus-
Museum aufbewahrten römischen Gegenstände von hier wurden
von Herrn Pfarrer Pauli 1821 auf einer römischen Begräbnisstätte nach Dintesheim zu aufgefunden.

8. Herrnsheim. Im Jahre 1885 fand ein Mann beim Graben
von Sand verschiedene römische Gegenstände, so ein kleines Bronze-
schüsselchen und ein Lämpchen. Auch sind im Museum zu Mannheim eine reitende Matrone und verschiedene andere Gegenstände,
z. B. ein geschnitzter Messergriff, als aus Herrnsheim stammend
bezeichnet, ohne daß jedoch Näheres über die Zeit und den Ort
der Auffindung angegeben werden könnte.

9. Osthofen. Bedeutendere römische Funde sind in den

letzten Jahren hier nicht mehr gemacht worden, nur eine schöne Silbermünze des Kaisers Nerva und eine Anzahl römischer Kupfermünzen wurden von hier ins Museum geliefert.

10. Rhein-Dürkheim. Eine kleine römische Urne von hier, sowie ein Fragment einer solchen befinden sich im Museum in Mannheim. (Nach freundlicher Mitteilung des Konservators, des Herrn Professor Baumann.)

11. Mettenheim. 1868 fand hier Herr Ökonom Günther in der Nähe der römischen Straße einen römischen Steinsarg, sowie die jetzt im Museum befindlichen beiden Votivsteine des Merkur. (Siehe Abschn. III.) Außerdem wurden hier wieder eine Anzahl römischer Bronzemünzen und eine schöne schwarze Schüssel gefunden.

12. Alsheim. Vor längerer Zeit wurden in einem fränkischen Plattengrabe ein (offenbar römischer) Stein mit Inschrift gefunden, später leider vermauert, so daß er vorerst wieder verloren ist. Im Verlaufe der letzten zwei Jahre sind wieder eine Anzahl römischer Münzen hier gefunden und dem Paulus-Museum überliefert worden. Wichtiger ist ein in der allerletzten Zeit gemachter Fund. An der Westseite von Alsheim neben der nach Dorndürkheim führenden Straße ist Herr Ökonom Balzhäußer beim Roden eines Ackers am Fuße der hier steil ansteigenden Höhe auf sehr ausgedehntes römisches Mauerwerk gestoßen. Der römische Ursprung des Mauerwerks ist nicht zu bezweifeln, da der Boden vollständig mit kleineren und größeren Bruchstücken von römischen Ziegeln durchsetzt war. Herr Balzhäußer hat mehrere Wagen voll derselben wieder im Boden begraben, andere liegen noch umher und zwar sind es meistens die bekannten großen Falzziegel, doch fehlen auch die schmalen gewölbten Deckziegel nicht. An einer Stelle fanden sich 5 der größten Ziegel zu einem mit Kalk ausgefüllten Kasten zusammengestellt, in dem noch durch den Kalk konservierte Reste eines Wespennestes stacken. Auch Brandspuren fanden sich im Boden. An sonstigen sicher römischen Gegenständen fand sich eine Haarnadel aus Bein von der gewöhnlichen Form, ferner ein Zängelchen aus Bronze und die Zunge einer kleinen Wage, gleichfalls aus Bronze. Was nun das Mauerwerk betrifft, so vermag der Verfasser leider, da es bis jetzt nur teilweise aufgedeckt worden ist, die ursprüngliche Bestimmung desselben noch nicht klar an-

zugeben. Wenn man von der heutigen Straße einige Schritte rechts in das Feld des Herrn Balzhäußer hintritt, sieht man an dem Anfange des Mauerzugs, dessen oberer Rand heute etwa 3 Fuß unter der Oberfläche liegt. Am Anfang scheint ein Thor gewesen zu sein, da Herr Balzhäußer hier die 2 quadratischen Sandsteinplatten fand, die er jetzt an den beiden Seiten seines Hofthores auf der Mauer liegen hat. Die aus Kalkstein hergestellte Mauer zieht dann über 12 m von Osten nach Westen. Ihr Fundament springt etwa 3 Finger breit vor, die obere Mauer hat eine Dicke von 60 cm und eine Höhe von 5 Fuß. Oben schneidet sie jedoch nicht gleich ab, sondern ist mit einer Art von Zinnen versehen, indem etwa 40 cm hohe und 98 cm breite Mauerteile mit 90 cm breiten Zwischenräumen wechseln. An der Nordseite der Mauer sitzen 2 ebenfalls 60 cm breite und 72 cm lange Mauerstücke scheinbar als Widerlager vor, von derselben Höhe wie die Mauer, wenn man von den Zinnen absieht. Die Mauer ist verputzt und sind in den Verputz auf der Südseite, also auf der den Widerlagern entgegengesetzten Seite, und auf den Zwischenseiten der Zinnen regelmäßige Fugen eingestrichen. An diese Mauer lehnen sich im Westen die Fundamente des eigentlichen Baues an. Gerade diese sind aber nur sehr unvollkommen aufgedeckt worden. Bloßgelegt ist nur erstens zum Teil eine 85 cm dicke auf der zuerst beschriebenen Mauer rechtwinkelig aufsitzende, sehr lange nach Norden ziehende Mauer. Das nördliche Ende derselben ist noch nicht aufgedeckt. An diese Mauer schließt sich erstens in der Fortsetzung der zuerst beschriebenen Mauer rechtwinkelig eine Mauer an, von der aber nur ein kleines Stückchen aufgedeckt wurde, ferner schloß sich in einer Entfernung von ungefähr 20 m eine mit dieser parallel laufende, jetzt herausgebrochene Mauer an. Diese Mauer, die der Verfasser nicht mehr selbst zu sehen bekommen hat, soll rot verputzt gewesen sein. Ob der erwähnten 85 cm dicken vorderen Mauer auch weiter westlich eine Parallelmauer entspricht und also ein vollständiges Viereck umschlossen war, hat noch nicht festgestellt werden können. In der Nähe der nördlichen Mauer wurden mehrere sehr große Quader von grauem Sandstein gefunden, von denen namentlich der eine eine Abnutzung zeigt, als wäre längere Zeit über ihn hingegangen worden, während ein anderer würfelförmiger an zwei entgegengesetzten Seiten je eine etwa Hand breite und 5 cm tiefe Nute hat. Um über die Bestimmung der Mauern und die Anlage des ganzen Gebäudes ins klare zu kommen, bedarf es vor allen Dingen noch einer genaueren Untersuchung des von den oben angegebenen Mauern umschlossenen Raumes, die hoffentlich von seiten des Altertumsvereins recht bald vorgenommen werden kann. Auffallend ist, daß bei dem sehr großen Umfange der Gebäudereste und der großen Menge von Ziegelstücken sonstige römische Überreste verhältnismäßig so außerordentlich wenige, daß insbesondere Sigillata= scherben und Münzen bis jetzt gar nicht gefunden worden sind.

13. Frettenheim. Aus diesem ein und eine halbe Stunde westlich von Alsheim auf der Höhe gelegenen Orte hat das Paulus=Museum kürzlich von Herrn Bürgermeister Kiefer daselbst einen Teil eines sehr interessanten römischen Denkmals, den unten näher beschriebenen Teil eines Jupiterdenkmals, erhalten. Über die Auffindung des Steines sowie sonstiger römischer Überreste teilte Herr Bürgermeister Kiefer dem Verfasser folgendes mit: In den fünfziger und sechziger Jahren habe man in der Nähe des Ortes vielfach zu Meliorationszwecken Erde abgefahren, dabei habe man an vielen Stellen zahlreiche Stücke von römischen Ziegeln, besonders aber auch von römischen Gefäßen, auch zahl= reiche Sigillatascherben mit in Formen gedrückten Figuren und römische Kupfermünzen gefunden. Auch sei man mehrmals auf Gräber gestoßen. Herr Kiefer wußte noch von dreien, von denen eins mit großen Ziegeln umstellt gewesen sei. Ferner sei er selbst und ebenso auch ein anderer Mann auf einen verschütteten, sehr regelmäßig ausgemauerten Brunnen gestoßen, der mit römischem Schutt ausgefüllt gewesen. Außerdem sei man in einiger Ent= fernung vom Orte im Felde auf Mauerwerk gekommen, doch wußte Herr Kiefer darüber nichts Näheres anzugeben. Den jetzt im Museum aufbewahrten Reiterstein fand Herr Kiefer vor etwa 20 Jahren schon in dem Garten hinter seinem Hause, den sein Vater sehr bedeutend abgefahren hatte, dicht unter der Oberfläche ohne weitere Bruchstücke des einstigen Denkmals. Ob sein Vater früher vielleicht solche gefunden, vermag Herr Kiefer nicht an=

zugeben. Jedenfalls geht aus den Mitteilungen hervor, daß auch an der Stelle dieses heute kleinen Dorfes eine nicht unbedeutende römische Niederlassung gewesen ist.

14. Hillesheim. Bei diesem von Frettenheim nur etwa eine Viertelstunde entfernten Orte ist vor mehreren Jahren das im Paulus-Museum aufbewahrte römische Kinderspielzeug, ein Hundchen aus Thon gebrannt, gefunden worden. In den letzten Wochen fand ein Mann auch an einer anderen Stelle, etwas westlich von der nach Norden (nach Dolgesheim) führenden Straße römische Aschenbestattungen mit Thon- und Glasgefäßen und mit Ziegeln umstellt.

14. Eimsheim bei Guntersblum. Hier wurde das Abschnitt III beschriebene römische Kapitäl in der Nähe eines verschütteten Brunnens gefunden.

⁓⁓⁓⁓

II.

Weitere Ausgrabungen
der römischen Thalstraße und in der Nähe derselben auf dem Gebiete der Firma Doerr & Reinhart.

Bei der Ausgrabung der in der Richtung der Mathildenstraße nach Süden ziehenden römischen Straße im Jahre 1884 war in der Weise vorgegangen worden, daß durch einige schmale Quergräben die Breite der Straße (etwa 5 m) bestimmt, dann aber durch einen Längsgraben an der Westseite der Straße dieselbe etwa 400 m lang verfolgt wurde. Die Inhaber der Firma Doerr u. Reinhart, die in bankenswertester Weise diese Ausgrabung zu gunsten des Paulus-Museums hatten vornehmen lassen, ließen dieselbe auch im Sommer 1885 noch fortsetzen. Es wurden zunächst an der östlichen Seite der Straße und zwar nach der Stadt zu mehrere Längsgräben gezogen, in benen wieder ähnliche Funde gemacht wurden, wie im Jahre vorher an der Westseite, eine größere Anzahl Spielsteine, Gefäßscherben, einige Münzen, ein halber Ring oder Reif aus Horn von etwa 5 cm Durchm. und Ähnliches. Darauf wurde, um die Bauart der Straße noch genauer festzustellen, ein etwa 2 m breiter Quergraben gezogen und die Straße in dieser Breite vollständig freigelegt. Dabei zeigte sich, daß die Straße an dieser Stelle wenigstens in römischer Zeit einmal etwa 30 cm erhöht worden ist, daß aber dieser erhöhte Straßenkörper lange nicht so solid hergestellt wurde, wie es bei dem unteren, älteren der Fall war. Während der obere aus allerlei Geröll ungleichmäßig zusammengesetzt ist und teilweise wenigstens ohne große Schwierigkeit mit der Picke durchbrochen werden konnte, bildet der untere eine sehr gleichmäßige und außerordentlich feste Betonmasse, die, wenn sie vollständig frei läge, als ganz vorzügliche Straße wieder benutzt werden könnte.

Gleichzeitig mit dieser Ausgrabung begann die Aushebung des Grundes für die Fundamente und Keller eines größeren Fabrikgebäudes auf demselben Gebiete und zwar einige Schritte östlich der römischen Straße, an dem den Tafelacker nach der Stadt zu begrenzenden Wege (Weiherwingertsweg). Man stieß hier auf die Fundamente eines größeren römischen Hauses mit Brunnen. Tafel II. 1 veranschaulicht dieselben, soweit sie bis jetzt aufgedeckt werden konnten. Hiernach bestand das Haus aus einem mit der Vorderseite nach Süden gerichteten, über 45 m. langen Bau und einem den Hof an der Ostseite abschließenden, rechtwinkelig auf jenen aufsetzenden Bau. Nach Westen schloß sich an den Hauptbau ein schmälerer Nebenbau an, dessen Fundament in einer Länge von etwas über 3 m aufgedeckt wurde. Nach Osten konnten die Mauerzüge leider nicht bis zu ihrem Abschluß verfolgt werden, doch scheint der rechtwinkelig aufsetzende Bau darauf schließen zu lassen, daß dieselben bis nahezu an das Ende aufgedeckt sind. Es ist beabsichtigt, die Mauerzüge nach der Nordseite hin in der hier vorüberziehenden Straße weiter zu verfolgen, doch hat dies leider bisher noch nicht geschehen können. Es muß deshalb auch zunächst dahin gestellt bleiben, ob die aufgedeckten Mauerzüge die Fundamente des eigentlichen Hauptgebäudes bilden, oder ob wir nicht, wie es dem Verfasser scheinen möchte, bis jetzt nur die südliche Hälfte der Hofraite aufgefunden haben, eine dieser im ganzen entsprechende nördliche Hälfte aber in der Weiherwingertstraße zu suchen ist. Wenn diese Annahme richtig ist, haben wir den Zugang zu dem Hause im Osten zu suchen. Hier haben wir dann wohl dem römischen Hause entsprechend hintereinander Atrium, Tablinum, Peristylium und Garten mit Brunnen, auf der Süd- und Nordseite von Wohn- und Schlaf- zimmern, sowie Wirtschaftsräumen umgeben. Ob diese Annahme richtig ist, muß, wie gesagt, dahin gestellt bleiben, bis durch weitere Nachgrabungen auch der nördliche Teil des Gebäudes festgestellt ist. Für unsere Annahme scheint der Umstand zu sprechen, daß gerade in den östlichen mit O bezeichneten Teilen sich eine größere Menge zum Teil bemalter Brocken von Wandverputz gefunden hat; auf einem z. B. erkennt man noch deutlich einen Vogel, andere sind einfarbig, rot oder weiß, oder sind mit Strichen verziert. Wir haben also, wie oben angenommen, hier jedenfalls Wohnzimmer zu suchen. Der Tfl. II 1 mit A bezeichnete Raum, der unserer Annahme nach dem Atrium des römischen Hauses entsprechen würde, hatte einen Bodenbeleg aus großen Ziegelplatten, von denen einige Militärstempel der 22. Legion trugen, die unten am Ende des 3. Abschnittes näher werden beschrieben werden. Die Platten waren sehr sorgfältig in Beton gelegt, dem wieder eine gestückte Kalksteinunterlage noch besondere Festigkeit verlieh. Ein solcher Plattenbeleg ist für das Atrium, das ja bekanntlich nach oben nur teilweise geschlossen zu sein pflegte, gewiß ganz angemessen. Es lag übrigens dieser Boden etwas tiefer als der wahrscheinliche Boden der anderen Räume, offenbar, um an dieser Stelle des Hauses die natürliche Ansteigung des Bodens auszugleichen. Über den Platten lag eine dichte Schichte von Asche und ver- kohltem Holz. In einem der westlichen Räume fand man einen eisernen Haken, ferner einen großen Bleibarren. Siehe Tfl. II. Nr. 4. Derselbe trägt die Inschriften DDD NNN (die 3 N ligiert), was wohl domini nostri tres aufzulösen und als eine Art obrigkeitlicher Stempel anzusehen ist. Außerdem steht auf dem Barren die Zahl CLXXV, wobei die letzte X und V ligiert sind. Mit dieser Zahl soll jedenfalls die Anzahl der römischen Pfunde bezeichnet sein, die der Barren wiegt. Nun wiegt derselbe genau

61½ K., das macht auf das Pfund 351 Gr. Das römische Pfund beträgt aber nach Hultsch, Griechische und römische Metrologie, nur 327 Gr., also 24 Gr. weniger. Wie in dem angeführten Werke im einzelnen nachgewiesen ist, ist die Beaufsichtigung der Gewichte im römischen Reiche sehr mangelhaft gewesen. Unter den zahlreich erhaltenen Gewichten sind viele, die bedeutend unter dem Normalgewicht bleiben, die leichtesten ergeben bloß 282,7 Gr. (also 44 Gr. zu wenig) für das Pfund, umgekehrt kommen auch solche mit Übergewicht vor. Nach dem dort Angegebenen ist indeß anderwärts nur ein Übergewicht von etwa 14 Gr. beobachtet, während wir bei unserem Stück ein Übergewicht von 24 Gr. anzunehmen haben, wenn nicht etwa in der Aufschrift ein Fehler vorliegt. 185 statt 175 würde das Richtige sein. Auch fanden sich in diesen Teilen des Baues ebenso wie an der Straße eine Anzahl römischer Kupfermünzen, die unten, soweit sie sich noch bestimmen lassen, zusammengestellt werden sollen. Von den Säulen des Peristyliums sind drei Säulenfüße mit Postament aufgedeckt worden. Dieselben standen noch auf ihrem ursprünglichen Standplatz, ungefähr 4 m von einander entfernt, so wie es auf dem Plane angegeben ist. Als Unterlage dienten 35 cm hohe Quader von ca. 75 cm im Quadrat. Der eine dieser Quader war ein wenig untermauert, die anderen saßen direkt auf dem Erdboden auf. Auf der oberen Seite des einen Quaders ist als eigentliche sichtbare Säulen-Unterlage eine Platte von 55 cm im Quadrat herausgearbeitet, während bei den anderen die Plinthen von 45 cm im Quadrat mit dem Säulenfuße vereinigt sind. Auf diesen Platten saßen dann glatte Säulen mit nach römischer Weise profilierter Basis auf. Siehe Tfl. II. Nr. 3. Erhalten ist von jeder der 3 Säulen nur das unterste Stück. Diese Stücke bestehen ebenso wie die die Grundlage bildenden Quader aus grauweißem Sandstein. Von den oberen Teilen der Säulen haben sich außer einigen unbedeutenden Splittern keine Reste vorgefunden, ebenso wie auch der sonstige Oberbau, von dem erwähnten Wandverputz abgesehen, vollständig verschwunden ist. Es muß hier nicht blos gründlich zerstört, sondern vor allem auch sehr gründlich ausgeraubt worden sein. Auf das erstere wiesen zahlreiche Brandspuren, größere verkohlte Balkenstücke und Asche, hin, auf das letztere aber das vollständige Fehlen aller Reste des ehemaligen Hausrates. Wir hofften deshalb, als der zu dem Hause gehörige Brunnen aufgefunden wurde, in diesem um so reichlichere Funde zu machen. Ist doch vor Jahren, wie im ersten Teile erwähnt worden ist, nur wenige Schritte weiter westlich auch in einem Brunnen eine große Schale aus versilbertem Kupfer mit getriebenen figürlichen Darstellungen gefunden worden. Doch war uns diesmal das Glück nicht gewogen. Der Brunnen wurde vollständig ausgegraben. Es fanden sich in der ihn füllenden Erde zwar mancherlei römische Scherben u. a. auch ein Zettelurecker, aber nichts von Bedeutung, insbesondere nichts von Metall, dagegen fand sich außerhalb in der Nähe des Brunnens ein schöner silberner, fränkischer Kinderarmring. Der Brunnen selbst war 7,30 m tief und mit schön behauenen Steinen ausgemauert, zum Teil aber eingestürzt. Die Steine waren so gesetzt, daß die Fugen der Längsseite in einer Spirale von unten bis oben hin verliefen. Unten im Wasser war eine Bütte eingesetzt, deren Dauben zum Teile noch erhalten waren. Die obere Einfassung des Brunnens bestand aus vier großen, je einen Viertelkreis beschreibenden Sandsteinen, die jetzt außerhalb des Museums neben einem der Steinsärge aufgestellt sind. Auch wird ein vollständiger Steinkranz der eigentlichen Ausmauerung des Brunnens im Museum aufbewahrt.

Außer diesen Fundamenten eines römischen Gebäudes wurden etwa 200 Schritte nordwestlich von der oben besprochenen Stelle vor dem Eingange zur Fabrik in der kleinen Wollgasse gleichfalls Überreste einer römischen Wohnstätte gefunden. Hier stieß man beim Ausgraben des Kellers für ein Arbeiterwohnhaus in den oberen Schichten auf allerlei mittelalterliche Gefäße, dann auf eine starke Schicht von Asche und verkohlten Gegenständen. In dieser Schicht fanden sich eine Anzahl von unzweifelhaft römischen Scherben z. B. einige Stücke von Sigillatagefäßen, Stücke von sog. Thränenkrügen, ferner eine kleine römische Kupfermünze des Konstantin und folgende wichtigere Gegenstände: zwei in einander stehende Bronzeschüsseln, ein Schröpfkopf aus Bronze, ein Bronzezängelchen und ein römischer Aufsteckkamm. Siehe Tfl. XIII 2. Die Bronzeschüsseln haben sehr stark durch das Feuer gelitten, insbesondere ist die äußere mit Steinen und Erde so sehr in eine Masse zusammengebacken, daß es unmöglich ist, die ganz mürbe gewordenen Stücke davon zu lösen. Die innere Schüssel ist zwar auch teilweise zerstört, konnte jedoch im Römisch-germanischen Museum zu Mainz nach Angabe des Herrn Direktor Lindenschmit wieder hergestellt werden. Sie hat oben einen Durchmesser von 26 cm und eine Höhe von 5 cm. Der schmale 1 cm breite Rand steht wagrecht ab. Die Schüssel ist auf der inneren Seite in der Weise etruskischer Spiegel durch eingravierte Figuren geschmückt, und zwar ist dieselbe Gestalt in freier Wiederholung auf die Bodenfläche und den Rand gezeichnet. Auf dem Rande kehrte sie wahrscheinlich viermal wieder, erhalten ist sie hier zweimal. Die Zeichnung ist roh und sehr eigentümlich. Siehe Tfl. II 2. Wir haben jedesmal nur ein Brustbild vor uns. Der Kopf der Figur ist bedeckt mit dem Pileus, das heißt, mit einem nach oben spitz zugehenden Filzhut ohne Krempe, wie er namentlich von Schiffern und Fährleuten getragen zu werden pflegte, weshalb er auch auf den alten Bildwerken für den Charon, den Fährmann der Unterwelt, und den Odysseus charakteristisch ist. Aber auch die Landleute pflegen ihn in etruskischem und spätrömischem Bildwerk zu tragen, ebenso auch Feuerarbeiter und überhaupt Handwerker. Der Körper der Figur ist durch die Umrißlinien und eine Anzahl zu je drei von oben nach unten gehender Linien wiedergegeben, die bei den Randfiguren gerade, bei der Bodenfigur (s. die Zeichnung) leicht gewellt sind. An der Stelle der Arme aber sind eine Art Flügel angedeutet, so daß man, wenn die Kopfbedeckung nicht wäre, an eine Engeldarstellung denken könnte. Bei der Flüchtigkeit der Zeichnung und dem Mangel weiterer Attribute muß der Verfasser, umsomehr da ihm ähnliche Darstellungen auf anderen Bildwerken nicht bekannt sind, die Bedeutung der Figuren zunächst unentschieden lassen. Es würde ihn freuen, wenn diese Zeilen etwa Veranlassung würden für eine annehmbare Deutung der Figuren von anderer Seite, oder auch nur für den Hinweis auf andere ähnliche Darstellungen.

Der Schröpfkopf stimmt genau mit dem Teil I Seite 127 angeführten überein. Den Aufsteckkamm, über den wir im folgenden noch zu sprechen haben, veranschaulicht die Zeichnung Tfl. XIII 2.

Römisches Mauerwerk fand sich an dieser Stelle nicht, sei es nun, daß es später ausgebrochen worden ist, oder daß wir es hier mit einem einfachen Holzbau ohne tieferliegende Fundamente zu thun haben.

Im Herbste des vorigen Jahres wurden auf dem Tafelacker mehrere etwa 1 Meter im Quadrat große Löcher ausgegraben. Auch bei dieser Gelegenheit stieß man sofort wieder auf die römische Schuttschichte. Es fanden sich ein Bleigewicht, 410 Gr. schwer, ungefähr von der Gestalt einer unten und oben zugespitzten Kugel, oben mit einem viereckigen tiefen Loch versehen, in dem offenbar der Henkel befestigt war, ferner ein Teller von grauer Farbe mit dem Stempel ANDEC OF. d. h. Andecari officina, eine Anzahl Sigillatascherben, darunter eine mit dem Stempel PLACIDVS, außerdem mehrere Spielsteine, darunter einer von Marmor und einer von Glas, eine sogenannte Melonenperle, endlich ein flaches Stück Knochen von 7 cm Länge und 3 cm Breite mit 2 runden Löchern und der Hälfte eines dritten. Das Stück ist unzweifelhaft römisch und zeigt, daß die Römer bei der Herstellung von Knöpfen und Spielsteinen aus Knochen schon genau ebenso verfuhren, wie noch heute verfahren wird, d. h., daß mit Hülfe eines Zirkelbohrers aus einem flachen Stücke Knochen die einzelnen Knöpfe ausgeschnitten werden. Unsere römischen Spielsteine aus Knochen zeigen denn auch alle den Aufsatz des Zirkels im Mittelpunkt. Etwas anders als ein bei der Herstellung von Knöpfen sich ergebendes Abfallstück dürfte unser Stück schwerlich sein, wenigstens gleicht es heutigen derartigen Abfallstücken vollständig.

Endlich wurde im vorigen Herbste an der östlichen Grenze des Tafelackers ein Fundament für einen Bau ausgehoben, und es zeigte sich auch hier wieder dieselbe Bodenbeschaffenheit wie an anderen Stellen dieses Feldes. Wenn irgend ein nicht römischer Gegenstand sich findet, so liegt er in der obersten Schichte der heutigen Oberfläche; gräbt man tiefer hinunter, dann wird der Boden hart, fast wie gewachsener Grund, bis man auf die eigentliche römische Schuttschichte kommt, die mit Geröll, Asche, Knochen u. a. vielfach durchsetzt, wieder ziemlich locker ist und sich leicht durchstechen läßt. An einer kleinen Stelle dieser Ausgrabung fand sich diese harte über der römischen Schichte liegende Decke nicht vor, sondern der Boden erwies sich bis in die Tiefe aufgelockert; an dieser Stelle fanden sich denn auch allerlei mittelalterliche Gegenstände, einige Töpfe, ein Stück einer Renaissanceofenkachel, ein kleines Beschlagstückchen u. a., während überall, wo in der beschriebenen Weise über der römischen Schichte eine feste Decke wahrzunehmen ist, und dies ist fast überall der Fall, sich auch keine Spur von jüngeren Gegenständen findet.

In der römischen Schichte nun stieß man hier auf Reste einer römischen Heizungsanlage, sog. Hypokausten, verschiedene aus Backsteinen aufgemauerte Säulchen mit Holzasche dazwischen. Ähnliche Heizungsanlagen sind auch anderwärts schon öfters aufgefunden worden. Bei vollständig erhaltenen Anlagen lag dann über den Säulchen der Boden des zu heizenden Raumes; mittels der bekannten, auch in Mariamünster gefundenen Heizungsröhren aber waren dann von dem Feuerungsraum aus Warmluftkanäle in den Wänden des Raumes hergestellt.

Die außerdem an der genannten Stelle noch gefundenen römischen Gegenstände sind folgende:

1) Eine Beißzange aus Eisen 17½ cm lang, den heute gebrauchten ganz ähnlich; stark verrostet.

2) Ein Messergriff, der in der Weise hergestellt ist, daß auf die Angel in Entfernungen von je einem halben Centimeter etwa Metallstege aufgelötet sind, zwischen die dann eine Holzeinlage eingesetzt ist, eine Arbeit wie sie ähnlich bei Schwertgriffen vorkommt.

3) Ein flaches Stück Knochen von der Gestalt eines Trapezes, unten leicht eingekerbt.

4) Ein 12 cm langes Stück Knochen von der Gestalt der schon erwähnten Aufsteckkämme, aber ohne daß die einzelnen Zinken schon ausgesägt wären.

5) Ein wirklich ausgesägter Aufsteckkamm, an dem einige Zinken ausgebrochen. Wir legen auf diesen Fund besonderen Wert und zwar deshalb, weil er den römischen Ursprung dieser Kämme bestimmt erweist. Dieselben scheinen anderwärts nur sehr vereinzelt vorzukommen. Lindenschmit bildet in seinen „Altertümer unserer heidnischen Vorzeit" Bd. II 11 IV 1—3 drei derselben ab, von denen zwei in Mainz unter römischem Bauschutte gefunden

worden sind. Der eine derselben befindet sich jetzt im Britischen Museum in London, der andere im Privatbesitz. Der dritte, dessen Fundort unbekannt ist, befindet sich jetzt im Museum zu Schwerin. Lindenschmit setzt hinzu (i. J. 1870): „Von gleichartigen Kämmen befindet sich einer aus Rheinhessen im Kabinet Sr. Königl. Hoheit des Großherzogs von Hessen, und einen andern, welcher zu Würzburg innerhalb der Stadt bei Erdarbeiten gefunden wurde, besitzt die Sammlung des historischen Vereins daselbst." In Worms haben sich diese Kämme in den paar Jahren seit Bestehen des Museums an verschiedenen Stellen der Stadt verhältnismäßig häufig gefunden, das Paulus-Museum besitzt deren jetzt bereits 11 und den Zinken eines zwölften. Wir bezweifelten deshalb lange den römischen Ursprung dieser Kämme, von dem uns nun die beiden letzten Funde, der in der kleinen Wollgasse und der auf dem Tafelacker, fest überzeugt haben. In beiden Fällen fanden sie sich in rein römischem Boden bei ausschließlich römischen Gegenständen.

6) Eine teilweise und zwei vollständig erhaltene Haarnadeln aus Bein.

7) Ein Fingerring aus Bronze.

8) Eine Austerschale.

9) Ein Stück eines rotgefärbten römischen Lämpchens.

10) Eine Anzahl Scherben von Sigillatagefäßen, zum Teil von sehr feiner Waare. Auf dem Stück einer Schüssel mit dem außen in großen Buchstaben erhöht ausgedrückten Stempel IANV F (Janus fecit) ist eine Jagd dargestellt.

11) Mehrere Spielsteine, darunter einer von Glas.

12) Ein Mühlstein von 45 cm Durchmesser mit viereckigem Loch in der Mitte, an der einen Seite stark abgenutzt.

13) Zwei Bronzemünzen, die eine mit der Umschrift Divus Augustus Pater, die andere nicht mehr genau zu bestimmen, wahrscheinlich von Cäsar.

14) Eine Bronzefibel mit schön ornamentiertem, halbkreisförmigem Rücken und ein Stück einer solchen. Haben auch die letzten Ausgrabungen auf dem Gebiete der Firma Dörr und Reinhart keine besonders hervorragende Funde geliefert, so haben sie doch wesentlich dazu beigetragen das Bild des römischen

4

Worms zu vervollständigen. Der Vorstand des Altertumsvereins fühlt sich deshalb der genannten Firma zu besonderem Danke verpflichtet, umsomehr, da die geehrten Herren Inhaber dieser Firma bereits ihre Bereitwilligkeit ausgesprochen haben, noch weitere Untersuchungen auf ihrem Gebiete vorzunehmen.

Am Schlusse des Abschnittes sollen nun noch, wie schon oben gesagt worden ist, die Münzen zusammengestellt werden, die bei den diesmaligen Ausgrabungen auf dem Tafelacker gefunden worden sind, zusammen mit denjenigen, die bei den Ausgrabungen bei Mariamünster und in anderen Teilen der Stadt und ihrer Umgebung gefunden worden sind. Die römische Abteilung der Münzsammlung des Paulus-Museums ist bereits eine so beträchtliche, daß die ganze Sammlung unmöglich hier eingehend behandelt werden kann. Schon in der ersten Abteilung vor zwei Jahren war darauf verzichtet und darauf hingewiesen worden, daß später ein besonderer Katalog der Münzsammlung bearbeitet werden soll. Hieran muß auch jetzt noch festgehalten werden, besonders da die Sammlung in den letzten zwei Jahren bedeutenderen Zuwachs von außen erhalten hat, so eine in Rheinpreußen zusammengebrachte Sammlung von römischen sog. Konsularmünzen (Silbermünzen), eine mehrere Hundert Stück umfassende in der Umgegend von Alzey zusammengebrachte Sammlung kleiner Kupfermünzen aus der späteren Kaiserzeit, eine Sammlung römischer Kupfermünzen aus Mainz u. a. Hier sollen bloß die in den zwei letzten Jahren im Gebiete der Stadt Worms und der nächsten Dörfer gefundenen und in das Paulus-Museum gekommenen Münzen zusammengestellt werden. Es pflegen aber in der hiesigen Gegend römische Münzen teils in Gräbern, teils in dem Schutte des aufgefüllten Bodens gefunden zu werden. Aber nicht bloß in römischen Gräbern, sondern mindestens ebenso häufig in fränkischen Gräbern werden römische Münzen gefunden. In den letzteren sind dann die Münzen gewöhnlich durchbohrt, da sie als Anhänger getragen wurden. Am häufigsten sind in den fränkischen Gräbern die Münzen der spätesten Zeit, des Konstantin und seiner Nachfolger. So ist z. B. zugleich mit den für das Paulus-Museum erworbenen zahlreichen fränkischen Funden aus Engers eine größere Zahl solcher mit diesen Gegenständen zusammengefundenen römischen Münzen in das Museum gekommen. Auch eine genauere Beschreibung der Münzen nach ihren Reversen muß dem späteren Katalog vorbehalten werden.

1. Die auf dem Tafelacker der Firma Dörr und Reinhart 1885—1887 gefundenen römischen Münzen.

Sämtliche diesmal gefundenen Münzen (25 Stück) sind Bronzemünzen, von denen leider die meisten durch Oxydation so gelitten haben, daß ihre Prägung nicht mehr mit einiger Bestimmtheit zu erkennen ist. Erkennbar sind:

2 Stück Augustus 31 vor bis 14 n. Chr. Mittelbronze 1) Divus
                            Augustus pater. 1) Caesar Pont. M. Rück-
                            seite Altar Rom. et Aug.

2   „   Antoninus Pius 138—161 n. Chr. 1) Großerz
                            1) Mittelerz, stark verwittert.

1   „   Faustina, Gemahlin des vorigen, Mittelerz.

1   „   Tetricus 268—273 n. Chr. Kleinerz.

1   „   Licinius 307—323 „   „   „

2   „   Constantinus II. 335—340 n. Chr., Kleinerz.

1   „   Magnentius 350—353 „ „   „

1   „   Valentinianus 364—375 „ „   „

2. Die bei den Ausgrabungen bei Mariamünster gefundenen Münzen.

Von den meist sehr stark oxydierten an das Museum abgelieferten Münzen (36 Bronzemünzen u. 1 Silbermünze) haben sich folgende noch bestimmen lassen:

1 Augustus 31 vor bis 14 n. Chr., Divus Augustus Pater, Großerz.

1 Nero   54—68 nach Chr.,   „

2 Vespasianus   69—79 „   „   „

2 Domitianus   81—96 „   „   „

1 Nerva   96—98 „   „   „

2 Trajanus   98—117 „   „   „

4 Hadrianus 117—138 „   „   „

2 Antoninus Pius 138—161 „   „ 1 Großerz und 1 kleine
                   Silbermünze, Kehrseite: Annona Aug.

4*

2 Faustina, die Gemahlin des Antoninus, Mittelerz.

3 M. Aurelius 161—180 nach Chr., 2 Großerz, 1 Mittelerz,
eine Consecrationsmünze Divus M. Antoninus
P(ater) P(atriae), Kehrseite auffliegender Adler und
die Umschrift Consecratio.

1 Faustina, die Gemahlin d. M. Aurel., Großerz.

9 Constantinus und seine Söhne, 8 Kleinerz, 1 Mittelerz.

1 Mag. Maximus 383—388 n. Chr., Kleinerz (sehr verwittert),
Kehrseite: Reparatio Reipub.

3. In anderen Teilen der Stadt Worms und der
nächsten Umgebung in den letzten 2 Jahren gefundene und dem Museum übergebene römische
Münzen.

Wir stellen dieselben hier nur deshalb möglichst kurz zusammen, um zu zeigen, wie zahlreich noch immer hier römische
Münzen im Boden gefunden werden:

1 silberne Konsularmünze, 3 v. Augustus, 1 Vespasianus,
1 Domitianus, 1 Nerva Großerz, 1 Nerva Silbermünze, 1 Tra-
janus, 1 Hadrianus Großerz, 1 Hadrian Silbern., 2 Antoninus
Pius, 3 Faustina die Gemahlin des Antoninus Pius, 1 Marc.
Aurelius, 1 Didius Severus Julianus, 1 Julia Soämias, die Mutter
Elagabals, 1 Julia Mäsa, die Großmutter Elagabals, (beide
Silbermünzen), 1 Alexander Severus, Silbermünze, 1 Gordianus
Silbern., 1 Trebonianus Gallus, Silbern., 4 Claudius Gothicus,
Kleinerz, 2 Tetricus, 2 Maximianus, 20 Constantinus und seine
Söhne (1 Crispus), 2 Licinius, 1 Magnentius, 1 Valentinianus,
1 Gratianus, 1 Theodosius und eine größere Anzahl nicht mehr
sicher zu bestimmender Münzen.

III.

Zusammenstellung
der seit Ostern 1885 in das Paulus-Museum gekommenen inschriftlichen Denkmäler und Skulpturen.

Wie oben S. 25 berichtet wurde, fanden sich bei der Ausgrabung südlich von Mariamünster an der „Gutleutbrunn" genannten
Stelle mehrere römische Grabsteine mit Inschrift, außerdem ein
Meilenstein und 2 Skulpturen: die obere Hälfte eines Grabsteines,
eine oben mit einem Kopfe verzierte Säule und ein kleines Hausaltärchen waren bei derselben Ausgrabung schon früher gefunden
worden. In Mettenheim wurde eine Weiheinschrift an den Merkur
zweimal aufgefunden; aus Kreuznach kamen ins Museum 2 Bruchstücke von Grabsteinen, ebendaher wurden für das Museum
mehrere bei Kreuznach gefundene Verwünschungstäfelchen (sog.
Defixionstäfelchen) aus Blei erworben, endlich wurden noch eine
Anzahl kleinerer Inschriften, Militärstempel und Töpferstempel
aufgefunden und ins Museum verbracht. Über den größeren Teil
dieser Funde wurde bereits in den Korrespondenzblättern der
Westdeutschen Zeitschrift Jahrg. 1885 berichtet, worauf hiermit
nochmals verwiesen wird.

Wir geben die Inschriften und ornamentierten Steine in
folgender, an die Aufzählung im ersten Teile sich möglichst anschließenden Reihenfolge.

    a. Grabdenkmäler und Teile von solchen.

    b. Verwünschungs-(Defixions)täfelchen.

    c. Votivsteine, Jupiterdenkmal, ornamentierte Steine.

    d. Ein Meilenstein.

    e. Kleinere Inschriften.

    a. Grabdenkmäler und Teile von solchen.

    1. Denkstein des Wachtsoldaten Aurelius Sabinus,
gefunden d. 18. Juli 1885 südlich von Mariamünster. Der aus

rotem Sandstein bestehende Grabstein hat etwa die Gestalt eines Quadrats von 93 cm und ermangelt jeglicher bildlichen Darstellung. Die Schrift zeigt regelmäßige, tief gehauene 5½ cm hohe Buchstaben. Die Höhe der ganzen Schriftfläche beträgt, abgesehen von dem für die oben stehenden Buchstaben D. M. verwendeten Raume, 53 cm. Der Stein war im Wasser mürbe geworden, zersplittert und in mehrere Stücke zerbrochen, konnte aber wieder zusammengesetzt werden, und ist die Inschrift bis auf die zwei letzten Buchstaben, die abgesplittert sind, vollständig erhalten.

Inschrift	Auflösung
D· M·	d(iis) m(anibus)
AVREL· VAPINO	Aurel(io) Vapino
CIRCITORI	circitori
AVREL·FLAVINVS	Aurel(ius) Flavinus
CONTVBERNALI	contubernali
SVO PRO FRATRE	suo pro fratre (sc. eius)
POSSV(it)	possu(it)

Den Schattengöttern! Dem Wachtsoldaten Aurelius Vapinus, seinem Zeltgenossen, setzte statt des Bruders desselben Aurelius Flavinus (den Denkstein.)

Über die circitores gibt der Militärschriftsteller Flavius Vegetius Renatus Aufschluß, der seine Epitoma rei militaris in 4 Büchern zwischen b. J. 384 und 395 dem Kaiser Theodosius I. widmete. Derselbe sagt III, 8. Idoneos tamen tribuni et probatissimos eligunt, qui circumeant vigilias, et renuntient, si qua emerserit culpa, quos circumitores appellabant; nunc militiae factus est gradus et circitores vocantur, b. h. die Tribunen wählen geeignete und bewährte Soldaten aus, die bei den Wachtposten umhergehen und jegliches Versehen melden; man nannte diese (Controleure) circumitores, jetzt ist eine militärische Charge daraus geworden, und man nennt sie circitores. Wenn diesem „jetzt" des Vegetius zu glauben ist, gehört unsere Inschrift etwa dem zweiten Teile des 4. Jahrhunderts an, während man nach der regelmäßigen und schönen Schrift geneigt wäre, sie der früheren Kaiserzeit zuzuweisen. Für die spätere Zeit spricht aber wohl auch der Umstand, daß die anderen an derselben Stelle zusammengeworfenen Steine deutlich den Charakter der spätesten römischen Zeit an sich tragen. Die circitores werden übrigens mehrfach inschriftlich erwähnt, z. B. CIL. III 6292, V 4100, 6784, 6999. Die Benennung „contubernalis Zeltgenosse" hat darin ihren Grund, daß die römischen Soldaten im Lager in Zelten mit Lederdecken lagerten und zwar so, daß allemal 10 Soldaten in einem Zelte zusammenlagen und ein contubernium bildeten. Orthographisch auffallend ist endlich noch die Form possuit statt posuit.

2. Denkstein des Panzerreiters **Valerius Maxantius**, gefunden am 20. Juli 1885 südlich von Mariamünster, grauer Sandstein mit bildlicher Darstellung des Reiters in einer rundbogigen Nische und Inschrift darunter. (Siehe Tfl. IV 2.) Die Höhe des Steines beträgt 144 cm, die Breite 64 cm, die Höhe der Bildnische 62 cm, die Breite 37 cm. Die Buchstaben der Inschrift haben verschiedene Höhe, die der drei ersten Zeilen sind 6 cm, die der zwei folgenden 5 cm, die der 3 letzten Zeile 7¹/₂ cm hoch. Die Buchstaben sind flach und schlecht gehauen.

M· D·	d(iis) m(anibus)
VAL· MAXANTIVS	Val(erius) Maxantius
EQ· EX· NVMER·	eq(ues) ex numer(o)
KATA· VIX· ANN·	kata(fractariorum) vix(it) ann(os)
XXXII· MES· VI	XXXII me(n)s(es) VI,
VAL· DACVS HER·	Val(erius) Dacus her(es)
F E C	fec(it)

Den Schattengöttern! Der Reiter Valerius Maxantius aus der Abteilung der Panzerreiter lebte 32 Jahre und 6 Monate. Sein Erbe Valerius Dacus ließ (den Grabstein) herstellen.

Die bildliche Darstellung zeigt den Reiter auf seinem Pferde mit zum Stich eingelegter Lanze. Der Kopf des Reiters läßt den Helm mit dem Wangenschirm, die Brust den Panzer deutlich erkennen. Der Stein stammt offenbar aus den letzten schweren Zeiten der römischen Herrschaft in unserer Gegend, also wohl aus dem 5. Jahrhundert und legt Zeugnis ab für den völligen

Verfall der alten Kunst im handwerksmäßigen Betriebe dieser Zeit. Die Zeichnung des Reiters und seines Pferdes ist steif und fehlerhaft, insbesondere läßt die der Beine allen Sinn für die Richtigkeit der Form vermissen. Der Stein bietet indessen noch einen besonderen interessanten Beleg für die Flüchtigkeit der Arbeit und die Unfähigkeit des Steinmetzen, der sie geliefert. Die beiden Buchstaben D. M., mit denen viele Grabsteininschriften beginnen, stehen wie gewöhnlich in den Ecken rechts und links über der Bildnische, aber in umgekehrter Reihenfolge und zwar so, daß das D die verkehrte Form, wie man sie im Spiegel sieht ꓷ, zeigt. Offenbar hat der Steinmetz das Bild mit den beiden Buchstaben mittels eines Brettes oder sonst wie auf den Stein aufgeklatscht, ohne zu bemerken, daß dadurch die Buchstaben ihre Stelle vertauschten und das D auch die umgekehrte Form bekam. Dieses konnte offenbar nur dann von dem Steinmetzen unbemerkt bleiben, wenn er die Buchstaben mechanisch nachmeißelte, ohne sie überhaupt zu kennen. Sachlich ist in der Inschrift von Interesse die Bezeichnung des Truppenteils des Val. Maxantius mit den Worten ex numer. kata. Die Bezeichnung einer kleineren Truppenabteilung (Cohorte, Turme) mit dem Worte numerus ist in der römischen Kaiserzeit sehr häufig und findet sich sowohl bei Schriftstellern als namentlich auch in zahlreichen Inschriften. Weniger sicher ist die Ergänzung des folgenden Wortes kata: wir haben es oben zu katafracti oder katafractarii ergänzt, ein von dem griechischen καταρράσσειν abgeleitetes Wort, das gepanzert bedeutet und von Reitern gebraucht wird, man vergl. z. B. Polyb. 16, 18,8. τὸν μὲν νεώτερον Ἀντίοχον — ἔθηκε κατὰ τὸ λαιὸν τῶν πολεμίων ἔχοντα τὴν κατάφρακτον ἵππον. Dieses Wort findet sich dann auch bei römischen Schriftstellern als eine Bezeichnung von römischen Auxiliartruppen. Diese waren nämlich nur teilweise nach römischer Art bewaffnet, die anderen hatten die landesübliche Bewaffnung ihres Volkes und wurden darnach auch benannt, z. B. sagittarii, scutati, contati; dahin gehört auch die Benennung catafracti. Dieselbe kommt schon für das Heer des Antiochus (also für das Jahr 190 v. Chr.) vor bei Livius 35, 48. (equites) loricatos, quos cataphractos vocant d. h. gepanzerte Reiter, welche man cataphracti nennt, und

Livius 37,40 tria milia cataphractorum equitum. Inschriftlich finden sich dieselben als römische Truppe erwähnt z. B. C. I. L. III. 99 ala nova firma miliaria catafract(orum) Philippiana, sowie für die Zeit des Antoninus Pius: Orelli 804, Praef. alae Gallor. et Pannonior. catafr. Die Brust unseres Reiters zeigt deutlich die Andeutung des Panzers; auf den fremden, nicht römischen Ursprung des besprochenen Wortes weist deutlich die unrömische Schreibweise mit k hin. Die oben angegebene Ergänzung darf deshalb wohl als sicher angesehen werden.

3. Denkstein des Reiters **Valerius Romanus**, gefunden Anfang Juni 1885, südlich von Mariamünster; roter Sandstein mit bildlicher Darstellung des Reiters in einer rundbogigen Nische und Inschrift darunter. Der Stein ist stark verwittert und nur teilweise erhalten, insbesondere fehlt der größere Teil der Inschrift. Die Höhe des erhaltenen Steines beträgt 1,20 m, seine Breite 53 cm, seine Dicke 15 cm. Die Bildnische hat an der linken Seite eine Höhe von 55, an der rechten aber von nur 45 cm, so daß also der Boden der Nische um 10 cm steigt. Die Höhe der Buchstaben beträgt 6¼ cm.

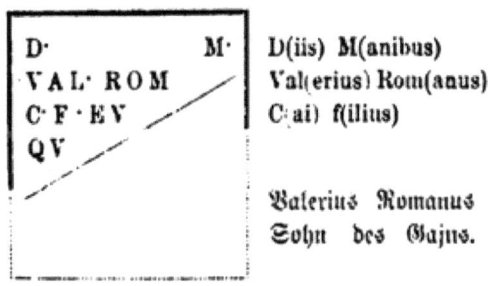

D·   M·   D(iis) M(anibus)
VAL· ROM   Val(erius) Rom(anus)
C· F· EV   C(ai) f(ilius)
QV

Valerius Romanus
Sohn des Gajus.

Erhalten von der Inschrift ist nur der obere Teil, die erste Zeile nahezu ganz, die Anfänge der zweiten und dritten Zeile. Erhalten sind außerdem zwei Steinbrocken, die einzelne Buchstabenzüge tragen, auf dem einen größeren XI und in der folgenden Zeile ein M, auf dem kleineren, der das linke untere Eck bildete, ein I und den ersten Strich eines A. Da diese Stücke jedoch keinen Anschluß an den eigentlichen Stein haben, so ist kaum etwas damit anzufangen. Das in der zweiten Zeile erhaltene EV ist

wahrscheinlich der Anfang des die Heimat bezeichnenden Wortes.
Der obere Querstrich des E ist übrigens so weit nach links verlängert, daß man auch et lesen könnte. QV in der dritten Zeile
ist dann wahrscheinlich der Anfang der Angabe über Lebensalter
und Dienstzeit des Reiters. Der Stein stammt aus der aller-
spätesten Zeit der Herrschaft der Römer in unserer Gegend, also
aus dem 5. Jahrh., wenn man überhaupt aus der Arbeit auf die
Zeit der Herstellung des Steines schließen darf. Die Zeichnung
der ganzen Figur des Reiters und seines Pferdes ist sehr fehlerhaft und roh, Lanze, Gürtel u. s. w. sind nur durch eingeritzte
Linien angedeutet. Wie die Zeichnung, so ist auch die Schrift
schlecht und nachlässig hergestellt. Von den am Kopfe des
ganzen Steines über der Bildnische stehenden Buchstaben ist das
M kaum noch als Buchstabe zu erkennen, aber auch die anderen
Buchstaben sind nur flüchtig eingeritzt.

4. Denkstein eines römischen Reiters, Inschrift leider nicht
erhalten, (Siehe Tfl. III a u. b) gefunden im Mai 1885 bei Maria-
münster; grauer Kalkstein mit einem weißen Überzuge und bildlicher Darstellung auf der Vorderseite und der rechten Schmalseite.
Von dem Steine ist, wie oben schon erwähnt, leider nur der
kleinere Teil erhalten, es fehlt außer dem unteren Teile mit der
Inschrift und dem unteren Teile des Pferdes, vielleicht auch eines
Germanen darunter, auch von dem oberen Stück an der für den
Beschauer linken Seite etwa ⅓ des Steines. Das erhaltene
Stück hat eine Höhe von 56 cm, eine Breite von oben 48, unten 56 cm,
eine Dicke von 40 cm. Die Tiefe der Bildnische beträgt 9 cm. Was
nun die bildliche Darstellung betrifft, so ist dieselbe weit besser als
auf den beiden vorher besprochenen Steinen. Der Reiter hat die
Lanze mit der rechten Hand hoch zum Stoße erhoben, das Gesicht
ist frei und gut gearbeitet, die anderen Teile des Kopfes deckt der
Helm, an dem insbesondere der hohe Stirn- und der gewellte
Wangenschirm von Interesse ist. In der linken Hand hält der
Reiter einen Rundschild, der noch deutliche Spuren roter Farbe
zeigt. An seiner rechten Seite trägt der Reiter ein hier sehr
schön und deutlich dargestelltes Schwert mit dem charakteristischen
breiten Knopfe an dem oberen Ende des Griffes und für das Fest-
sitzen der Finger geeigneten Vertiefungen in dem Griffe selbst. Einen

ganz ähnlichen Griff hatte nach den erhaltenen Überresten das-
bei Mariamünster gefundene Schwert. Der Pferdekopf ist
getreu und weit besser, als es auf vielen anderen Grabsteinen der
Fall ist, wiedergegeben. Auch das Sattelzeug ist genau angedeutet. Auf der rechten Schmalseite ist eine schreitende weibliche
Figur dargestellt, die ein zusammengefaßtes Schleiertuch wie einen
flachen Reif über den Kopf hält. (Siehe Tfl. III 1 b.) Was die
Figur eigentlich darstellen soll, ist um so schwerer festzustellen,
weil das Gegenstück auf der linken Schmalseite nicht erhalten ist.
Vielleicht sollte durch die beiden Figuren symbolisch Leben und Tod
dargestellt werden. Ob ähnliche besser erhaltene und deshalb
vielleicht leichter zu deutende Darstellungen auf anderen Grabsteinen vorhanden sind, ist dem Verfasser nicht bekannt.

5. Denkstein der beiden Brüder Severius Lupulus und
Severius Florentinus (Siehe Tfl. V 1), gefunden am
6. August 1885 bei Mariamünster, roter Sandstein, oben und
unten abgeschlagen, mit bildlicher Darstellung (Brustbildern) der
beiden jungen Männer und darunter befindlicher Inschrift. (Größte-
Höhe des erhaltenen Steines 72 cm, Breite 66—67 cm, Dicke
13 cm. Die Breite der Bildfläche beträgt 53 cm, die Höhe der
Figuren (bis an den Hals) 25 cm, vermutliche frühere Höhe
40 cm. Die Inschriften, deren Buchstaben eine Höhe von ungefähr 5 cm haben, ist bis auf die letzte Zeile gut erhalten. Da
sie sehr viele Ligaturen enthält, ist sie zugleich mit der bildlichen
Darstellung auf Tfl. V 1 genau nach dem Steine wiedergegeben-
worden. Sie lautet also mit Auflösung der Ligaturen:

```
SEVE· LVPVLO· IVENI· QVI
VI· AN· XXV· M·V·ET· SEVERIO
FLORENTINO· FRATER· Q·V·AN
XXII· M· X· NEGOTIAT· ET· CAVD·
LICONTIVS MATER· INFELIX QVE
SIBI· A FILIS· OPTAVE· FIERI CONT
RA   VOTVM   FILIS   MEM?
```

Seve(rio) Lupulo iu(v)eni, qui
vi(xit) an(nos) XXV m(enses) V et Severio

Florentino frat(e)r(i), q(ui) v(ixit) an(nos)
XXII m(enses) X, negotiat(ori) et caud(icario)?
Licont(ia)? Jus(ta)? mater infelix, qu(a)e
sibi a fili(i)s optave(rat) fieri contra votum fili(i)s mem(oriam posuit)?

Dem jungen Manne Severius Lupulus, der 25 Jahre und 5 Monate lebte, und seinem Bruder Severius Florentinus, der 22 Jahre und 10 Monate lebte, einem Kaufmanne und Schiffer (?) hat Licontia Justa (?), die unglückliche Mutter, die für sich dies von ihren Söhnen gewünscht hatte, gegen ihren Wunsch als ihren Söhnen den Denkstein gesetzt.

Die Inschrift ist, wie gesagt, bis auf die unterste Reihe ziemlich gut erhalten, nur daß sich auf dem ziemlich weichen Steine einige kleine Vertiefungen und Beschädigungen eingestellt haben, die einige Buchstaben und Punkte undeutlich machen. Von dem Steine ist das untere ehedem im Boden steckende Stück so abgebrochen, daß der Bruch wie es scheint, die letzte oder zweit-letzte Schriftreihe in der Mitte durchschnitten hat, so daß von den meisten Buchstaben dieser Reihe nur die obere Hälfte er-halten ist. Die Inschrift stammt jedenfalls auch aus später Zeit, worauf nicht bloß die bildliche Darstellung, sondern auch z. B. der fälschlich gesetzte Nominativ frater statt des Dativs fratri oder vielleicht der barbarischen Form frateri hinweisen. Schwierig-keit bereiten nur die nach negotiat(ori) und folgenden Buchstaben CAVDLICONTIVS. Ein Wort kann dies wohl nicht sein, denn es würde nicht nur die deutliche Nominativform statt des Dativs auffallend sein, sondern, was die Hauptsache ist, mit diesem Worte ließe sich kein Sinn verbinden, da es kein lateinisches Wort ist. Man erwartet jedenfalls, daß neben negotiat(ori) das durch et angefügte Wort auch einen Beruf oder eine Stellung bezeichnen soll. Herr Professor Mommsen, an den sich der Verfasser wandte, hat deshalb vorgeschlagen, caudicario zu ergänzen. caudicarii oder codicarii mit und ohne das Wort navicularii Frachtschiffer, Rheder werden auch sonst inschriftlich und z. B. im Cod. Theod. erwähnt. Wir hätten also in unserem Severius Florentinus, wie wir oben übersetzt haben, einen Kaufmann und Besitzer eines Rheinfrachtschiffes. Die übrig bleibenden Buchstaben der folgenden Reihe werden wohl am besten als Namen der Mutter gefaßt, natürlich müssen aber dann noch Abkürzungen vorliegen, etwa Licont(ia) Jus(ta), wie es z. B. in einer Inschrift bei Wilmanns 1564 heißt indices fecit Maria Justa mater filio pientissimo. Auffallend bleibt der sonst nicht vorkommende Familienname (nomen gentilicium) Licontia. Auch das Fehlen des Punktes hinter Licont. und die Verkürzung des I lassen die Vermutung als gewagt erscheinen, und führen wir sie nur in Ermangelung jeder anderen Erklärung des Wortes an. In der letzten Zeile ist nach filiis jedenfalls ein regierendes Verbum, also etwa posuit oder fecit zu ergänzen, wenn etwa die jetzt letzte Zeile ursprüng-lich die zweitletzte gewesen und das zu ergänzende Wort, wie so oft, die letzte Zeile gebildet hat. Die Brustbilder der beiden in der Überschrift genannten jungen Männer befinden sich in ziemlich hohem Relief über der Schriftfläche. Beide sind ganz gleich dar-gestellt, jeder trägt in der aus dem mantelartigen Gewand hervor-ragenden rechten Hand eine in der Mitte durch den Druck der Hand etwas zusammengedrückte Rolle (Buchrolle). Durch die obere Verletzung des Steines sind die Köpfe leider abgebrochen, doch hat sich in einiger Entfernung ein Kopf aus demselben Steine gefunden, der der Arbeit und auch so ziemlich der Bruchfläche nach auf den Hals des einen Jünglings paßt. Wenn dieses Stück, wie auf der Zeichnung angenommen ist, wirklich zu unserem Steine gehört, so war derselbe oben in der Form eines flachen Giebels abgeschrägt.

6. Denkstein der Fausta Julia, gefunden am 27. Juli 1885 südlich von Mariamünster, roter Sandstein mit der bildlichen Darstellung einer jungen Frau in einer nach oben rund ab-schließenden Nische und mit Inschrift darunter. Höhe des Steines 97 cm., Breite 56 cm, Dicke 16 cm, Höhe der Bild-nische 44 cm, Breite 36 cm. Höhe der Buchstaben 5½—6 cm. (Siehe Tfl. III 2.) Die Inschrift lautet:

D·	M·	diis manibus.
FAVSTAE· IV·		Faustae Juliae (?)
INFFELI· QVE		infeli(cissimae) qu(a)e
VIXI· ANNOS		vixi(t) annos
XXVII· ET· M·		XXVII et m(enses)
IIII DIES XX		IV dies XX

Den Schattengöttern! Der unglücklichen Fausta Julia, welche lebte 27 Jahre und 4 Monate 20 Tage.

An dem Brustbilde der Verstorbenen fällt hauptsächlich der ungewöhnlich lange Hals und ein eigentümlicher Kopfschmuck auf, der wohl einen breiten Aufsteckkamm vorstellen soll. Die Arbeit ist gering und dürfte darnach der Stein wohl aus derselben Zeit stammen wie die vorher besprochenen. Von der Inschrift stehen die beiden Buchstaben D. M. über der Bildnische in den Ecken rechts und links. Die Ergänzung des zweiten Wortes der ersten Reihe ist unsicher. Der Verfasser glaubte in dem IV der Inschrift einen zweiten Namen suchen zu müssen, etwa Juliae oder Juniae, umsomehr da der Name Julia Fausta auch sonst vorkommt, siehe z. B. Wilmanns Exempla inscr. lat. 421, wo unter den Inschriften einer Urne angeführt ist: Felicula Juliae Faustae | delicium . v. a. VIIII. Er ist sich jedoch wohl bewußt, daß dann nicht nur die Abkürzung des eigentlichen Namens, sondern auch die Stellung desselben hinter dem Beinamen, dem cognomen, höchst auffallend ist. Man könnte IV vielleicht zu iuveni ergänzen, da ja iuvenis vereinzelt auch im Sinne von Jungfrau vorkommt, und es würde z. B. gleich die vorige Inschrift hierfür sprechen, in der auch zum Namen iuvenis in Apposition hinzugesetzt ist. Der Verfasser hat in der That lange geschwankt, für welche Ergänzung er sich entscheiden sollte: wenn er sich, wie oben angegeben, entschied, so bestimmte ihn dazu, daß iuvenis im Sinne von Jungfrau doch immerhin ungewöhnlich und die Abkürzung iu. für iuveni eine sehr auffallende sein würde, daß sich dagegen wenn man die Zeit berücksichtigt, aus der die Inschrift wahrscheinlich stammt, die ungewöhnliche Stellung der Namen wohl daraus erklärt, daß durch diese Stellung der eigentliche Rufnamen, der ja zur Bezeichnung von Frauen oft auch allein steht, an die Spitze getreten ist. Die Abkürzung des zurückgetretenen Namens ist dann wohl kaum auffallender als die folgenden: infeli für infelicissimae, que für quae und vixi für vixit. Die Inschrift scheint übrigens des Schlusses zu entbehren, der etwa gelautet haben könnte her. tit. pos. d. h. ließ der Erbe diesen Grabstein setzen. Da der Stein auffallend glatt nach unten abschließt, so daß der Bruch als solcher am Stein nicht bemerkbar ist, so ist vielleicht anzunehmen, daß der Stein unten einen Sockel hatte, auf dem die letzten Worte der Inschrift standen, daß also der Stein gerade über dem Sockel gebrochen ist. Es ist dies ja auch deshalb wahrscheinlich, weil sonst die am untersten Rande stehende Inschriftzeile, sobald der Stein aufgerichtet worden wäre, gar nicht hätte gelesen werden können.

7. Teil eines Grabdenkmals mit der bildlichen Darstellung einer Frau und eines Mädchens, wahrscheinlich einer **Mutter und ihrer Tochter**, (Siehe Tfl. IV 1), gefunden am 23. Juli 1885 südlich von Mariamünster, grauer Sandstein, Höhe 75 cm, Breite an der Basis 72 cm, oben 22 cm, Dicke 21 cm; das kreisförmige Medaillon mit den beiden Figuren hat einen Durchmesser von 48 cm und ist von einem erhabenen, 4,5 cm breiten Rande umgeben.

Wie die angegebenen Maße zeigen, hat der Stein die Gestalt einer oben abgestutzten Pyramide. Dieselbe hat wahrscheinlich einen spitzen Abschluß nach oben nicht gehabt, da der Abschnitt so regelmäßig ist, daß er kaum durch zufälligen Bruch entstanden sein kann, war vielmehr so, wie sie jetzt ist, in die Vorderseite eines größeren Denkmales eingefügt. Quader von demselben grauen Sandstein, aber ohne Verzierung und Schrift fanden sich mehrere in nächster Nähe, ebenso der oben schon erwähnte Steinbrocken mit einem 10 cm hohen sehr schön gehauenen A. Möglicherweise stammen diese Steine alle von demselben Denkmale. Dasselbe scheint nicht, wie fast alle vorher besprochenen Denksteine der spätesten römischen Zeit anzugehören, denn, während wir bei verschiedenen von diesen die Arbeit als eine äußerst flüchtige, rohe und des künstlerischen Sinnes ganz entbehrende bezeichnen mußten, freuen wir uns hier eine Skulptur vor uns zu haben, die, wenn auch gerade nicht besonders feine, doch sorgfältige Ausführung und vor allem noch künstlerischen Geschmack erkennen läßt. Auf der Mitte der Pyramide ist ein kreisrundes Medaillon ausgehauen, in dem sich die Büsten der Mutter und Tochter befinden. Leider sind die beiden Figuren etwas beschädigt, ist insbesondere das Gesicht der Tochter zum größten Teile abgesplittert, während der obere Teil des Kopfes mit dem Haupthaar gut erhalten ist. Das Bild der Mutter ist im ganzen besser erhalten. Die Haare der- selben sind regelmäßig geordnet: das Oberkleid schließt schräg über die Brust, so daß der rechte Arm frei bleibt, mit einem breiten Streifen ab. Das zur Rechten der Mutter sich befindende Bildnis der Tochter ist kleiner, es reicht nur bis etwas über die Schulter der Mutter. Die Haare derselben sind gleich- falls sorgfältig gearbeitet und auf dem Scheitel durch eine rosettenförmige Verzierung zusammengehalten. Längs der Schläfen fallen Locken bis auf die Schultern herab.

8. Teil eines Grabsteines mit bildlicher Darstellung, (Siehe Tfl. VII 2) gefunden bei Kreuznach, roter Sandstein, Breite 48 cm, Höhe 30 cm. Der größere Denkstein, von dem dieses Stück stammt, hat sich offenbar ganz geblättert, unser Stück ist ein Teil der Bildnische, die sich in einer so dünnen Schichte abgelöst hat, daß nur die bildl. Darstellung sich loslöste, der Hintergrund aber zurückblieb. Unser Stück zeigt eine gut gearbeitete bis unter die Brust dar- gestellte bekleidete männliche Gestalt, die mit der linken Hand ein Kästchen oder Körbchen, auf dem Trauben liegen, umfaßt hält. während die rechte Hand mit dem Daumen und Zeigefinger eine Beere abbricht. Der Kopf und der obere Teil des rechten Armes fehlen,

9. Teil eines Grabsteines mit Inschriftfragment, gefunden bei Kreuznach, roter Sandstein, Höhe der schön gehauenen Buch- staben 5 cm. Erhalten ist nur:

TVTIN
O S

10. Teil eines Grabsteines, ebenfalls aus Kreuznach, auf dem von der Inschrift erhalten ist:

A P A
T I V S

11. Die Platten eines an der Schillerstraße gefundenen fränkischen Plattengrabes sind durch Querspaltung aus einem sehr breiten und dicken römischen Grabsteine oder Denkmale hergestellt, wie die Buchstabenreste auf der Schmalseite zweier Platten zeigen. Die Höhe dieser Buchstaben beträgt 8 cm, es ist also eine sehr große Schrift, die Breite der Schriftfläche hat mindestens 95 cm, wahrscheinlich aber, nach dem vorhandenen Wolfsloch zu schließen, etwa 115 cm betragen. Die Dicke des Steines hat nach der jetzigen Platte 68 cm vielleicht aber auch noch etwas mehr betragen. Auf der Schmalseite der einen Platte steht: CLI· FIL· MERII, auf der anderen sieht man nur die obere Hälfte mehrerer Buchstaben, so von CON.

b. 6 Beschwörungstäfelchen aus Blei, sogenannte Defixionstäfelchen, gefunden 1885 bei Kreuznach.

Im Sommer des Jahres 1885 erwarb das Paulus-Museum 2 beschriebene Bleitäfelchen, die beide bei Kreuznach in einer römischen Urne zusammen mit zwei Bronzemünzen des Kaisers Vespasian gefunden worden waren. Es sind dies die unten mit Nr. 1 u. 2 bezeichneten Täfelchen. Dieselben wurden zu einer fingersdicken Rolle zusammengerollt gefunden und von dem Finder aufgerollt. Da dies ohne die nötige Vorsicht geschah, hat dabei die Schrift namentlich von Täfelchen 2 stark notgelitten. Nicht lange nach diesem Erwerb bekam das Museum noch 4 weitere kleinere, beschriebene Bleitäfelchen, die unten mit Nr. 3—6 bezeichnet sind. Zwei von diesen, Nr. 5 und 6, sollen auf demselben Grundstücke im Boden, die beiden anderen, Nr. 3 und 4, an anderer Stelle in der Nachbarschaft gefunden worden sein. Täfelchen 6 ist leider so zerstört, daß man nur noch einzelne Buchstaben, aber kein zusammenhängendes Wort mehr darauf zu erkennen vermag: es soll deshalb auch dieses Täfelchen hier nicht weiter behandelt werden. Ähnliche Täfelchen aus Blei, seltener aus Bronze, auf denen Namen zusammen mit Verwünschungen stehen, haben sich bereits in größerer Zahl gefunden, und zwar sind die meisten derselben in griechischer Sprache geschrieben. Als die

selben im Jahre 1863 von C. Wachsmuth im Rheinischen Museum
eingehend behandelt wurden, waren im ganzen bekannt:
21 griechische, darunter 15 in einem Tempel in Cnidus gefundene,
4 lateinische und 1 oskisches. Inzwischen sind noch einige weitere
dazu gekommen. Marquardt verzeichnete 1878 im 3. Bande seiner
Römischen Staatsverwaltung S. 110 noch 3 griechische, 3 lateinische
und 1 oskisches. Alle diese Täfelchen stammen aus den Mittelmeer=
ländern, aus Italien, Griechenland, Afrika. Ein 1865 auf der
römischen Begräbnisstätte bei Bregenz gefundenes und auf beiden
Seiten beschriebenes Bleitäfelchen hat Professor Zangemeister in
den Mitteilungen der österreichischen k. k. Centralkommission 1882
(N. F. VIII) Seite 57 u. 58 behandelt. Weitere Funde aus den
zum römischen Reiche gehörigen Teilen Deutschlands sind bis
jetzt nicht bekannt; die 6 Täfelchen des Paulus = Museums sind
deshalb von besonderem Werte. Der Verfasser glaubte darum
auch auf eine vorläufige Behandlung derselben in dieser Übersicht
der Erwerbungen des Paulus = Museums nicht verzichten zu
dürfen, obwohl es ihm bis jetzt leider nicht gelungen ist, die zum
Teil stark beschädigten Täfelchen vollständig zu entziffern. Immer=
hin läßt sich auch bereits aus dem bis jetzt Erkannten der wesent=
liche Inhalt und die Bestimmung der Täfelchen deutlich erkennen.
Dieselben sollen deshalb hier in der Weise mitgeteilt werden, daß
auf den Tafeln XIV—XVI eine Abschrift der Schriftzüge
der Täfelchen gegeben wird, während dieselben hier, soweit es bis
jetzt möglich ist, in gewöhnlicher Schrift zugleich mit einigen er=
läuternden Bemerkungen wiedergegeben werden sollen. Herr
Professor Zangemeister in Heidelberg, mit dem sich der Verfasser
über die Täfelchen besprochen hat, ist demselben bereits bei der
Entzifferung einiger Worte behülflich gewesen und hat zugleich
in freundlichster Weise in Aussicht gestellt, sobald es seine Zeit
erlaube, sich näher mit den Täfelchen zu befassen und dieselben
dann eingehend in der Westdeutschen Zeitschrift zu behandeln.
Hoffentlich gelingt es dann dem geehrten Herrn Professor, dem
wir die Entzifferung so vieler Inschriften schon verdanken, das
bis jetzt noch Unverständliche zur vollständigen Klarheit zu bringen.

Bevor wir im einzelnen näher auf die Täfelchen eingehen,
wollen wir zunächst im allgemeinen einiges über dieselben be=

merken. Die Täfelchen und ihre Inschriften verdanken ihre Entstehung dem einst weit verbreiteten Aberglauben, daß man eine andere Person dem Verderben und dem Tode weihe, wenn man ihren Namen mit einer ausdrücklichen Verwünschungsformel oder auch bloß ihren Namen an Orten niederlege, wo die unterirdischen Götter herrschen, meist in einem Grabe, aber auch in einem Heiligtum der Demeter oder in heißen Quellen. (Siehe Zangemeister im Hermes XV, 1880, p. 594.) Eine bestimmte Beziehung desjenigen, gegen den der Zauber gerichtet ist, zu dem Toten braucht dabei nicht vorzuliegen, wie schon Wachsmuth in der angeführten Abhandlung gezeigt hat. Man glaubte vielmehr, daß einfach durch das Zusammensein eines Namens mit den Überresten eines Toten die mit dem Namen bezeichnete Person gleichfalls den Göttern der Unterwelt geweiht und in das Reich des Todes hinabgezogen werde. Allbekannt ist der klassische Beleg für diesen Aberglauben bei Tacitus Annal. II 69, wo es in der Erzählung vom Tode des Germanicus heißt: et reperiebantur solo ac parietibus erutae humanorum corporum reliquiae, carmina et devotiones, et nomen Germanici plumbeis tabulis insculptum, semusti cineres ac tabe obliti, aliaque maleficia, quis creditur animas numinibus infernis sacrari, und wirklich fand man im Boden und in den Wänden aus Gräbern ausgegrabene Überreste menschlicher Leichen, Zaubersprüche und Beschwörungsformeln und den Namen des Germanicus auf bleierne Täfelchen eingeritzt, halb verbrannte und mit Verwesung bedeckte Asche und andere schändliche Dinge, wodurch man, wie geglaubt wird, die Lebenden den Gottheiten der Unterwelt weihen kann. Die für dieses Verwünschen und Weihen den Gottheiten der Unterwelt üblichen lateinischen Verba sind obcanto, obligo, commendo, demando, devoveo, defigo, auch defero und do, die letzteren auf unsern Täfelchen. Nach dem Worte defigo, das hier in dem Sinne von festbannen, zaubern gebraucht ist, pflegt man die Täfelchen Defixionstäfelchen zu nennen, griechisch heißen die defixiones καταδεσμοι oder καταδέσεις. Die Defixionen sind, wie bereits bemerkt wurde, an die unterirdischen Gottheiten gerichtet; wir finden in denselben ausdrücklich die dii inferi, die dii Manes, beide auf unseren

5*

Täfelchen, oder auch einzelne Gottheiten den Dis pater u. a. erwähnt. Da es sich bei diesem Zauber vor allem um das Verzeichnen der Namen handelt, so stehen die Namen auf manchen konstruktionslos im Nominativ, so z. B. auf dem erwähnten, von Zangemeister behandelten Täfelchen von Bregenz, so auch, wie es scheint, teilweise unten auf Täfelchen 2. Ja die Namen sind einfach in Form eines Verzeichnisses ohne jegliches Verbum auf unserm ersten Täfelchen gegeben, zu dessen Betrachtung wir nun übergehen.

Das 1. Täfelchen hat eine Länge von 101—105 mm, eine Breite von durchschnittlich 72 mm und eine Dicke von ungefähr 1 mm. Im einzelnen ist seine Gestalt aus der Abschrift auf Tafel XIV a u. b zu ersehen. An der linken Seite gut 2 cm vom unteren Rande und auf der rechten Seite ebenso weit von dem oberen Rande entfernt ist die Tafel mit einem etwa 7 mm langen Einschnitte versehen, vielleicht um eine Schnur durchzuziehen. Das Täfelchen war, wie oben angegeben, zusammengerollt: dadurch hat das Blei auf der Außenseite in 4, auf der Innenseite in 3 quer über die Fläche ziehenden Streifen zahlreiche kleine Risse bekommen, durch die die Schrift teilweise zerstört ist. Es sind diese Risse auf der Tafel durch kleine Striche angedeutet. Beschrieben ist das Täfelchen auf beiden Seiten. Auf der Außenseite stehen nur von unten nach oben die Worte: Inimicorum | nomina ad inferos (etwa deferuntur), die Namen der Feinde für die Götter der Unterwelt. Diese Worte bilden die Aufschrift des auf der Innenseite stehenden Verzeichnisses und sind dort an der Spitze desselben wiederholt. Auf der Außenseite sind sie offenbar erst, nachdem das Täfelchen bereits zusammengerollt war, eingeritzt worden; daher stehen sie quer und füllen gerade den Raum von einem Buge zum anderen. Auch erklärt sich daraus, daß die Schrift hier unsicherer ist als auf der Innenseite. Es war diese Seite des Täfelchens übrigens teilweise schon früher einmal beschrieben. Von dem Buchstaben o des Wortes nomina an sieht man Überreste einer stark schräg nach unten gehenden älteren Schriftreihe, die jedoch soweit getilgt ist, daß nur die Buchstaben lum noch deutlich zu erkennen sind. Auch unter inferos erkennt man noch Überreste einer zweiten älteren Schriftreihe.

Die innere Seite ist von oben nach unten mit 19 Zeilen beschrieben, außerdem ist quer an der rechten Seite noch eine 20. Zeile hinzugefügt. Die Inschrift lautet, soweit bis jetzt entziffert:

1. inimicorum nomina
2. Optatus Silouis ad iufe ros
3. ?   ?
4. —ius Nesso (?)
5. Atticinus Ammonis
6. Latinus Valeri(i)
7. Adiutor Juli(i)
8. Tertius [D|*omiti(i)
9. Mansuetus Senotaeuni?
10. Montanus materiarius
11. Aninius Victor
12. Quartio Severi
13. Sint[o] Valentis
14. Lutumarus lanius
15. Similis Crescentis
16. Lucanus Silonis
17. Communis Mercatoris
18. Tul?lius offector
19. Nime?ius Silvanus
20. Co[s]sus Matui[n?]i.

Zeile 1 und ihre Fortsetzung in Zeile 2 und 3 wiederholt die auch auf der Außenseite stehende Überschrift des Verzeichnisses. Wessen Feinde aber gemeint sind, ist hier ebensowenig wie außen angegeben. Man ist natürlich geneigt, an die Feinde des Toten zu denken, bei dessen Leichenreiten die Täfelchen lagen. Allein es zeigen, wie oben erwähnt wurde, andere Täfelchen und auch die oben angeführten Worte des Tacitus deutlich, daß eine Bezugnahme auf den Toten nicht statt-zufinden braucht. Es ist also recht wohl möglich, daß die Feinde irgend eines anderen gemeint sind, der dieselben dadurch zu ver-derben suchte, daß er ein Verzeichnis von ihnen in die Aschen-urne legte. Man vergleiche z. B. das in der Nähe von Rom gefundene Täfelchen Corp. J. L. I 818, auf dem ein Lebender, der, ohne sich zu nennen, in der ersten Person spricht, seine Feinde dem Dispater empfiehlt.

Zeile 3 ist durch die Biegung des Bleis und, wie es scheint, durch einen starken Druck gerade auf diese Stelle des Täfelchens so verdorben, daß sie wohl kaum noch zu entziffern sein wird. Ebenso sind durch die infolge der Biegung in dem Blei ein-getretenen kleinen Risse die Zeilen 4, 8 u. 18 teilweise verdorben. Zeile 19 und 20 endlich sind so schwach und flüchtig eingeritzt,

---

* [ ] ist angewandt bei Emendationen oder bei Ergänzung von zerstörten Buchstaben. ( ) bei Auflösung von Abkürzungen.

daß ihre Lesung sehr unsicher ist. Die Namen sind nach verschiedener Weise gebildet. Nur drei Namen (Zeile 4, 11 u. 19) bestehen wie die Namen römischer Bürger aus einem gentile auf ius und einem Zunamen. Alle außerdem auf dem Täfelchen Genannten, die also nicht römische Bürger waren, sind neben ihrem einfachen Namen dadurch näher bezeichnet, daß entweder der Name ihres Vaters im Genitiv hinzugefügt ist, oder daß sie nach ihrem Geschäft bezeichnet sind. So lesen wir Zeile 2: Optatus der Sohn des Silo, u. ähnlich i. d. Z. 5. 6. 7. 8. 9. 12. 13. 15. 16. 17 u. 20. Nach ihrem Geschäft sind bezeichnet Z. 10 der Holzhändler Montanus, Z. 14 der Metzger Lutumarus und der Färber Z. 18, dessen Name unsicher ist (Tullius oder Publius?) Auffallend ist die Bezeichnungsweise Z. 6, 7 u. 8, wo der Name des Vaters ein Gentilname ist, gleichwohl aber in ungewöhnlicher Weise im Genitiv hinzugefügt ist und nicht als Gentilname des Sohnes erscheint. Die Mehrzahl der Namen kommt auch sonst vor, nur einige sind ungewöhnlich, über die der Verfasser der Freundlichkeit des Herrn Hofbibliothekar Dr. A. Holder*) in Karlsruhe verschiedene Mitteilungen verdankt.

Der Name Z. 9 ist auffallend: unsicher sind besonders die beiden letzten Silben u n i. Der erste Teil des Wortes „Seno" kommt im C. J. L. viermal vor V 6649, V 8186, VII 1336^{1028} IX 6079^{94}. Aber auch Zusammensetzungen mit Seno sind häufig. Herr Holder teilte dem Verfasser aus seinen Sammlungen folgende mit: Senocarus, Senocordius Senodorrus, Senognatus, Senomacilius, Senomaglus, Senoruccus, Senotigirnos, Senovir. Wenn also auch unsere Zusammensetzung anderwärts noch nicht vorgekommen zu sein scheint, so sieht man doch aus dem Angeführten, wie zahlreiche Zusammensetzungen mit Seno vorgekommen sind. Der Name Quartio Z. 12 findet sich z. B. auch C. J. L. VI 5101, 8886, 929, 14190a, VII 693, 1336^{834}. Der Name S i n t o Z. 13 kommt, soviel dem Verfasser bekannt, in dieser Form

---

*) Herr Dr. Holder hat ein möglichst vollständiges, überaus reiches Verzeichnis der gallisch-römischen Namen handschriftlich zusammengestellt, das hoffentlich recht bald allen Freunden des römischen Altertums durch den Druck zugänglich gemacht werden wird.

sonst nicht vor, während sich der Name Sintus anderwärts findet,
z. B. auf einem in Bingerbrück gefundenen Steine C. J. Rh. 745.
Die Form Sinto, die auf unserm Täfelchen allenfalls angezweifelt
werden könnte, da das o undeutlich geworden ist, findet sich dagegen wiederholt ganz zweifellos auf unserem 2. Täfelchen. Ein
Lutumarus (3. 14) kommt auch vor C. J. L. III 4724. Das
Cognomen Nesso 3. 4 ist eine ungewöhnliche, sonst nicht vorkommende Bildung, es gehört vielleicht zu ness Zeuß Gramm.
Celt. ¹49, doch ist es vielleicht, da die Zeile teilweise zerstört ist,
auch nicht ganz richtig gelesen. 3. 18 wird wohl Tullius zu
lesen sein, doch könnten die Züge möglicherweise auch Publius
heißen sollen. In Zeile 19 könnte man an den öfter vorkommenden Namen Ninnius oder auch an den bei Caes. b. G. I.
7,3. vorkommenden Nammeius denken, es vermag jedoch der Verfasser trotz wiederholter Prüfung nur den sonst nicht vorkommenden
Namen Nimeius aus den Schriftzügen zu entziffern, wobei
jedoch zu bemerken ist, daß der Buchstabe N nicht genau unter
dem Anfang der vorhergehenden Zeile, sondern etwas eingerückt
steht. In der letzten Zeile endlich wird wohl Matuini zu lesen
sein, welcher Name auch auf einem in Landstuhl gefundenen Steine
(C. J. Rh. 1779) sich findet. Von dem N sind nur die beiden
Grundstriche zu erkennen, so daß auch Matuilli möglich wäre.
Dieser Name kommt jedoch sonst nicht vor, nur Matullo hat sich
gefunden. (Siehe Allmer, Revue épigraphique du Midi de la France
t. I. p. 406 nr. 452.) Wir haben oben angegeben, daß das
Täfelchen zusammen mit zwei Bronzemünzen des Vespasian gefunden worden sei. Dem daraus zu ziehenden Schluß, daß das
Täfelchen wahrscheinlich dem ersten Jahrhundert angehöre, steht
die Form der einzelnen Buchstaben nicht entgegen. In bezug
auf dieselben sei bemerkt, daß das ganze Täfelchen in Majuskeln
geschrieben ist. E ist immer durch 2 senkrechte Striche geschrieben,
die meisten A bestehen nur aus 2 Strichen, nur einige wie das
zweite A in materiarius 3. 10 und das A in Lucanus 3. 16
zeigen den dritten Strich abwärts gerichtet.

2. Täfelchen. Dasselbe soll mit dem ersten in derselben
Aschenurne gefunden worden sein, und es richtet sich die auf demselben stehende Beschwörung in der That gegen den Träger eines

nicht gewöhnlichen Namens, der auf dem ersten Täfelchen vorkommt, es wird also wohl dieselbe Person damit gemeint sein.
Das Täfelchen ist nur auf der einen Seite beschrieben. Die
Schrift ist eine andere als die des ersten Täfelchens, es ist die
Cursivschrift, wie sie im gewöhnlichen Leben angewandt wurde,
und die Buchstabenformen stimmen vielfach mit denen der pompe-
janischen Wandinschriften und der siebenbürgischen Wachstäfelchen
überein. Leider hat dieses Täfelchen viel stärker gelitten als das
erste. Es ist dünner und an dem unregelmäßig gezackten Rand
stärker verwittert. Durch das Biegen und Zusammenwickeln hat
das Blei nicht nur zahlreiche Risse bekommen, die es an manchen
Stellen zweifelhaft machen, ob wir einen Sprung oder einen
Buchstabenteil vor uns haben, sondern es hat sich auch das Blei
an zwei Stellen geblättert, wobei sich die obere Schichte mit den
Buchstabenzügen losgelöst hat. Infolge davon ist, wie schon oben
bemerkt, eine vollständige Entzifferung des Täfelchens bis jetzt
nicht gelungen. Der Verfasser gibt deswegen hier nur die Worte
und Buchstaben wieder, die er bestimmt zu erkennen glaubt, in
der Hoffnung, daß es recht bald gelingt, auch das jetzt noch
Fehlende aufzuklären. In Bezug auf die ganz unregelmäßige
Gestalt des Täfelchens sei noch bemerkt, daß es ungefähr 13 cm.
lang und 8 cm. hoch ist: im übrigen sehe man die Wiedergabe
auf Tafel XV. 2.

1. Vale(n)tis Sinto sive ali(i)[?]inimici s . . . . .
2. Valentinus Sinto inim(i)cus sic comdi..u.m.um
3.   sub.. det sic Sintonem et Martialem Sin^{tonis}
4.   et Adiutorium Sintonis et quisquis contra
5.   Rubrium i . . . . t me^{u} . . . onem
6.   si qui contraven . . . Sintonem et Adiuto
7.   rium eius Sintonis defero ad infero(s)
8.   sic nusquam contra nos . . . . . ^{u}si . n^{u}on .
9.   nis cum loquantur inim^{m}. i . . . . um^{u}s
10.   non parentem tanqua^{m} . . . ris

Wie diese Wiedergabe zeigt, bedürfen noch recht viele Wörter
der Entzifferung und zwar sind es leider gerade die eigentlichen
den Satz bildenden Wörter, welche noch fehlen. Die klein-

gedruckten Buchstaben sind unsicher. In der ersten Zeile hat nach inimici noch ein Wort gestanden, das wieder ausgestrichen ist. Man sieht deutlich im Blei die mit dem breiten Teile des Stilus gemachten breiten Eindrücke, durch die die vorhandenen Buchstaben getilgt worden sind. Sichtbar ist nur noch der erste Buchstabe, ein s, ferner ein r, dessen nach unten gehender Strich sich bis in die zweite Zeile fortsetzt, wodurch es zweifelhaft ist, ob dort im letzten Worte zwischen den ersten u und m ein s anzunehmen ist oder nicht. Es scheint, daß die erste Reihe bereits eine abgeschlossene Verwünschung enthalten hat, da die zweite Zeile offenbar wieder von neuem anhebt: man könnte etwa an sacri (sunto) denken. Eine eigentümliche Schwierigkeit bietet aber auch gleich der erste Name. Es steht deutlich da Valetis, das wohl verschrieben sein mag für Valentis; so heißt der Name auf Täfelchen 1 Z. 13. Nun fängt aber hier gleich die zweite Zeile mit dem geänderten Namen Valentinus an, der allerdings jetzt nicht mehr dieselbe Person bezeichnet, da in der ersten Zeile Valentis der Name des Vaters ist und zu übersetzen ist, „der Sohn des Valens". Ist dann Valentinus der Name des Sohnes, so bleibt auffallend, daß derselbe zwei Cognomina trägt. Möglich ist auch, daß Valentis Valentinus zusammengehören und nachträglich auf den Rand geschrieben worden sind. Allein auch so bleibt die auffallende Stellung des Genitivs des Vaternamens und der Umstand, daß Sinto Valentis auf Täfelchen 1 vorkommt. Die zweite Hälfte der zweiten Zeile hat sich bis jetzt nicht zu eigentlichen Wörtern zusammenfügen lassen, obwohl die meisten Buchstaben ziemlich deutlich sind. Für den letzten Teil könnte man an plumbum denken, da die Reste des drittletzten Buchstaben, der untere Teil eines b zu sein scheinen, der Strich zwischen dem ersten u und m aber, wie gesagt, die Fortsetzung des darüber stehenden, halb getilgten Buchstabens sein könnte. Auch das erste Wort der dritten Zeile ist noch nicht sicher bestimmt; die Züge könnten subsidet heißen, aber einmal sind die Buchstaben si sehr undeutlich und dann ist durch die vorhergehende Lücke auch die Bedeutung des hier stehenden Wortes nicht klar. In den folgenden Zeilen steckt jedenfalls das eigentlich Wesentliche der ganzen Inschrift, die Verwünschung: „den Sinto und Martialis, den Sohn des Sinto und Adjutorius den Sohn des Sinto und jeden, der gegen Rubrius (etwa: geredet u. s. w.) weihe ich den unterirdischen Göttern. (Der Name Adiutorius kommt im Corp. vol. V vor (s. den Index cognominum.) Die Worte et quisquis contra u. s. w. haben Ähnlichkeit mit der auf dem Bregenzer Täfelchen stehenden Verwünschung, die nach Professor Zangemeisters Lesung lautet: Domitius Niger et Lollius et Julius Severus et Severus Nigri ser(v)us, adversarii Bruttae et quisquis adversus il(l)am loqut(us) est: omnes perdes. Ein dem locutus est entsprechendes Verbum scheint in der nach Rubrium folgenden Lücke zu stecken, doch konnte bis jetzt aus den wenigen noch sicht= baren Schriftzügen kein entsprechendes Wort entziffert werden; auch das Nächstfolgende bleibt ganz unsicher, nur weisen die letzten ziemlich deutlichen Buchstaben von Z. 5 wohl auf einen neuen Eigennamen hin, etwa Quartionem, der Z. 12 auf Täfelchen 1 vorkommt. Der folgende Bedingungssatz wird dann wohl den Sinn haben, „wer dagegen „fördert" den Sinto und den Adju= torius, den Sohn des Sinto". Die folgende Zeile 8 fängt wieder mit sic an und es entspricht jedenfalls dies Wort als der Anfang einer neuen, dritten Verwünschung den gleichen Anfängen auf Z. 2 u. 3. Dreimalige Wiederholung des Namens wie hier ähnlicher Verwünschungen ist auch anderwärts als den Ver= wünschungen eigentümlich zu beobachten. Man vergl. Wilmanns Exempla inscript. lat. zu 2747. Der eigentliche Inhalt dieser dritten Beschwörung ist leider aus den bis jetzt entzifferten Worten noch nicht recht ersichtlich, nur ist wahrscheinlich, daß auch hier die Verwünschung wieder gegen Verleumder gerichtet ist, worauf die Worte cum loquantur ini(mici) hinzuweisen scheinen.

3. u. 4. Täfelchen. (Siehe Tfl. XV 3 a u. b und 4 a u. b.) Dieselben sollen nach Angabe des früheren Besitzers nicht an derselben Stelle wie die vorhergehenden, aber auch in der Nähe von Kreuznach ge= funden worden sein. Ob diese Angabe richtig ist, muß dahin gestellt bleiben; verschiedene Umstände lassen es wahrscheinlich erscheinen, daß auch diese Täfelchen an derselben Stelle wie die anderen ge= funden worden sind. Sie gehören zusammen, indem derselbe Name auf beiden steht. Täfelchen 3 ist ein papierdünnes Stückchen Blei von der Größe und Gestalt, die die Abschrift auf

Tfl. XV zeigt. Auf der Vorderseite steht in großer, flüchtiger Schrift Fructus, auf der Rückseite Gracilis. Beide Namen kommen auch sonst öfter vor, hier scheinen sie beide nach Täfelchen 5 einer Person anzugehören, so daß Gracilis als Genitiv zu fassen ist. Außerdem aber zeigt auch dieses Täfelchen wieder, daß man seinen Zweck, das Verderben des Gegners, schon zu erreichen glaubte, wenn man auch nur seinen Namen ohne weiteren Zusatz in ein Grab legte.

Das 4. Täfelchen ist ein ganz unregelmäßig geformter Fetzen einer Bleitafel von etwa 1 mm Dicke. Siehe Tfl. XV 4 a u. b. Das nach unten gehende Stück scheint früher scharf umgebogen gewesen zu sein, so daß dasselbe jetzt nur noch lose mit dem Hauptstück zusammenhängt. Beschrieben ist das Täfelchen auf beiden Seiten, doch ist bis jetzt nur sehr wenig entziffert. Die eine Seite beginnt mit dem Namen, der auch auf Täfelchen 3 steht, nämlich Fructus Gracilis et Aur.(elius)? Um mitoruus? Auf dem unteren Stück liest man dann auch einige Buchstaben, die aber wohl Reste von 2 längeren Schriftreihen sind: wie viel von denselben fehlt, ist bei der Unbedeutendheit der Reste nicht zu bestimmen. Die Rückseite ist bis jetzt nicht entziffert.

5. Täfelchen. Siehe Tfl. XVI 1 a. u. b. Dasselbe soll in der Nähe der beiden ersten Täfelchen im Boden gefunden worden sein. Es ist etwas dünner als das 2. Täfelchen und zum Teil mit einer festsitzenden Oxydschichte überzogen, wodurch ein Teil der sehr flüchtig geschriebenen Buchstaben nur bei sehr genauem Zusehen wahrzunehmen ist. Beschrieben ist das Täfelchen auf beiden Seiten, und auf beiden Seiten sind glücklicherweise die für die Beschwörung bezeichnenden Worte erkenntlich. Auf der einen Seite steht eine Aufschrift, die an die Aufschrift von Täfelchen 1 erinnert: dieselbe lautet nämlich: data nomina | ad inferos | (o ist zweifelhaft. (Hinter inferos hat noch ein Wort gestanden, von dem jedoch nur noch die 2 Buchstaben nu zu erkennen sind. Auf der anderen Seite ist zu erkennen: dis Manibus hos v. (v vielleicht Abkürzung für voveo.) Die zweite Zeile, in der offenbar die den Manen geweihten Feinde bezeichnet sind, ist bis jetzt nicht entziffert, Zeile 3 beginnt dann mit den Worten et si quis u. s. w., durch die wahrscheinlich die Bezeichnung der den Manen Ge-

weihten noch einen verallgemeinernden Zusatz erhält, der aber bis jetzt leider nicht entziffert werden konnte.

Das 6. Täfelchen endlich ist seiner schlechten Erhaltung wegen, wie schon oben bemerkt, nicht wiedergegeben worden.

c. Botivsteine, Jupiterdenkmal, ornamentierte Steine.

1. Zwei Votivsteine eines Merkurdenkmals mit der gleichen Widmung, gefunden 1868 bei Mettenheim in der Nähe der von Mainz nach Worms ziehenden römischen Straße: dunkelgelber Sandstein, Größe beider ziemlich dieselbe, Höhe 31 (30), Breite 43 (44), Dicke 17 cm. Die mit drei Linien umrahmte Inschriftfläche hat folgende Größe: Höhe 18 (17½), Breite 31 (32½) cm. Höhe der Buchstaben 3—3½ cm. Die Inschrift lautet auf beiden Steinen gleich.

IN H· D· D·	In h(onorem) d(omus) d(ivinae)
MERCVRI	Mercuri(o)
VICTORIVS	Victorius
VICTOR	Victor

Zur Ehre des göttlichen Kaiserhauses. Dem Merkur (weihte dieses Denkmal) Victorius Victor.

Die an der Spitze der Inschrift stehende Formel: „zur Ehre des göttlichen Kaiserhauses" findet sich sehr häufig auf Altären und Votivsteinen überhaupt. Seitdem den Kaisern göttliche Verehrung zu Teil geworden war, und diese namentlich in den Provinzen möglichst gepflegt und gefördert wurde, wurde es Sitte, alle wichtigeren Handlungen zu dem Hause des göttlich verehrten Imperators in Beziehung zu setzen und bei jeglichem Beginnen desselben zu gedenken; ein Zeugnis hierfür ist auch unsere häufig vorkommende Formel. Unsere Inschrift ist leider sehr kurz gehalten, indem sie das Verbum mit seinem Object ergänzen läßt. Auf einem ähnlichen im Mainzer Museum befindlichen Votivsteine des Merkur, der zufälliger Weise ebenfalls von einem Victor herrührt, lautet die Inschrift: In honorem domus divinae. Deo Mercurio templum posuit Titus Indutius Victor laetus

lubens merito. Etwas Ähnliches ist wohl auch in unserer In=
schrift zu ergänzen, was sich ja, solange die Steine an dem ge=
weihten Denkmale eingemauert waren, als selbstverständlich ergab.
Sollte wirklich hier das obige templum posuit zu ergänzen sein,
so hat man bei dem Worte templum natürlich nicht an einen
Tempel in unserem Sinne, sondern an ein kleines Kapellchen zu
denken, wie solche Merkurstempelchen sich an vielen Heerstraßen
nachweisen lassen. Da sich die Inschrift doppelt gefunden hat,
so ist wohl anzunehmen, daß die beiden Steine auf 2 entgegengesetzten
Seiten, etwa der Nord= und der Südseite des Kapellchens oder Denk=
mals eingemauert waren, so daß der Widmungsstein sofort sowohl dem
von Mainz als auch dem von Worms herkommenden Wanderer
ins Auge fiel. Die beiden Steine wurden nahe bei einander ge=
funden, über den ganzen Acker hin aber fanden sich nach Angabe
des Finders, des Herrn Landwirt Günther in Wettenheim, große
Ziegel, Pflastersteine und Kieswege. Was die Form der Inschrift
betrifft, so ist die Abkürzung Mercuri sehr auffallend, aber nicht
zu bezweifeln; obwohl der Platz dazu bequem vorhanden war, ist
doch von einem o keine Spur zu bemerken: der eine Stein, obwohl
stark verwittert, zeigt vielmehr gerade an dieser Stelle noch die
ursprüngliche glatte Fläche ohne jede Vertiefung. Es scheint
übrigens auf einem im Mainzer Museum befindlichen Bruchstücke
eines Votivaltars des Merkur dieselbe Abkürzung angewandt
zu sein. (Siehe Becker, die römischen Inschriften und Steinskulpt.
des Museums der Stadt Mainz S. 13 Nr. 45).

2. Ein Hausaltärchen von Thon mit dem Bilde der Minerva
ohne Inschrift, (Siehe Tfl. VI 1) gefunden im Juli 1885 bei
Mariamünster, jetzige Höhe 20 cm, Breite 14 cm. Dieses eigen=
tümliche Hausaltärchen ist aus ganz weißem Thone leicht gebrannt,
so daß es sich, so lange es von der Feuchtigkeit der Erde getränkt
war, wie Seife anfühlte. Es ist gebildet in der Form einer
an der Vorderseite reich mit Ornamenten bedeckten Nische, in
welcher eine Minerva mit Schild und Speer steht. Der Rand
der Nische ist als Portal mit einem kräftigen, auf 2 Pilastern mit je
2 Kanneluren ruhenden Rundbogen gebildet. Dieses ist umgeben
von einer reich verzierten Einfassung eines viereckigen Portals mit
Giebel. Der Rand des Giebels ist als kräftiger Perlstab gebildet,

den Abſchluß nach oben aber bildet dann ein 2 cm hoher, aus
aneinander gereihten, aufſtrebenden Blättern gebildeter Streifen. Leider
iſt von der Bekrönung die Spitze nebſt der ganzen linken Seite
abgeſchlagen. In der Niſche ſteht ein 10 cm hohes, ziemlich roh
gearbeitetes und außerdem durch die Feuchtigkeit ſtark verwaſchenes
Statuettchen der Minerva mit Schild und Speer.

3. Teil eines Jupiterdenkmals, gefunden 1885 bei
Mariamünſter, grauer Sandſtein, 46 cm lang, 23,5 cm hoch.
(Siehe Tfl. VI 2.) Im Weſten Deutſchlands hat ſich eine größere Anzahl von römiſchen Steindenkmälern gefunden, die einen auf dem Boden
liegenden Giganten darſtellen, über dem ein aufſteigendes Pferd
mit einem Reiter ſteht. Der Gigant iſt gewöhnlich durch
Schlangenfüße charakteriſiert. Zu bemerken iſt, daß bei den meiſten
Denkmälern der Gigant keineswegs etwa wie die Germanen auf
den bekannten Grabſteinreliefs als von dem über ihn hinſtürmenden
Reiter überwältigt und mit Gewalt niedergeworfen und ſich
ſträubend dargeſtellt iſt; derſelbe ſieht vielmehr ruhig und faſt gleich-
giltig vor ſich hin und ſtützt bei einigen Darſtellungen mit ſeinen
Händen die Vorderhufe des Pferdes. Man iſt bis vor kurzem im
Zweifel geweſen, wie man dieſe gerade in den Rheinlanden und
im Nordoſten Frankreichs verhältnismäßig häufig gefundene, aus
anderen Ländern dagegen nicht bekannte Gruppe zu deuten habe.
Man glaubte den Reiter für den Neptun und die ganze Gruppe
für eine beliebte Brunnenbekrönung halten zu müſſen, womit es
zu ſtimmen ſchien, daß viele dieſer Denkmäler in verſchütteten
Brunnen gefunden worden ſind. Da brachte endlich vor 2 Jahren
ein glücklicher Fund in einem römiſchen Brunnen zu Heddernheim
bei Frankfurt wenigſtens teilweiſe Klarheit. Während nämlich bei
früheren Funden nur die Gigantengruppe gefunden wurde, fand
man in Heddernheim nicht nur die Gruppe, ſondern das ganze
Denkmal, von dem die Gruppe einen Teil bildet. Hiernach beſtand
das Denkmal aus einem großen Altar mit einer Weihinſchrift an
Jupiter und Juno, während auf den drei anderen Seiten desſelben ſich Reliefbilder der Juno, der Minerva und des Herkules befinden, ferner einem ſechsſeitigen Sockel mit kleinen Götterbildern
und einer geſchuppten Säule mit weitausladendem, an den vier
Seiten mit je einem Kopfe gezierten Kapitäle, auf dem dann als

Bekrönung die besprochene Gruppe steht. Da an diesem dem Jupiter gewidmeten Denkmale ein Bild des Jupiter sonst nicht vorkommt, haben wir in dem Reiter offenbar den Jupiter zu erkennen. Zweifelhaft bleibt noch die Bedeutung der dargestellten Handlung. (Siehe Westd. Zeitschr. IV S. 365.) Einen Teil einer solchen Gruppe fanden wir nun auch bei Mariamünster und zwar an derselben Stelle, wo auch die anderen Inschriftsteine gefunden worden sind, also auch in einer Art Brunnen. An unserem Denkmale ist der größere Teil des Körpers des Giganten erhalten. Derselbe liegt mit den Füßen sich (hebend) gleichsam stützend auf einer 8 cm dicken und 25 cm breiten Platte auf, die dem ganzen Bildwerke als Basis dient. Durch das Aufstemmen der, wie es scheint, auch schlangenförmig gebildeten Füße (genau erkennen läßt es sich nicht mehr), hebt sich der untere Teil des Körpers etwas von der Basis ab, während der Rücken fest auf derselben aufliegt. Da wo der Leib in die Brust übergeht und sich wieder etwas hebt, ist der Körper samt der Platte abgebrochen, so daß die obere Brust, der Kopf und die Arme des Giganten fehlen. Von dem über dem Giganten sich erhebenden Pferde samt Reiter ist leider nur ein geringer Bruchteil übrig geblieben, nämlich ein Teil des Schwanzes und die unteren Teile der beiden Hinterfüße des Pferdes. Der rechte Fuß ist in einer Länge von 15 cm erhalten geblieben. Wenn das Denkmal somit auch stark verstümmelt ist, so ist es doch deutlich und sicher als ein Teil einer der besprochenen Gruppen zu erkennen.

4. Anderer Teil eines Jupiterdenkmals, gefunden in Frettenheim. (Siehe Tfl. V 2). Der letzte Satz des vorigen Abschnittes gilt auch für diesen Stein. Auch hier haben wir es mit einem stark verstümmelten Denkmal zu thun, das sich jedoch auch mit ziemlicher Sicherheit aus dem erhaltenen Teile erkennen läßt. Während in dem vorher erwähnten Steine ein Teil des Giganten eines Jupiterdenkmals erhalten ist, haben wir hier den Leib des über dem Giganten stehenden Pferdes mit den Beinen des Reiters vor uns. Das Denkmal besteht aus hellgrauem Sandstein, ist 70*) cm lang und hat eine Höhe von 42 cm. Der Pferdeleib, von dem die Beine vollständig verloren sind, ist sehr gedrungen und dick im Verhältnis zu seiner Länge. Mit den Hinterbeinen ist auch eine

---

*) Tfl. V 2 ist durch ein Versehen 56 cm geschrieben.

flache Schichte der Hinterschenkel abgebrochen, was doch wohl auch darauf hindeuten dürfte, daß das Pferd in aufsteigender Haltung gebildet war. Das Pferd ist gesattelt. Sattel und Gurt sind deutlich zu erkennen; bemerkenswert ist die starke Erhöhung am vorderen Ende des Sattels. Die beiden Beine des Reiters zeigen verschiedene Haltung: während das linke gerade herunterhängt, ist das rechte zurückgezogen, um das Pferd durch den Stoß mit der Ferse anzutreiben. Der Stein ist, wie oben im ersten Abschnitte mitgeteilt wurde, in römischem Schutte gefunden und ist seiner ganzen Art und Arbeit nach sicher römisch. Es wird sich aber außer dem Jupiter= oder Giganten= denkmal nicht leicht ein anderes römisches Denkmal finden lassen, von dem unser Reiter ein Teil sein könnte.

5. Eine 88 cm. hohe halbrunde Säule mit unbehauener Rückseite aus rotem Sandsteine, gefunden 1885 auf dem römischen Friedhofe bei Mariamünster. (Siehe Tfl. VII 1). Das Kapitäl ist als weiblicher Kopf gebildet, während der Übergang von dem Kopf zur Säule durch eine imitierte Platte gebildet ist, die nach vorn fast das Ansehen von weiblichen Brüsten hat. Da die ganze hintere Seite der Säule und des Kopfes unbehauen ist, ist, wie schon oben bemerkt worden ist, anzunehmen, daß das Säulchen zur Verzierung an einem größeren Grabdenkmale eingefügt war.

6. Römisches Kapitäl aus grauem Sandstein, gefunden in Eimsheim. (Siehe Tfl. VII 3). Dasselbe hat eine Höhe von 31 cm und oben eine Diagonale von 32 cm, während der Durchmesser unten 22 cm beträgt. Leider ist es stark verletzt. Aus einem Blätterkapitäl springen nach den vier stark ausladenden oberen Ecken Ranken hervor, zwischen denen an jeder Seite ein Köpfchen ausgehauen ist. In der Mitte der oberen Fläche ist eine vierecige Vertiefung eingehauen.

d. Ein Meilenstein vom Jahre 293,

gefunden am 17. Juli 1885 bei Mariamünster, rötlicher Sandstein, jetzige Höhe 69 cm, Umfang 1,20 m. Höhe der Buch= staben 4 cm.

Die Inschrift lautet:

D· N· GALERIO	d(omino) n(ostro) Galerio
VALERIO· MA	Valerio Ma
XIMIANO	ximiano
NOB· CAES·	nob(ilissimo) Caes(ari)
PRIN· IVV	prin(cipi) iuv
ENTVTIS	entutis
C· V· L· I·	(a) c(ivitate) V(angionum) l(euga) I.

Unserem Herrn Galerius Valerius Maximianus, dem edlen Cäsar, dem Führer der Jugend. Von der Stadt der Vangionen 1 Leuge.

Galerius Valerius Maximianus und Flavius Valerius Constantius wurden am 1. März 293 vom Kaiser Diocletian zu Cäsaren ernannt. Vielleicht ist gerade infolge dieser Ernennung der Stein gesetzt worden, also Frühjahr 293, jedenfalls ist es nicht viel später geschehen, da bald der andere Cäsar Constantius in unserer Gegend alle Macht in Händen hatte, und nicht anzunehmen ist, daß dann noch zu Ehren des Maximianus der Stein gesetzt worden wäre. Über die Auflösung der letzten Zeile und ihre Bedeutung für unsere Stadt ist schon oben S. 7 gesprochen worden. Die Entfernung der Fundstätte von dem Mittelpunkte der heutigen Stadt beträgt in der That ungefähr die auf dem Steine angegebene Entfernung von 1 Leuge = 27 Minuten, so daß jede Deutung der Buchstaben C· V· auf einen anderen Ort ausgeschlossen ist. Die Angabe entspricht in der Art der Abkürzung den auf anderen Steinen vorkommenden Angaben, so steht z. B. auf einem in Rheinzabern gefundenen Steine C· N· L· XIV d. h. colonia Nemetum leugae XIV d. h. von Speier bis hierher sind 14 Leugen. Unser Stein ist übrigens jedenfalls nur die obere Hälfte des Meilensteines; die untere Hälfte mit dem Fuße ist nicht gefunden worden. Die vollständig erhaltenen Steine haben in der Regel eine Höhe von 1,75 m und mehr; an dem unsrigen reicht die Inschrift bis nahe an den unteren Rand des Steines, was doch ursprünglich sicherlich nicht der Fall war.

e. Kleinere Aufschriften auf Gegenständen und Bruchstücken
solcher aus Thon, Glas oder Metall.

1. Inschrift auf dem unteren Teile einer kleinen aus weißem
Thon gebrannten Statuette. Siehe Tfl. XVI 2. Dieses auf dem
römischen Friedhofe bei Mariamünster 1885 gefundene Figürchen
scheint eine Göttin dargestellt zu haben, welche sich nach vorn
mit fest aufstehendem linken und etwas erhobenem rechten Fuß an
an einen Pfeiler lehnt, während sich an ihre Füße ein Vogel
(Huhn) schmiegt. Leider ist nur die Basis und der untere Teil
der Figur erhalten. Auf der Rückseite der nicht ganz 4 cm hohen
viereckigen, innen hohlen Basis steht eingeritzt die Inschrift:

LUCIUS
FECIT AD
CANTUN
AS NOUAS

und vorn auf dem Pfeiler stehen nochmals in von unten nach
oben gehender Linie die Worte LUCIUS F(ecit.) Was die Form
der Buchstaben betrifft, so ist zu bemerken, daß das V die unten
runde, nicht die spitze Form hat, und daß das C von cantunas
mit einem Schnörkel versehen ist, der es einem G ähnlich macht.

Dieser Inschrift verleiht der Umstand erhöhtes Interesse, daß
das Figürchen sowohl wie die Inschrift in auffallender Weise mit
bei Köln in einem Töpferofen gefundenen und mit ganz ähnlichen
Inschriften versehenen Terracotten, die J. Klein in den Bonner
Jahrb. 79 S. 178 besprochen hat, übereinstimmen. Insbesondere
kommt die Ortsbestimmung „ad cantunas novas" auch auf ver-
schiedenen der ähnlichen Kölner Figürchen vor, z. B. in dem Stempel
Vindex fec. ad cantunas novas, der neben dem andern vorkommt
Vindex fec. c(oloniae) C(laudiae) A(ugustae) A(grippinensium).
Klein vermutet nun wohl mit Recht, daß ad cantunas novas ebenso wie
die auf Fabrikaten eines benachbarten Töpferofens gefundene
Stempelinschrift ad forum hordiarium eine Lokalität des alten
Köln bezeichne, in deren Nähe der genannte Töpfer sein Verkaufs-
lokal gehabt habe, und cantuna eine dem Munde des Volkes
entnommene Bezeichnung sei, die sich im Französischen cantine
und Italienischen cantina erhalten habe. Die bei Mariamünster

gefundene Inschrift hat leider die kürzere Form ohne die Stadt-
angabe; es könnte deshalb die Platzbezeichnung ad cantunas novas
auch für eine andere Stadt als Köln zutreffend sein. Allein bei
der sonstigen genauen Übereinstimmung des Wormser Fundes mit
den Kölner Fabrikaten ist doch die andere Annahme viel wahrscheinlicher, daß das Wormser Figürchen Kölner Fabrikat ist, und
daß der Töpfer Lucius entweder gleichzeitig mit Vindex, oder als
Vorgänger oder Nachfolger desselben ad cantunas novas in Köln
sein Geschäftslokal hatte. Die niederrheinischen Töpferfabrikate
scheinen also in römischer Zeit wie später und heute noch weithin,
und besonders den Rhein aufwärts im Handel vertrieben worden
zu sein.

2. AΓN auf einem Thränenkruge aus Mariamünster. Zwischen
A u. N steht ein Strich, der mit dem N durch einen über beiden
befindlichen Querstrich verbunden ist. Auf der unteren Hälfte
des ersten Striches sitzt ein gleichschenkliges Dreieck auf.

3. MISCE mische, Aufschrift in weißer Farbe auf einem bei
Mariamünster gefundenen 10 cm hohen schwarzen Kruge. Die
einzelnen Buchstaben sind durch dicke weiße Punkte getrennt;
unter und über der Inschrift ist ein weißer Strich.

4. VINVM . . . ITA. unvollständige Inschrift auf dem
Rande der unten zu besprechenden Glasschale (s. S. 109), gefunden 1885 bei Mariamünster.

5. FELIX FECIT Felix fecit. Fabrikstempel auf dem
Boden einer gegossenen, 15 cm hohen tonnenförmigen Glasflasche
mit einem Durchmesser von 8 cm. Die Flasche besteht aus bläulichem Glase. An dem 31 mm hohen Halse befindet sich ein
42 mm breit fächerartig sehr scharf auf dem Bauch der Flasche
aufsitzender Henkel. Der Boden ist durch mehrere Reischen ge-
gliedert. Zwischen den zwei äußersten Reifen steht die etwa die
Hälfte des Kreises füllende Schrift. Gefunden wurde die Flasche
bei Mariamünster. Der Glasstempel ist für unsere Gegend neu.
Bei Froehner La Verrerie antique ist er verzeichnet S. 130 Nr. 50
mit den Worten: Sur le fond d'un vase trouvé à Faversham
(Kent) et faisant partie de la collection de M. Evans. (C. J. t.
VII 1275a.)

6. FRON Fron(tinus). Der Fabrikstempel des Frontinus ist

6*

wohl unter allen Glasstempeln der am häufigsten und auf dem größten Verbreitungsgebiete, aber immer auf gleichartigen Flaschen vorkommende Stempel. Die Fabrik scheint ausschließlich die Herstellung tonnenartiger Flaschen mit und ohne Henkel betrieben zu haben, wie auch Fröhner in dem angeführten Werke S. 131 zu Nr. 58 bemerkt. Der Name kommt in zahlreichen Abkürzungen und Verbindungen vor, die ebendaselbst nachgesehen werden können. Im Paulusmuseum ist der Stempel dreimal vertreten und zwar jedesmal in der oben angegebenen Abkürzung auf dem Boden tonnenförmiger Flaschen. Zwei von diesen zeigen den Stempel mit großen und auf den ganzen Kreis verteilten Buchstaben, während auf der dritten Flasche der Stempel mit kleineren Buchstaben so innerhalb zweier Reihe steht, daß die Schrift ¼ des Kreises füllt, während ⅜ leer sind.

7. CEBIIVS FEC. Ceb.ius fecit. Diesen in zwei Exemplaren auf dem Boden tonnenförmiger 20 cm hoher Flaschen bei Mariamünster gefundenen Stempel hat Fröhner in dem angegebenen Werke noch nicht. Leider sind die einzelnen Buchstaben so flach ausgeprägt und dabei etwas abgeschliffen, daß eine ganz sichere Lesung nicht möglich ist. Vom B ist bloß die Haste und die untere Schleife noch zu sehen; von dem vierten Buchstaben ist deutlich sichtbar die Haste und unten ein Querstrich, oben ist der Buchstabe abgeschliffen, scheint jedoch ein E zu sein. Herr Professor Zangemeister teilte dem Verfasser mit, daß er den Stempel auch in unsicherer Form auf einer Straßburger Flasche gefunden habe, daß er aber durch Vergleichung der drei Exemplare den Stempel sicher festzustellen hoffe.

8. X u. XA. Versetzeichen, wie es scheint, auf einer Aschenkiste aus Mariamünster.

9. CLXXV

DDD NNN domini nostri tres auf einem 61½ Kiloschweren Bleibarren, gefunden auf dem Tafelacker der Firma Dörr u. Reinhart. (Siehe oben S. 43.)

10. FIR — COM — NON. Drei nicht mehr ganz lesbare Stempel auf drei aus Italien stammenden Schleuderbleien.

11. SO.VVS. Stempel auf dem Rücken einer Bronzefibel.

12. L. VALE wohl Lucius Valens Stempel auf einem Stücke Leder aus dem großen Mainzer Lederfunde.

13. Töpferstempel auf größeren und kleineren Schüsseln, Tellern und Bruchstücken von solchen, sowie auf Lampen. Die Lampen werden besonders erwähnt. Es sind im ganzen 40 Stempel neu hinzugekommen. Da nun aber im Museum die neuen Stempel nicht von den älteren gesondert sind, und auch gerade bei diesen kleinen Inschriften ein doppeltes alphabetisch sich ergänzendes Verzeichnis sehr lästig und störend sein würde, haben wir es für das Beste gehalten, das Verzeichnis der früher vorhandenen Töpferstempel hier noch einmal zu wiederholen und die neu gefundenen gleich in dieses Verzeichnis einzureihen. Die beigesetzten Zahlen beziehen sich auf das Werk: Sigles figulins par M. H. Schuermans. Bruxelles 1867. Der Abkürzung halber sollen die einzelnen Fundstellen in Worms so bezeichnet werden, daß für Mariamünster zu den Namen der Stadt ein M., für den Tafelacker von Dörr u. Reinhart ein T., für die Kunst-wollfabrik von Valckenberg u. Schön ein K., für die Eulenburg ein E hinzugefügt wird, Worms ohne weitere Angabe aber das ganze andere Gebiet der Stadt bezeichnet.

Nr.	Stempel.	Auflösung.	Nr. bei Schürmans	Fundort.
1.	ACVTVS	Acutus	60	Worms T.
2.	OF ALBI	of(ficina) Albi	183	T.
3.	ALLBILLVSI	Al(l)billus f(ecit)	185 m. einem L	M.
4.	ALBVS FE	Albus fe(cit)	183	
5.	ANDE OF	Ande(cari) officina		T.
6.	APHIAVVV F	Apriauuu(s) f(ecit) Name unsicher.		M.
7.	OF AQVIANI AN ligiert	of(ficina) Aqui(t)ani	433 ähnlich	T.
8.	ARDACI M	Ardaci m(anibus)	470	M.
9.	O ARDN	o(fficina) Ardn(i)	471 (Paris)	
10. (5 St.)	ATTILIVS	Attilius Lampen	611	M. u. Offit.
11.	O AVGV	o(fficina) Augu(sti) ?		M.
12.	AVSTRVS	Austrus	ähnlich 715-717	M.
13.	OF BASSI	of(ficina) Bassi	744	
14.	OF BASSICO	of(ficina) Bassico (?)	751	T.

Nr.	Stempel	Auflösung.	Nr. bei Schürmans	Fundort.
15.	BASS	Bassus	756	Worms, jetzt i. Mainz.
16.	BILSVS F	Belsus f(ecit) Vokal unsicher.	787	M.
17.	(?) P. BV F	Lämpchen	886 bloß BV	M.
18.	BVBALVS F	Bubalus f(ecit)		M.
19.	OF CALVI	of(ficina) Calvi	1011	
20.	CANI ⸫ AN ligiert	Cani	1034	T.
21.	CAPITOLI三	Capitoli(nus)	1059	M.
22.	CARITVS	Caritus	Carito 1094	T.
23.	CA ... S FEC			Rheinzabern.
24. (2 St.)	OF CELSI	of(ficina) Celsi	1228	Worms, jetzt in Mainz.
25.	CINTV(S) S abgebrochen.	Cintus	1399	Worms.
26.	C COTNI	(? officina) Cotni		M.
27.	OF CRESTI Spiegelschrift.	of(ficina) Cresti	1732	E.
28.	[C]RESTIO C abgebrochen.	Cresti of(ficina)	1731	
29.	CRIXVS	Crixus	Crixi 1770	jetzt in Mainz.
30.	DACODVNVS F	Dacodunus f(ecit)	1831	Rheinzabern.
31.	DARIBITVS	Daribitus		Worms T.
32.	C DESSI	Gai Dessi Lampe	1903	M.
33. (2 St.)	DOMITVS	Domitus	2000	M. und Rheinzabern.
34.	OF FE I CIS	of(ficina) Fe(l)icis OF ...CIS	2200	Osthofen.
35.	FEIAS	Auf der Außenseite einer verzierten Sigillatascherbe.		Worms
36.	FLORENTINVS F	Florentinus f(ecit)	2269	T.
37. (9 St.)	FORTIS (In allen Teilen des römischen Reiches verbreiteter Stempel.)	Fortis	2275	M.
38.	OF I ⸫ RTVS	unbestimmbar		M.
39.	O FRONTINI O undeutlich, fast wie D	o(fficina) Frontini	2325	
40.	G· T· C·	unbestimmbar, Ziegelst.		
41.	IANVS F (Außenstempel auf einer Sigillataschüssel.)	Janus f(ecit)	2560	T.
42.	OF IVCVN	of(ficina) Jucun(di)	2747	
43.	IVLIANVS FE	Julianus fe(cit)	2801 (F)	
44.	O ILILO	unbestimmbar		Offizin.
45.	INND	·		Worms.

Nr.	Stempel.	Auflösung.	Nr. bei Schürmans	Fundort.
46.	IVRONI	Juroni(us) (?)	2845 (M. IVRON)	Worms.
47. (2 St.)	KIN	Fabrikmarke, 2mal ähnlich	„	
48.	LENTV F	Lentu(lus) f(ecit)	2940 (Lentuli)	„ M.
49.	LVP F	Lup(us) f(ecit)	3093	„ L.
50.	¶ M ¶		„	L.
51.	MACCA	Macca(rus)	3119	„ L.
52.	MARITVS	Maritus	3319	„ M.
53.	MARTIAL FE T und I ligiert	Martial(is) fe(cit)	3340	„
54.	OF MAS	of(ficina) Mas (?)	3373	„ M.
55.	OF MASO M u. A ligiert.	of(ficina) Maso (?)	3440	„ L.
56.	/VL': MAS:	[A]ul(us)? Mas(o)		„ L.
57.	MEPS	auf einem Ziegel	„	M.
58.	MILA	unbestimmbar	„	
59.	OF MO	of(ficina) Mo(desti)	3638	Westhofen.
60.	MRMO	unbestimmbar		Offstein.
61.	OF MVRRAN MVR u. AN ligiert	of(ficina) Murran(i)	3759	Worms L.
62.	NANVS FE	Nanus fe(cit)	„	L.
63. (2 St.)	NEN (?)	unbestimmt, 2 Lampen	3838 (NEM)	„ M.
64.	OF NO	„	„	L.
65.	C OCTAVI	Gai Octavi Lampe	3973	„ M.
66.	PASO	Paso (?)	4115	„ jetzt in Mainz.
67. ..	PATRICI	Patrici	4200	„ M.
68. (2 St.)	PEPPO FEC	Peppo fec(it)	4275	„ M. u. L.
69. (2 St.)	PLACIDVS	Placidus	4336	„ L.
70.	PRIMITIVoS	Primitivos	4441	Rheinzabern.
	Stempel 2mal aufgesetzt, dabei etwas verschoben.			
71.	PRIMITIVoS F	Primitivos f(ecit)	4442	„
72.	PROGNVS	Prognus		Worms Stadth.
73.	RECINVS F	Recinus f(ecit)	4617 ähnlich	
74.	RELATVLLVS	Relatullus	„	L.
	A hat die alte Form, der dritte Strich geht vom ersten schräg abwärts.			
75. (2 St.)	RITVS F	Ritus f(ecit)	4702	„ u. L.
76.	OF RVFI	of(ficina) Rufi	4765	„ L.

Nr.	Stempel.	Auflösung.	Nr. bei Schürmans	Fundort.
77.	RVFVS F unsicher.	Rufus	4791	Worms.
78.	— RVLIVS	unbestimmbar		„
79.	— RVS	„		„
80.	SABINI	Sabini, Lampe	4826	„ M.
81.	SABINVS SABINVS	Sabinus Sabinus	Lampe 4835	„ jetzt in Mainz.
82.	SACI▭	Saci···		„ M.
83.	SALVEV	Salve[t]u(s)	4895	„ L.
84.	SASMI M undeutlich.	Sarini (?) Lampe	4939	„ M.
85.	OF SARNI	of(ficina) Sar[i]ni (?)	4941 ähnlich	„ L.
86. (4 St.)	SATON	Saton Lampen	4950	„ u. M.
87. (4 St.)	SATTONS	Satton(i)s, Lampen	4959	„ M.
88.	[SE]CVNDINI M· SE abgebrochen.	[Se]cundini m(anibus)	5051	„ L.
89.	SENT	Sent(ius) (?)	5109 ähnlich	„ L.
90. (2 St.)	SER (vertiefter Stempel.) F	Lampen	5120 ähnlich	„ M.
91.	SEVERVS	Severus	5180	Flonheim.
92.	S · F · E · Privatstempel auf der Scherbe eines Doliums			Sporkenheimer Hof b. Ingelheim.
93.	ŒIDATVS	Sidatus		Worms M.
94. (2 St.)	(?) SINORVS (?)	(?)Sinorus(?) Lampe	5265	„ „
95.	SIRONII F	Sironii f(ecerunt) Lampe		„ M.
96.	SVM vertiefte Schrift F	Sum(mus) f(ecit)		„ M.
97.	TOCCA FX (?)	Tocca f(ecit) (?)	5493	„ M.
98.	VAPVSV (?)		5567 Vapuso	„ M.
99.	VIBIANI	Vibiani Lampe	5708	„ M.
100.	VICTOR	Victor	5720	„ jetzt in Mainz.
101.	VICTOR FE	Victor fe(cit)	5722	„ M.
102.	VIRHVS	Vir[t]hus (?)	5816	„
103.	VITALIS eingeritzte Schrift.	Vitalis Lampe	5851	„ R.

Legionsstempel.

Im ersten Teile war S. 93 angegeben worden, daß bis dahin nur 4 Ziegelsteine mit einem Militärstempel und zwar der

22. Legion LEG XXII P P F in Worms gefunden worden seien und nun im Paulus = Museum aufbewahrt würden. Zwei von denselben sind in früherer Zeit gefunden worden und lagen lange Jahre im städtischen Archiv. Es sind dies Platten von 21 cm im Quadrat. Auf der einen ist der Stempel deutlich ausgedrückt, in einer oblongen Vertiefung steht die Bezeichnung der Legion, darunter liegt ein Zweig, auf der anderen Platte von gleicher Größe ist zwar die gleiche oblonge Vertiefung eingedrückt, der Stempel selbst aber ist so schlecht abgedrückt, daß es kaum möglich ist, die betreffenden Buchstaben, eher noch die zweigartige Verzierung zu erkennen. Die dritte Platte ist nicht vollständig vorhanden, scheint aber dieselbe Größe etwa gehabt zu haben, ihre Dicke beträgt 5 cm. Sie wurde im Jahre 1882 zufällig im Bauschutt auf dem Wege nach dem Wäldchen gefunden. Der Stempel ist ganz deutlich bis auf die letzten Buchstaben: LEG XXII PF ist deutlich, PF dagegen nicht. Eine zweigartige Verzierung wie auf der ersten Platte zeigt der Stempel nicht, ist deshalb wesentlich schmäler als der Stempel auf jener, dagegen ist er mit einer zweiten Linie umrahmt. Auch zeigt die Platte gegen den Rand mehrfache, etwa halbkreisförmige Riefelung. Die vierte Platte endlich wurde bei der Ausgrabung bei Mariamünster im Jahre 1882 gefunden. Sie hat 27 cm im Quadrat und ist 3¹/₂ cm dick. Der Stempel zeigt die Schrift LEG XXII PP, an der rechten Seite steht eine Verzierung, ein größerer senkrechter Strich mit mehreren kleinen, wagrechten Strichelchen, während an der linken Seite ein einfacher senkrechter Strich steht; im unteren Teile des Stempels befinden sich 3 zweigartige, gegeneinander gerichtete Verzierungen. Die Länge dieses Stempels beträgt 8¹/₂ cm, seine Breite 3¹/₂ cm. Diesen vier Legionssteinen ist zunächst noch als fünfter in Worms gefundener Stein mit Militär = stempel ein früher am Bischofshofe eingemauerter, jetzt nicht mehr vorhandener Stein zuzuzählen, der im ersten Teile S. 76 irrtümlich nach Schannat als Bruchstück eines Denksteines bezeichnet worden ist. Derselbe trug dieselbe Inschrift wie mehrere der jetzt noch zu besprechenden Ziegel und war jedenfalls auch ein solcher. Seine Inschrift lautete: LEG. XX(II) PP IVL. PRIMVS

Auch in der früheren Bandel'schen Sammlung (Teil I S. 25) sollen Legionsziegel gewesen sein, doch weiß niemand über den Fundort und den Verbleib derselben irgend etwas Bestimmtes anzugeben. Zu jenen 5 bekannten früheren Steinen sind nun durch die Ausgrabung auf dem Gebiete der Firma Dörr u. Reinhart noch folgende weitere Legionssteine hinzugekommen:

6. Ein 4 cm dicker Ziegel von 21 cm im Quadrat mit dem Stempel:

| LEG. XXII PPF |
| IVL· PRIMVSF |

Die Länge des Stempels beträgt 10½ cm, seine Breite 28 mm.

7. Ein an derselben Stelle, d. h. in demselben römischen Bau gefundener Ziegel von gleicher Größe, auf dem jedoch die Buchstaben nicht mehr zu erkennen sind.

8. Eine 5 cm dicke, große Ziegelplatte von 42 cm im Quadrat mit dem deutlich ausgeprägten Stempel:

| LEG XXII PPF |
| IVL PRIMVSF |

und Riefelung an der einen Seite. Die Länge des Stempels beträgt 10 cm, seine Breite 27 mm.

9. Eine Ziegelplatte von derselben Größe und Dicke mit demselben Stempel, nur daß das F in der ersten Zeile besser ausgeprägt ist.

Somit ist hier auf 3 Steinen derselbe Stempel gefunden worden, der auf dem verlorenen Steine aus dem vorigen Jahrhundert stand. Der hier der Bezeichnung der Legion beigegebene Töpfername Julius Primus f(ecit) findet sich auffallender Weise auch auf Legionsstempeln, die in Mainz, Höchst, Marienfels, Heddernheim, der Saalburg, in Birstein bei Hanau u. a. O. gefunden worden sind. Es ist noch nicht hinlänglich aufgeklärt, wie dies Vorkommen desselben Namens an verschiedenen Orten zu erklären ist. Man nimmt in der Regel an, daß die Ziegel durchgehends an dem Orte gebrannt worden seien, wo sie gefunden werden, daß also an dem Orte, wo Steine eines Truppenteiles gefunden werden, wirklich dieser Truppenteil oder wenigstens eine Abteilung desselben gestanden habe. Da ist es nun sehr auffallend, daß genau dieselben Stempel an verschiedenen Orten gefunden werden, daß derselbe Töpfername an verschiedenen Orten sich findet. Dies legt in der

That die Vermutung nahe, daß wie die Thongefäße, wenn auf
die Stempel überhaupt etwas zu geben ist, vielfach sehr weit
transportiert worden sind, so auch die Ziegel meist aus größeren
Fabrikationsplätzen bezogen worden seien. Diese Hypothese hat
Dr. Wolff in Hanau aufgestellt und eingehend zu begründen ge=
sucht. Aber so annehmbar die Vermutung auch auf den ersten
Blick scheinen mag, so ist doch, wie uns scheint, mit Recht ent=
schiedener Widerspruch dagegen erhoben worden. Denn, um von
der Wichtigkeit der Entscheidung dieser Frage für unsere Kenntnis
der Standquartiere der römischen Truppen ganz zu schweigen,
was konnte wohl veranlassen, einfache, rohe Ziegelsteine etwa von
Mainz stromaufwärts nach Worms zu transportieren, wo man solche
bei reichlich vorhandenem Materiale mit Leichtigkeit sich herstellen
und auch von Privaten leicht beziehen konnte. Denn daß hier
Ziegel von Privaten hergestellt wurden, zeigen deutlich die
Hunderte von römischen Ziegeln der verschiedensten Art und
Größe ohne Stempel, die sich z. B. nur bei der letzten Aus=
grabung bei Mariamünster gefunden haben. Auch wird der
Stempel MEPS, der sich auf Ziegeln in Mariamünster ge=
funden hat, doch wohl einen Privaten bezeichnen sollen. Die
Annahme, daß, wenn von einem größeren Truppenkörper eine
kleinere Abteilung abgezweigt und an einen benachbarten Ort als
Besatzung gelegt wurde, diese aus dem Hauptquartiere neben
anderen Geräten auch Ziegelstempel mitgeführt habe, scheint uns
deshalb wahrscheinlicher als die, daß die fertigen, schweren Ziegel=
steine auf größere Entfernungen transportiert worden wären. Auf=
fallend bleibt allerdings, daß in Worms zwar eine ziemliche An=
zahl Grabsteine von Soldaten verschiedener Truppengattungen,
aber noch nie Ziegel mit Stempeln dieser gefunden worden sind,
während umgekehrt sich noch kein Grabstein eines Soldaten der
22. Legion hier gefunden hat. Doch kann das letztere ja recht
wohl rein zufällig sein, ja es kann überhaupt kaum auffallend
erscheinen, wenn wir annehmen, daß nur vorübergehend eine
kleinere Abteilung der 22. Legion hier gelegen hat, bezüglich des
ersteren aber ist wohl anzunehmen, daß diese Abteilungen, vor=
zugsweise Reiter, sich hier mit der Herstellung von Ziegeln nicht
befaßt haben.

Ferner wurden an derselben Stelle noch folgende Ziegel gefunden:

10. Auf einer 42 cm langen, 13 cm breiten und 4 cm dicken Platte ein Rundstempel mit der Inschrift LEG XXII PR P F. Siehe Tfl. II 5.

11. Ein Bruchstück eines gleichen Steines mit einem ganz ähnlichen, leider nur zur Hälfte erhaltenen Stempel, nur daß hier die Scheibe nicht am Rande stielartig zusammengezogen ist, und daß die Schenkel der beiden XX sich einander schneiden, genau so, wie auf dem bei Suchier, Weitere römische Münzen und Stempel aus der Nähe von Hanau, Tafel I Nr. 27 abgebildeten Stempel. Auf dem unserigen ist von der Schrift bloß erhalten G XXII. Auch sind auf diesem Bruchstücke und auf mehreren nicht gestempelten Ziegeln deutliche Fußspuren eines Tieres das über die noch nicht getrockneten Ziegel hingelaufen ist, zu sehen. Auch die beiden letzten Stempel mit ihrer charakteristischen Form haben sich an verschiedenen Orten gefunden, wie schon der Hinweis auf die angeführte Schrift zeigt. Was die beiden Scheiben eigentlich vorstellen sollen, ist ungewiß.

12. Auf einer 41 cm langen, 30 cm breiten und etwas über 4 cm dicken Platte der 12 cm lange, 27 mm breite Stempel LEG (XXII) PRPF. Die Buchstaben sind langgestreckt, aber schlecht ausgeprägt, insbesondere ist die Legionszahl kaum zu erkennen.

13. Derselbe Stempel auf einer gleichen Platte, nur noch etwas nachlässiger abgedrückt.

14. Endlich wurde noch eine 5 cm dicke Platte von 42 cm im Quadrat mit einem 12 cm langen, 3 cm breiten deutlich ausgeprägten Stempel gefunden. Derselbe zeigt an der rechten und linken Seite einen halbkreisförmigen Ausschnitt, unten und oben aber kleine von links nach rechts gehende schräge Striche (Kerben). Die Schrift LEG XXII PPF steht zwischen zwei senkrechten Linien. (Siehe Tfl. II 6.)

IV.

Die etrurische und griechisch-italische Sammlung.

Als wir im ersten Teile die schöne von Herrn Major von
Heyl dem Museum übergebene Sammlung griechisch-italischer
Thongefäße und etrurischer Funde besprachen, gaben wir unserer
Freude über diese stattliche Bereicherung der Sammlungen des
Museums Ausdruck, denn dieselbe wirke nicht bloß belehrend, in-
sofern sie an Originalen den großen Unterschied zwischen römischer
und griechischer Gefäßbildnerei, sowie die Eigentümlichkeit des
etruskischen Hausrates zeige, sondern sie habe auch ganz direkte
Beziehung zu unserer Gegend, da in derselben vielfach schon
Funde gemacht worden seien, die sicher griechischen oder etrurischen
Ursprungs seien und offenbar von den Etruskern, die in vorgeschichtlicher Zeit einen regen Handelsverkehr mit den Völkern
nördlich der Alpen unterhielten, in unsere Gegend geliefert worden
seien. Wir freuen uns, mitteilen zu können, daß solche sicher
etrurische, aber in unserer nächsten Nähe gefundene Gegenstände
seit jener Veröffentlichung nun auch in das Paulus-Museum gekommen sind. Es ist dies erstens ein 1885 im Rheine bei Mainz
gefundener etruskischer Bronzeschild. Derselbe ist kreisrund, flach
gewölbt mit einer Anzahl getriebener Reife, ist mit charakteristischen,
tonisch geformten Nägeln beschlagen und hat auf der Rückseite
zwei Ösen zur Befestigung der Schildfessel und einen massiv gegossenen Griff. Die Form des Schildes weicht wesentlich ab von
den im Norden gefundenen etruskischen Bronzeschilden, stimmt dagegen mit Ausnahme der Größe vollständig überein mit der Form
der zwei im Mainzer Museum befindlichen etruskischen Bronze-
schilde, von denen Lindenschmit in seinen Altertümern unserer
heidnischen Vorzeit Band I, XI 1. 4—5 Abbildungen gegeben hat.
Von diesen beiden hat der eine, der vor Jahren im jenseitigen
Bayern gefunden worden ist, einen Durchmesser von 42 cm, der

andere gleichfalls vor längerer Zeit schon bei Bingen gefundene
einen solchen von 39 cm, während der unserige einen Durch=
messer von 45 cm hat. An dem äußeren Rande ist derselbe ein
wenig beschädigt, so daß der zur Verstärkung des Randes ein=
gelegte Bronzedraht an mehreren Stellen zum Vorschein kommt.
Weitere Schilde dieser Form außer den drei genannten sind bis
jetzt nicht bekannt. Ob dieselben übrigens wirklich als Schilde
zur Abwehr im Kampfe gedient haben, erscheint uns bei dem ver=
hältnißmäßig geringen Durchmesser derselben und dem geringen
Schutze, den sie dem Manne hätten bieten können, sehr zweifel=
haft; vielleicht waren es nur im Kultus gebrauchte Votivschilde.

Gleichzeitig mit unserem Schilde wurde an derselben Stelle
im Rheine bei Mainz noch ein anderer etruskischer Gegenstand
aufgefunden und ebenfalls für das Paulus=Museum erworben.
Es ist dies der Henkel mit den beiden Henkelansätzen eines
etruskischen Bronzegefäßes von der Form des von Lindenschmit
in dem angeführten Werke Bb. III VII 3.2 abgebildeten. Der
Henkel ist massiv gegossen und gewunden; die Enden sind zu
Haken umgebogen, in welchen die kreuzförmigen Henkelansätze
hängen, die am oberen Ende die eigentlichen Ösen tragen. Jeder
dieser kreuzförmigen Ansätze war mit vier konischen Nägeln an
die Seitenwand des Gefäßes genietet. Das Gefäß selbst ist wahr=
scheinlich im Boden stecken geblieben, während der Henkel mit den
Ansätzen durch die Baggermaschine losgerissen wurde. Übrigens
ist wohl anzunehmen, daß auch dieses Gefäß wie andere derartige
etruskische Bronzegefäße mit 2 Henkeln und vier Henkelansätzen
versehen war, der andere Henkel also am Gefäß haften geblieben ist.

Abgesehen von diesen beiden in unserer Provinz gefundenen
interessanten Gegenständen, wurde dieser Teil der Sammlungen
des Paulus=Museums noch durch verschiedene römische, in
Italien gefundene und durch einen Freund des Herrn Major
v. Heyl dem Museum gestiftete Gegenstände bereichert. Es sind folgende:

1. Ein Kopf mit Hals von etwas über Lebensgröße aus
Marmor. Der Kopf zeigt den echt römischen Typus, breites
Gesicht mit energischem Ausdruck. Das Haar ist kurz. Das
Ganze ist eine gute Arbeit.

2. Ein Kopf aus Marmor, kleiner als der vorige, mit

lächelndem Gesichtsausdruck. Das Haar ist lockig. Gearbeitet ist dieser Kopf weniger gut als der vorhergehende.

3. Ein etwas nach der Seite geneigter Kopf aus Sandstein von etwa ³/₄ Lebensgröße, durch Verwitterung etwas beschädigt.

4. Bruchstück einer kleinen, gut modellierten Marmorstatue. Dasselbe ist ziemlich dünn und zeigt die Vorderseite der Schultern und die Brust, seine Höhe beträgt 12 cm, seine Breite im Durchschnitt 17 cm. Über die rechte Schulter läuft ein 1¹/₂ cm breites Band (Riemen), auf der linken Schulter ist das Gewand durch einen Knopf zusammengehalten, während die rechte Seite frei ist.

5. Ein aus Thon gebrannter, innen hohler Fuß mit Sandale ohne Andeutung des Riemenwerkes. Die große Zehe fehlt.

6. Ein großes zweihenkeliges Weingefäß, eine Amphora, in ihrer Form genau den beiden in Bermersheim gefundenen entsprechend. Höhe 95 cm, Umfang 1,32 cm.

7. Eine Urne mit 2 eigentümlich gestalteten Henkeln. Dieselbe ist 33 cm hoch, hat einen Umfang von 90 cm und einen oberen Durchmesser von 29 cm. Über dem Bauche des Gefäßes steigt der Hals desselben 6 cm fast senkrecht auf und wird dann durch einen etwas vorspringenden, 2¹/₂ cm breiten Rand abgeschlossen. Die Henkel sitzen mit 2 Spitzen am oberen Rande des Bauches auf, vereinigen sich dann zu einem 6 cm breiten Streifen, der in spitzem Winkel in gleicher Höhe mit dem oberen Abschusse des Randes nach dem Gefäße zurückgebogen ist. Die Urne hat braune Farbe und ist am oberen Rande mit einem Mäandermuster verziert.

8. Eine ähnliche 27¹/₂ cm hohe Urne mit ziemlich spitzem Fuße. Der Bauchumfang derselben beträgt 89, die obere Öffnung 16 cm. Der Rand ist 2¹/₂ cm breit. Die Henkel sind ähnlich gestaltet wie an der vorhergehenden Urne.

Am Schlusse dieses Abschnittes sei noch bemerkt, daß in der einen Abteilung desselben Schrankes auch eine kleine Kollektion cyprischer Gefäße ausgestellt ist, die dem Paulus-Museum von Herrn Historienmaler Naue in München gestiftet worden ist. Es kann jedoch auf dieselbe hier nicht näher eingegangen werden.

V.

Die übrigen römischen Altertümer des Paulus-Museums.

Wie in der ganzen Arbeit, so soll auch in diesem Teile, der vorzugsweise zugleich die Aufgabe eines Katalogs zu erfüllen hat, für die Besprechung der seitherigen Bereicherung und Ergänzung der Sammlung genau die im ersten Teile gewählte Anordnung beibehalten werden.

a. Die verschiedenen Bestattungsformen der Römer.

Über die verschiedenen Formen der Bestattung, die Verbrennung und die Beerdigung der Leiche, kann hier durchaus auf das im ersten Teile Gesagte verwiesen werden. Erwähnt sei nur, daß nach dem auf der großen Begräbnisstätte bei Mariamünster beobachteten Verhältnis auch in den späteren Jahrhunderten das Verbrennen der Leichen bei den Römern das Gewöhnlichere gewesen sein muß. Denn wenn sich auch 85 Steinsärge, eine an sich ja sehr beträchtliche Zahl, und eine Anzahl Bestattungen in Holzsärgen gefunden haben, so war doch die Zahl der Aschenbestattungen bei weitem größer. In weitaus den meisten Fällen befand sich die Asche in einer Urne aus gebranntem Thon, einmal in einer Glasurne. Dieselbe ist, soweit bekannt, die einzige bei Worms gefundene; sie hat die Gestalt der bekannten Fischglocken (Siehe Tfl. IX 2), ist 18 cm hoch, hat an der Öffnung einen Durchmesser von 15 cm, einen Bauchumfang von 76 cm. Das Glas derselben ist vollständig durchsichtig und hat fast nicht oxydiert. Aber nicht immer verwandte man zur Aufbewahrung der Asche wirkliche Urnen. Im ersten Teile ist angeführt, daß bei armen Leuten die Asche nicht selten einfach nur auf einen Platz zusammengescharrt wurde, bei den letzten Ausgrabungen fand sich die Asche wiederholt in irgend einem Notbehälter, wie er sich gerade darbot, so mehrmals, wie schon oben bemerkt, in einer der bekannten Heizungsröhren mit einer Öffnung an einer der Breit- oder Schmalseiten zum Ausströmen der warmen Luft. Fünf so verwandte derartige Röhren sind im Museum ausgestellt. Einmal fand sich auch bei Mariamünster die Asche in einem zerbrochenen Weinkruge, einer Amphora, aus gelblichem Thon. Derselbe hat jetzt noch eine Höhe von 65 cm und einen Umfang von 74 cm. Der Hals, der Ausguß und die beiden Henkel sind abgeschlagen.

In Steinkisten fand sich die Asche bei den letzten Ausgrabungen bei Mariamünster etwa 15 mal. Da über die verschiedenen Formen derselben und die verschiedene Art des Verschlusses oben schon gesprochen worden ist, sei hier nur noch darauf hingewiesen, daß die durch eiserne Klammern geschlossene, sowie die große mit den Versetzzeichen und verschiedene andere im Museum unter dem Orgeleinbau aufgestellt sind.

Endlich ist auch ein Aschenkästchen aus Blei mit der noch darin befindlichen Asche ausgestellt in dem großen Glasschranke mit selteneren römischen Thongefäßen auf der für den Eintretenden rechten Seite des Museums. Dasselbe ist 21 cm lang, 18 cm breit und 12 cm hoch, der Deckel ist mit einem 2 cm breiten Rande versehen. Gefunden wurde das Kästchen in einem der römischen Gräber in der Nähe von Engers, in denen auch die unten noch zu besprechenden frührömischen Thongefäße gefunden worden sind.

Daß bei der Verbrennung Räucherwerk, Salben u. dgl. verwandt und zugleich mit anderen Gaben, wie Kuchen u. dgl., von den an der Beerdigung Teilnehmenden zum Abschiede auf den Scheiterhaufen gelegt wurden, wissen wir aus den Angaben der Schriftsteller. Als Bestätigung können dann die bei Mariamünster in Aschenurnen gefundenen Stücke Weihrauch und Überreste von Salbbüchschen und Röhrchen dienen, die im Museum in dem rechten Tische unter der Orgel ausgestellt sind.

Daß auch zuweilen infolge eines weit verbreiteten Aberglaubens Bleitäfelchen mit den Namen und Verwünschungen Lebender mit in das Grab gelegt wurden, ist oben eingehend besprochen worden, und es zeigen es die ausgestellten bei Kreuznach gefundenen 6 Täfelchen.

7

In betreff der Bestattung in Stein= und Holzsärgen ist dem oben im ersten Abschnitte Bemerkten hier nichts weiter hinzuzufügen.

b. Gebilde aus Thon.

Schon zur Zeit der vorigen Besprechung war die Sammlung der römischen Thongefäße recht stattlich, gleichwohl ist dieser Teil der Sammlung, was die Zahl der Stücke betrifft, wohl am meisten in der seitdem verflossenen Zeit vermehrt worden. Denn gerade an Thongefäßen ergaben die Ausgrabungen bei Maria= münster eine außerordentliche Menge, da ja die Beraubung nur die Steinsärge, also vorzugsweise nur die Gläser betroffen hat. Außerdem wurden aber auch noch aus der Nachbarschaft, sowie von dem Gräberfelde bei Engers eine größere Anzahl zum Teil recht interessanter Gefäße für das Paulus=Museum erworben. Hierdurch ist dann die Sammlung der Gebilde aus Thon nicht bloß der Zahl der Stücke nach, sondern auch in betreff der Mannigfaltigkeit der Formen außerordentlich bereichert worden. Von den neu hinzugekommenen Gefäßen verdienen hier zunächst an erster Stelle die aus Engers und einigen Orten Rheinhessens erworbenen angeführt zu werden. Dieselben sind im Museum in dem großen Glasschranke auf der Südseite aufgestellt und stammen aus der Frühzeit der römischen Herrschaft in Deutschland. Einige derselben sind auf Tfl. XI u. XII veranschaulicht.

Diese frührömischen Gefäße sind deshalb von besonderem Interesse, weil sie Übergänge zeigen von den Formen der ein= heimischen Töpferei zu den eigentlich römischen. Der Übergang hat sich gewiß sehr rasch vollzogen, das gewaltige römische Reich besaß eine uns kaum verständliche Assimilationskraft, gleichwohl müßte es doch höchst auffallend erscheinen, wenn zwischen den Typen der La Tènegefäße, wie sie gerade in der prähistorischen Abteilung des Paulus=Museums in einer größeren Anzahl von Exemplaren vertreten sind, und den eigentlich römischen Formen gar keine vermittelnden Übergänge sich fänden. Während nun früher diese Übergänge von den einheimischen Gefäßformen und Gebräuchen zu den römischen in den Rheinlanden nicht beobachtet worden waren, ja die Thongefäße der La Tèneperiode selbst

nur in wenigen Museen vertreten waren, ist in den letzten
Jahren eine Reihe von Funden gemacht worden, die geeignet
sind, den Übergang zu veranschaulichen. So wurde von
seiten des Speierer Museums bei Mühlbach am Glan ein für
die Übergangszeit sehr charakteristisches Gräberfeld aufgedeckt. Es
fanden sich dort in den Gräbern als Beigaben noch nach
germanischer Weise Waffen (Gladius) und Thongefäße, die teils
bereits die Formen der römischen, teils aber auch noch die der
einheimischen Gefäße haben. Diese interessante Übergangszeit ist
nun auch im Paulus-Museum durch verschiedene der für das
Museum erworbenen Gefäße vertreten; bei Worms selbst sind
Gefäße der Art noch nicht aufgefunden worden. Es mag deshalb
bei der Aufzählung und Besprechung der interessanteren neuen Thongefäße mit diesen begonnen werden.

Am deutlichsten zeigt den Übergang ein 17 cm hohes
schwarzes Gefäß mit einem Bauchumfang von 48 cm. Dasselbe
hat noch genau die Form der im Museum ausgestellten Krüge
der La Tèneperiode, aber bereits das mit dem Töpferrädchen
hergestellte bandartige Ornament der meisten römischen Urnen.
(Siehe Tfl. XII 6.) Ferner ist hier anzuführen eine 40 cm hohe
schwarze cylinderförmige Urne, die mit einem ornamentierten Deckel
zugedeckt war. (Siehe Tfl. XI 1.) Dieselbe hat nur einen
Umfang von 69 cm, oben einen schmalen Rand und eine kleine
Einschnürung am Fuße. Rings um das Gefäß laufen eine Anzahl
mit Zickzackornament verzierte Bandstreifen. Ein anderes ähnliches Gefäß hat bei 24 cm Höhe einen Umfang von 51 cm
und ein etwas anderes gabelförmiges Strichornament. Ähnliche
große cylinderförmige Gefäße sind auch aus den germanischen
Gräbern ausgestellt. Zwei interessante frührömische Gefäße aus
Engers und Planig in Rheinhessen mit reicher Profilierung veranschaulicht die Zeichnung auf Tfl. XII 2. Beide sind von
roter Farbe und etwa gleicher Größe (19 cm Höhe bei einem
Umfang von 51 cm). Hübsch profiliert und durch eingeritztes
Strichornament zwischen der oberen und unteren Profilierung
verziert sind zwei hellrote Becher von 12 cm Höhe und 10 cm
Durchmesser. Der eine hat etwas hellere Farbe und ist ein klein
wenig niedriger als der andere. (Siehe Tfl. XII 4.) Außerdem

7*

verdienen von den Gefäßen aus Engers noch hervorgehoben zu werden: ein 39 cm hoher rötlich marmorierter Krug mit 3 Henkeln. Der Bauch desselben hat einen Umfang von 1 m und verjüngt sich nach unten nur wenig. (Siehe Tfl. XI 2.)

Eine 24¹/₂ cm hohe Urne von der gewöhnlichen römischen Urnenform verdient hier erwähnt zu werden wegen ihrer in weißer Farbe aufgemalten Verzierung. Von einem Kreise gehen nach den Seiten und nach unten je drei strahlenförmige Punktreihen aus. Eine 30 cm hohe, festgebrannte rote Urne hat 2 Henkelchen am Ausguß, eine kleine, nur 12¹/₂ cm hohe graue Urne ist mit 8 von oben nach unten gehenden Ornamentstreifen (übereinander liegenden Blättern) geschmückt. Endlich sei noch ein 11 cm hohes Kännchen erwähnt mit einem Ausguß am Bauche, ein sog. Guttus, von schwarzer Farbe mit weißen Punkten. Über den Zweck dieser Kännchen, deren im Paulus=Museum außer einem gläsernen jetzt 4 aus Thon ausgestellt sind, siehe Teil I S. 108. Verschiedene von demselben Gräberfelde stammende Schälchen mit Stempelinschriften und Teller, sowie ein rotes Kännchen genügt hiermit erwähnt zu haben.

Von den aus Rheinhessen stammenden Gefäßen seien zunächst zwei Urnen erwähnt, die in der Nähe von Mainz gefunden worden sind: eine kleinere von blaugrauer Farbe mit Verzierungen en barbotine, und eine Gesichtsurne von dunkelgrauer Farbe. Das deutlich gebildete Gesicht ist stark fratzenhaft mit je einem schiefen Schnitte in den Augen. An der Nasenwurzel sitzen die Augenbrauen auf, die als dicker gekerbter Wulst im Halbkreise um die Augen herum bis in die Höhe des Mundes geführt sind. Das Kinn tritt stark spitz hervor und sind daran Haare angedeutet. Während bei den beiden in Mariamünster gefundenen Gesichtsurnen um die Öffnung herum 3 Handhaben sitzen (siehe Teil I Seite 107), fehlen dieselben an der eben besprochenen. Dieselbe scheint überhaupt zunächst zu einer gewöhnlichen Urne bestimmt gewesen zu sein, da zwei Ornamentreife durch das Gesicht gehen. Bezüglich der großen Menge der bei Mariamünster gefundenen Urnen von der gewöhnlichen, oben beschriebenen Form sei nur im allgemeinen noch bemerkt, daß jetzt ungefähr 150 solcher Urnen in den verschiedensten Größen im Museum ausgestellt sind.

2. Auch von dem Zuwachs an krug- und kannenartigen Gefäßen haben wir einige hervorzuheben, während wir auf die große einige Hundert betragende Menge der kleinen sog. Thränenkrüge, die im Museum auf den Gestellen unter dem Orgeleinbau aufgestellt sind, nur im Vorübergehen hinweisen können. Hervorgehoben sei zunächst ein schöner 24 cm hoher Sigillatakrug, gef. bei Mariamünster, mit einem in scharfem Winkel ausgebogenen Gefäßbauch, (siehe Tfl. XII 5), ferner eine 26 cm hohe Sigillatakanne aus Mariamünster mit schön profiliertem Halse und Ausguß, sowie einem mit einem Blattornament am Rande aufsitzenden Henkel. An einem nahezu 29 cm hohen Kruge mit einem Umfange von 43 cm ist der untere Aufsatz des Henkels durch eine Gesichtsmaske verdeckt. Der Krug war mit einem roten Firnis überzogen, der sich aber durch die Feuchtigkeit der Erde an den meisten Stellen losgelöst hat. Der eigentlichen Wormser Gesichtskrüge (Teil I S. 108) ist schon oben gedacht worden; unter den neu hinzugekommenen ist auch ein kleiner von nur 15½ cm Höhe, während die größten etwas über 30 cm hoch sind. Kopf und Hals ist weiß, darunter sind noch drei weiße Streifen.

Die anderen Krüge und Kannen in den verschiedensten Größen können nicht alle im einzelnen angeführt werden, nur der großen Weingefäße, der Amphoren, mag noch mit einem Worte gedacht werden. Über dieselben im allgemeinen vergleiche man das im ersten Teile S. 107 Gesagte. Die eigentlichen Amphoren sind teils cylinderförmig, teils birnförmig gestaltet. Von der ersten Form ist die bei Mariamünster gefundene mit abgeschlagenem Halse, die oben schon beschrieben worden ist, weil sie zur Aufbewahrung der Totenasche benutzt war; von der anderen Form sind die beiden vor einem Steinsarge bei Bermersheim gefundenen Amphoren, ebenso die oben erwähnte aus Italien stammende. Die eine der beiden Bermersheimer ist weiß und hat eine Höhe von 71 cm und einen Umfang von 1,22 m, die andere ist rot gebrannt und ein wenig kleiner. Alle diese Weinkrüge haben, wie schon im ersten Teile angegeben, einen ganz spitzen Fuß, so daß sie immer angelehnt werden müssen.

Im Anschlusse an die Krüge gedenken wir nun der Becher aus Thon, die sich in sehr großer Zahl bei Mariamünster gefunden haben. Viele derselben sind sehr dünnwandig und dabei nur leicht gebrannt, deshalb natürlich sehr zerbrechlich. Aber obgleich infolge davon sehr viele bei der Ausgrabung zu Grunde gegangen sind, sind doch jetzt mehr als 100 Stück in den verschiedensten Größen und Arten im Museum ausgestellt. (Eine größere Anzahl steht daselbst in der dem Aufgange zur Lutherbibliothek auf der anderen Seite entsprechenden Thüre.) Einige der ausgestellten Becher sind feine Sigillatagefäße, diesen schließen sich mehrere 16—20 cm hohe, mit schönen (en barbotine) aufgegossenen Ranken an, welche nur schwach gebrannt und mit einem wenig haltbaren roten Firnis überzogen sind. Die Becher haben offenbar früher feinen Sigillatagefäßen sehr ähnlich gesehen, jetzt haben sie durch die Feuchtigkeit der Erde die rote Farbe an vielen Stellen verloren und dadurch ein weniger schönes Aussehen bekommen. Besonders erwähnen wollen wir von dieser Art der Becher zwei 19 cm und 14 cm hohe mit hohem, schlankem Fuße und zwei frei abstehenden dünnen Henkeln (Cantharus.) Andere Becher sind mit einem glänzenden schwarzen Firnis überzogen. Auf einem kleinen 11 cm hohen Becherchen dieser Art steht die Inschrift MISCE mit weißer Farbe aufgeschrieben. Die Inschrift steht zwischen zwei weißen Linien, die einzelnen Buchstaben aber sind durch weiße Punkte von einander getrennt. Ein anderer ähnlicher Becher ist in halber Höhe etwa nur mit einer Reihe dicker weißer Punkte verziert.

Ganz besonders fein ist ein Becherchen von 8 cm Höhe und einem Umfange von 23 cm. Die Höhe des Halses beträgt etwa ein Drittel der ganzen Höhe. Dasselbe hat eine außerordentlich dünne, kaum 1 mm dicke Wandung und ist mit einem sehr feinen, grauschwarzen Firnis überzogen, der, wie der Firnis der feinsten Sigillatagefäße auch die feinsten Linien hervortreten läßt. Der Hals ist oben und unten von je zwei ganz feinen Linien umzogen, während der Bauch oben und unten mit je zwei ganz feinen Strichreihen umsäumt ist. Der Fuß ist sehr klein und fein gebildet. Gefunden wurde das Becherchen in einer Aschenurne bei Mariamünster. Ein 16 cm hoher Becher mit aufgegossenen

Ranken hat genau die Gestalt der meisten der oben besprochenen
wirklichen und imitierten Sigillatabecher, ist aber von schwarz-
brauner Farbe. Dieselbe Farbe hat die große Mehrzahl der
neuen Becher. Viele derselben sind offenbar, um das Festhalten
dadurch zu erleichtern und zugleich auch die Form zu beleben, an
den Seiten ringsum mit länglichrunden Eindrücken versehen, bei
manchen in der Weise, daß breitere mit ganz schmalen abwechseln.
Der Hals der meisten ist ganz glatt, der der anderen mit Reifchen
versehen, die bei einigen auch am Fuße wiederkehren.

Auch Schüsseln, Schalen und Teller sind in großer Anzahl
durch die Ausgrabungen bei Mariamünster gefunden worden, doch
ist es zum großen Teile geringe, schlecht gebrannte Ware von
sehr grobem Materiale. In dem Schranke, der im Museum zur
linken Hand unter der Orgel steht, ist eine große Anzahl solcher,
weit über 100 Stück, aufgestellt. Eine ganz schöne Form hat
die auf Tafel XII 3 abgebildete Schüssel aus Planig. Auch bei
dieser Schüssel hat sich der rotbraune Firnis schlecht gehalten, an
vielen Stellen ist er ganz verschwunden. Ferner sind drei recht
schöne schwarze, glänzende Schüsseln, von denen die eine in
Mettenheim, die beiden anderen auf dem Dominikanerplatze gefunden
worden sind, ins Museum gekommen. Dieselben haben bei einer
Höhe von ungefähr 11 cm einen Durchmesser von etwa 24 cm.
Mit dem gleichen tiefschwarzen, glänzenden Firnis überzogen sind
4 hübsche kleine Schalen aus Engers. Eine sehr auffallende
Schüsselform ist durch zwei Exemplare im Museum vertreten.
Dieselben sind nämlich in etwa ein Drittel ihrer Höhe sehr stark
eingeschnürt, so daß der untere Teil mit dem oberen fast einen
rechten Winkel bildet, außerdem ist der Boden mit seinem Mittelpunkte sehr stark in die Höhe gedrückt, was an die La Tènegefäße erinnert. Die Farbe beider Schüsseln ist grauschwarz. Die
Höhe der einen beträgt $14\frac{1}{2}$ cm, die der anderen 15 cm. (Siehe
Tfl. XII 1.) Von den Schalen mag hier noch eine 15 cm hohe
rotgelbe Schale mit einem Durchmesser von 9 cm besonders erwähnt werden, da dieselbe außen mit einem nicht gewöhnlichen
Ornament geschmückt ist. Es stehen nämlich drei Reihen erhöhter
Halbkreise in der Form der Quincunx übereinander. Endlich
wollen wir hier noch auf eine Schalenform aufmerksam machen,

von der sich bei Mariamünster eine vollständig erhaltene und zwei
teilweise erhaltene gefunden haben, die aber im Museum auch durch
zwei Exemplare aus Kreuznach vertreten ist. Es sind dies Schalen
von teils fast weißer, teils rotgelber Farbe und einem Durch=
messer von 10—11 cm, die auf einem schlanken 4—6 cm hohen
Fuße stehen. Bei dreien ist die eigentliche etwa 4 cm hohe
Schale ein wenig unter dem oberen Rande und am unteren Ende
mit einem 1 cm breit abstehenden Rande umgeben, der in Ab=
ständen von etwa 1 cm durch Eindrücke mit den Fingern
ornamentiert ist. Bei der vierten Schale ist nur ein solcher Rand
angebracht, bei der fünften fehlt dieser Rand ganz.

Von den bekannten Lämpchen aus Thon haben sich in den
Gräbern bei Mariamünster sehr viele gefunden. Obwohl gerade
von diesen gar manche nicht abgeliefert worden sind, kamen doch
über 100 Stück ins Museum, so daß die Zahl der dort aus=
gestellten jetzt 154 Stück beträgt. Außer den Thonlämpchen ist
auch eins aus Bronze gefunden worden. Dasselbe wurde
von dem Arbeiter unterschlagen und an Herrn Kranzbühler ver=
kauft, der es zugleich mit einigen anderen Sachen, die er aus
Mariamünster erworben, dem Museum stiftete; es ist ein sehr
kleines Lämpchen mit schöner Patina und von der bei den Bronze=
lampen gewöhnlichen Form, für die insbesondere die Art des Griffes,
der hufeisenförmig nach hinten steht, charakteristisch ist. Die neuen
Thonlämpchen sind in sehr verschiedener Weise gebildet und
verziert. Die meisten sind aus gelbem, schwach gebranntem
Thone in der Weise gebildet, daß der Ölbehälter und der Deckel
besonders hergestellt und dann mit einander vereinigt worden sind.
Man kann bei den meisten diese Verbindungsstelle noch leicht er=
kennen; bei einigen hat sich die Verbindung in der Erde gelöst,
die dadurch die Herstellung besonders veranschaulichen. Es
kommen übrigens auch solche vor, bei denen man sich bloß mit
dem Ölbehälter, also dem unteren Teile, begnügt und denselben
gar nicht mit einem Deckel abgeschlossen hat; solcher sind zwei
im Museum ausgestellt. Eine Anzahl besonders kleinerer Lämpchen
sind aus einem ganz weißen, mit roter, wenig festsitzender Farbe
überstrichenem Thone hergestellt, der sich in feuchtem Zustande
wie Seife anfühlt, während andere wieder aus grauem, andere

aus rotem, sehr fest gebranntem Thone gebildet sind. Bei der Verzierung hat man nur ausnahmsweise mit der ganzen Lampe einen anderen Gegenstand nachgeahmt, so ist z. B. eine größere Lampe aus Mariamünster in der Gestalt einer vielbeerigen Frucht gebildet, in der Regel hat man in richtigem Stilgefühl dies nicht gethan, sondern nur auf dem Deckel oder an dem Griffe Verzierungen angebracht. Bei einer größeren Zahl ist der Deckel mit einer Maske z. B. eines Fauns, oder dem Gorgonenhaupte, oder auch einem Löwenkopfe geschmückt, andere zeigen eine ganz figürliche Darstellung, ein sehr schönes Lämpchen z. B. einen Wagenkämpfer, der auf seinem Kampfwagen mit zwei Pferden dahineilt. Der Griff ist bei weitaus den meisten Lampen zum Tragen derselben hinten angebracht und durchbohrt, bei solchen, die als Hängelampen gedient haben, befindet er sich oben auf dem Deckel und wächst dann bei einigen aus der Verzierung heraus, so ist z. B. bei einem die Nase einer Löwenmaske als Griff gebildet. Manche Lampen entbehren übrigens ganz eines besonderen Griffes. Neben der Verzierung ist der Deckel bei allen Lampen, abgesehen von der vorn befindlichen Öffnung für den Docht durch mindestens eine Öffnung zum Eingießen des Öls durchbrochen, bei einer größeren Anzahl indeß sind zwei solcher Öffnungen angebracht, zu denen bei einigen noch ein ganz kleines Loch hinter der Dochtöffnung hinzukommt, um mittels einer Nadel den Docht auf und ab schieben zu können. Eine größere Anzahl unserer Lampen, 36 im ganzen, tragen auf der unteren Seite einen Töpferstempel, wie oben schon angegeben ist, und zwar kehren die Namen einiger Firmen, so Fortis, Attilius u. a. öfters wieder, Fortis nicht weniger als 9 mal.

Schon im ersten Teile ist angeführt, daß die Römer zur eigentlichen Beleuchtung sich nicht bloß der Lampen, sondern auch der Kerzen bedient haben. Seitdem sind nun auch 4 Kerzenhalter (Leuchter) aus Thon gebrannt ins Museum gekommen; 2 wurden in römischen Gräbern bei Mariamünster, 1 in der Fabrik von Valckenberg u. Schön gefunden, 1 stammt aus Engers. Drei derselben veranschaulicht Tfl. XI 3, 4 u. 5. Der größte derselben, der bei Mariamünster gefunden wurde, ist 11 cm hoch und besteht aus einem grauen, stark gebrannten Thone, die anderen sind etwas niedriger. Sehr praktisch ist an zweien oben eine Art Schale angebracht, um das herabfließende Wachs auf-zufangen.

Bei der Neigung der Römer, den Gestorbenen ihre Lieblings-gegenstände ins Grab zu legen, ist es natürlich, daß wir in Kindergräbern nicht selten auch Spielsachen der Kinder finden. So hat sich bei den Ausgrabungen bei Mariamünster eine größere Anzahl von ganz kleinen Gefäßen gefunden, wie sie noch heute als Spielzeug für Kinder im Gebrauche sind, und die auch zur Zeit der Römer sicher keine andere Bestimmung gehabt haben, so 6 cm hohe Krügelchen, 3 cm hohe Schüsselchen mit 7 cm Durchmesser, kleine Urnen, Becherchen u. dgl. mehr. Hierher ge-hören auch zwei vollständig geschlossene Kugeln aus Thon mit Steinchen darin zum Rasseln, die in einem römischen Grabe bei Engers gefunden worden sind. Endlich sind hier noch die in demselben Schranke ausgestellten kleinen, aus weißem Thone ge-brannten Figürchen anzuführen. Solcher sind seit der vorigen Be-sprechung folgende hinzugekommen: 2 Vögelchen und der vordere Teil eines solchen, der bei Mariamünster gefunden wurde, ferner drei Statuettchen, welche je eine Matrone mit haubenförmigem Wulst um den Kopf darstellen, weiter eine Pallas mit Helm und Schild und eine kleine Gruppe zweier sich Küssenden, endlich ein Stück der vorderen Seite eines solchen Statuettchens. Einige derselben sind sehr steif und schlecht modelliert.

c. Glasgefäße.

Mehr als irgend ein anderer Teil der römischen Sammlung des Paulus-Museums zeigt die jetzt nahezu 300 Stück umfassende Sammlung römischer Gläser, daß Worms auf echt römischem Boden steht, denn fast diese ganze stattliche Sammlung ist un-geachtet der zahlreichen früheren Funde und ungeachtet aller Be-raubung der Gräber in den letzten 5 Jahren aus dem Boden der Stadt Worms ans Licht gekommen; nur eine verhältnismäßig sehr geringe Zahl von Gläsern stammt nicht aus Worms, darunter allerdings einige von besonderem Werte, so die im ersten Teile Tfl. II 9 abgebildete Flasche von der Gestalt einer Amphora und die unten noch zu besprechende Millefiorischale, welche beide

Herr Major von Heyl für das Paulus=Museum erworben hat. Hätte das Glück gewollt, daß die bei Mariamünster gefundenen Steinsärge nicht fast alle ausgeraubt gewesen wären, so würde die Bereicherung des Paulus=Museums gerade an römischen Gläsern eine ganz außerordentliche gewesen sein, da jeder der zufällig erhalten gebliebenen Särge 4—5 Gläser, zum Teil von den seltensten Formen, enthielt. Gleichwohl sind durch die Aus= grabungen bei Mariamünster 99 vollständig, oder wenigstens nahezu vollständig erhaltene Glasgefäße in unsere Sammlung ge= kommen, außerdem mehrere an der Nordseite der Stadt gefundene, 9 wurden von auswärts für das Museum erworben, darunter die 5, welche in dem bei Bermersheim gefundenen Sarge standen. Unter den neu hinzugekommenen Gläsern kehren natürlich vielfach die auch früher schon vertretenen Formen wieder, so daß wir in betreff derselben auf das im ersten Teile Gesagte verweisen können. Insbesondere sind die kolbenartigen Flaschen, auch die mit cylinderförmigem Halse, die Salbfläschchen, die kleinen viereckigen Flaschen aus bläulichem Glase, die kleinen halbkugelförmigen Schalen, sowie ganz flache, tellerförmige Schalen in größerer Zahl darunter. Hier müssen wir uns begnügen, nur die interessantesten besonders hervorzuheben.

1. Wohl das interessanteste und schönste Stück der neuen Gläser ist die auf Tafel VIII 1a und 1b abgebildete 26 cm hohe Flasche, deren Bauch in der Form eines Januskopfes mit 2 Ge= sichtern gebildet ist. Die Flasche stand, wie schon erwähnt, in einem der unversehrt gebliebenen Särge und hat sich dadurch, von kleinen Sprüngen abgesehen, vollständig unversehrt erhalten, obwohl das Glas an den vorderen Gesichtsteilen so dünn wie Papier ist. Die Flasche hat gerade an den als Kopf behandelten Teilen, an den Gesichtern und mehr noch an den Ohren und dem Haar durch Oxydierung einen außerordentlich schönen Silber= glanz angenommen. Beide Gesichter sind gleich und offenbar nach einer Form gebildet. Bewundernswert bleibt nur, wie das Glas in so außerordentlicher Feinheit hergestellt werden konnte. Nach Fröhner (**La verrerie antique** p. 60) hat man zwei Hauptformen der aus dem Altertum stammenden Gläser mit 2 Gesichtern zu unterscheiden, solche mit Medusenköpfen und solche mit 2 un=

bärtigen Masken. Die ersteren kommen in Syrien und auf der
Insel Cypern vor, die andern finden sich vereinzelt überall, in
Gallien sowohl wie in Süditalien und der Halbinsel Krim.
Auch unsere Flasche gehört zu der letzteren Art, ist aber ein be=
sonders schönes Exemplar der wenn auch in den verschiedensten
Teilen des römischen Reiches vorkommenden, doch im ganzen sehr
seltenen Form. In der von Fröhner in dem angegebenen Werke
beschriebenen und abgebildeten großen Sammlung Charvet be=
findet sich eine bei Toul gefundene derartige Flasche, die mit der
unsrigen große Ähnlichkeit hat, nur entbehrt sie des Fußes und
hat einen anders gestalteten Ausguß mit Henkel. Das Gesicht ist dem
des unsrigen ähnlich, namentlich bezüglich der großen Augen und der
Breite des Gesichtes, dagegen zeigt das unsrige jedenfalls das Gesicht
eines Mannes, nicht wie das französische das eines Knaben. Auch
in dem Kgl. Museum in Berlin befindet sich ein ähnliches Gesichts=
glas, das jedoch auch des Fußes entbehrt und einen cylinder=
förmigen Ausguß mit 2 kleinen am unteren Teile desselben an=
sitzenden Henkeln hat. Auch ist dasselbe, wie versichert wird, viel
schwerer und aus viel dickerem Glase hergestellt als das unserige. Wo
dasselbe gefunden worden ist, ist dem Verfasser nicht bekannt.

2. Nächst dem Gesichtsglase bilden die wichtigste Bereicherung
unserer Sammlung römischer Gläser drei interessante Schalen,
zu denen wir nun übergehen, indem wir zuerst die von
Herrn Major von Heyl für das Paulus = Museum erworbene
Millefiorischale betrachten. (Siehe Tfl. VII 4.) Dieselbe ist zu
Moselweiß gefunden worden und ist eine der größten Schalen
dieser Art. Sie hat einen Durchmesser von 20 cm und dabei
nur eine Höhe von 4½ cm, ist also ziemlich flach. Die Grund=
farbe ist rubinrot (häufiger ist blau, rot ist sehr selten); die Farbe
der Einsätze ist weiß, und zwar bestehen dieselben aus einem
weißen Kerne, der von einem roten und dann wieder einem weißen
Kranze umgeben ist. Die Einsätze, die in ihrer Größe sehr ver=
schieden sind, haben etwa die Form des Kreises, von dem sie sich
jedoch alle durch eine geringe Dehnung und Verschiebung mehr
oder weniger entfernen. Auch die Anordnung der Stifte ist eine
nur im allgemeinen regelmäßige, vermeidet aber pedantische Ge=
nauigkeit; sie sind nämlich in konzentrischen Kreisen um einen

mittleren Kern gereiht, doch lassen sich, wie gesagt, die Kreise nicht alle vollständig verfolgen, da sie mehrmals infolge der Anwendung von dickeren und dünneren Stiften ineinander übergehen. Die Schönheit der Schale kommt übrigens erst ganz zur Geltung, wenn man sie frei gegen das Licht hält, so daß die Strahlen der Sonne durchfallen, dann erglänzt das Rubinrot des Grundes und der Stifte in ganz besonders schönem Glanze. (Über die Herstellung der Mosaikgläser vergl. man Fröhner La verrerie antique S. 50 ff.) Erwähnt sei hier endlich noch, daß sich bei Mariamünster ein Spielstein von Mosaikglas gefunden hat.

3. Die zweite der drei flachen Schalen hat einen Durchmesser von 19 cm und ist reich mit eingeschliffenen Ornamenten verziert. Siehe Tfl. VII 5. Wie oben angegeben, wurde die Schale in einem der unversehrten Särge bei Mariamünster gefunden; sie hat dickes Glas, ist dadurch wohl erhalten und könnte für eine moderne Fruchtschale gehalten werden. Die Ornamente, die sich aus Kreisen und Halbkreisen zusammensetzen, sind nach der Ansicht von Sachverständigen eingeschliffen, nicht gegossen. Ihre Form ersieht man am besten aus der beigegebenen Zeichnung, eine genaue Beschreibung würde ermüden und ohne Abbildung doch kaum verständlich sein. An der Außenseite der Schale ist ein kleines Henkelchen angebracht, durch dessen Öffnung ein dickerer Bindfaden etwa durchgezogen werden kann.

4. Über die Auffindung und das Schicksal der dritten Tfl. VIII 2 abgebildeten Schale mit eingeritzten Figuren ist oben S. 24 Näheres angegeben worden. Sie hat einen Durchmesser von 19 cm und besteht aus hellem, nicht oxydiertem Glase. Wie die Abbildung zeigt, fehlen mehrere Stücke, namentlich, was besonders zu bedauern ist, ein größeres Stück des Randes, wodurch die auf demselben stehende Inschrift unvollständig und unverständlich geworden ist. Die vollständige Inschrift würde vermutlich auch eine Aufklärung geben über die eigentliche Bedeutung der dargestellten Figuren, die aus der Darstellung allein nicht recht ersichtlich ist. In der Mitte des Bildes steht eine unbekleidete weibliche Figur, die auf der rechten in die Höhe der Schulter erhobenen Hand einen einer Trinkschale ähnlichen Gegenstand trägt, während sie in der linken Hand einen rankenartigen Zweig

hält; zu ihrer Rechten und Linken stehen dann zunächst einige
ziemlich deutlich wiedergegebene Mohnstengel, worauf auf beiden
Seiten je ein Knabe folgt, dem über die eine Schulter und den
einen Arm eine fellartige, unten gespaltene Decke hängt, die bis
zum Oberbein herabreicht. Hinter jedem Knaben befindet sich eine
eigentümliche Zeichnung, die wohl auch eine Pflanze mit 4 nach
außen stehenden Zweigen vorstellen soll. (Oder sollte es etwa
irgend ein Geräte sein?) Nach oben schließen das Bild Wein-
ranken und gegeneinander gekehrte Ähren ab. Zu bemerken ist
noch, daß rechts und links von dem Kopfe der weiblichen Figur
je sechs Punkte im Kreise um einen siebenten herumstehen. Von
der Inschrift am Rande ist erhalten VINVM, dann fehlen 3
Buchstaben, dann ist wieder erhalten ITA, hierauf fehlt wahrscheinlich
wieder 1 Buchstabe. Wäre die Darstellung verständlich, würde sich wohl
das Wort leicht ergänzen lassen, sei es nun, daß in den Buchstaben ITA
der Rest eines Verbums vorliegt oder eines abstrakten Substantivs,
wobei im letzteren Falle noch die Möglichkeit vorläge, daß die
beiden Substantive durch ET verbunden wären. Aber so lange
nicht die Bedeutung des Bildes mit Bestimmtheit erkannt ist, muß
jeder Ergänzungsversuch als unsicher erscheinen. Vielleicht veranlassen diese Zeilen und die beigegebene Abbildung eine Erklärung des Bildes und der Inschrift von anderer Seite.

In bezug auf die Herstellung sei noch besonders bemerkt,
daß die Zeichnung offenbar aus freier Hand durch Einritzen
kleiner Strichelchen hergestellt ist. Während die Köpfe der weiblichen Figur und des Knaben zu ihrer Rechten ganz schön sind,
so sehr auch die Körper im einzelnen verzeichnet sein mögen, ist
der Kopf des von der Seite gezeichneten Knaben zur Linken stark
mißraten.

5. Die im Jahre 1882 vorgenommene Ausgrabung bei
Mariamünster hatte ein sehr schönes Trinkhorn zu Tage gefördert,
das im ersten Teile Tfl. II 1 abgebildet ist. Auch die diesmalige
Ausgrabung lieferte ein Trinkhorn, das jedoch eine wesentlich
andere Form hat. (Siehe Tfl. X 6.) Dasselbe hat eine Höhe
von 18 cm und ist vollständig glatt ohne alle Verzierung. Es
wurde zerdrückt im Boden gefunden, konnte aber wieder hergestellt
werden, nur an der Rückseite fehlen einige Stückchen. Wie die

Abbildung zeigt, hat es am oberen Ausguffe einen eingezogenen
Hals und darauf einen umgeschlagenen Rand, so daß es an dieser
Seite unmöglich zum Trinken benutzt werden konnte. Das untere
Ende scheint ein wenig abgebrochen zu sein, doch war dasselbe
jedenfalls auch vorher schon durchbohrt, so daß die zu trinkende
Flüssigkeit hier in einem ganz dünnen Strahl hervortrat, den
man in einer Schale oder auch mit dem Munde auffing. Wir
haben hier das eigentliche Rhyton vor uns. Den Gebrauch desselben und zwar das Auffangen des Getränkes in einer Schale
veranschaulicht z. B. das Fig. 302 in Guhl und Koner, das
Leben der Griechen und Römer, abgebildete Vasenbild. Wenn
man den Strahl mit dem Munde auffing, mußte man natürlich
den Strahl zeitweise unterbrechen können, was wohl in der einfachsten Weise dadurch geschah, daß man durch Auffetzen der
Hand auf den oberen Rand den Zutritt der Luft und damit zugleich das Austreten der Flüssigkeit verhinderte. Für diesen Gebrauch der Rhyta ist beweisend die Stelle bei Athenäus XI 497 e
(τὰ ῥυτὰ κέρασιν ὅμοια εἶναι, διατετρημένα δ'εἶναι · ἐξ ὧν
κρουνιζόντων λεπτῶς κάτωθεν πίνουσιν. d. h. die Rhyta seien
den Hörnern ähnlich, aber durchbohrt; aus diesen (das Getränk)
in einem dünnen Strahle ergießenden Gefäßen trinke man von
unten.) Ein unserem Rhyton ganz gleiches ist bei Arles gefunden
worden und befindet sich in der von Fröhner in dem angegebenen
Werke beschriebenen Sammlung Charvet. (S. a. a. O. Tfl. XXV
103.) In den Bemerkungen hierzu unterscheidet Fröhner diese
Art der Hörner nicht von der häufiger vorkommenden unten ge-
schlossenen Art, zu der das früher bei Mariamünster gefundene
Trinkhorn gehört. Diejenigen Trinkhörner, welche er anführt, z.B. die
in der ehemaligen Sammlung Disch sind unten geschlossen. Dagegen
haben sich zwei unserem Rhyton sehr ähnliche Gläser im Jahre 1885
in einem Grabe bei Aquileja gefunden. (Mitteilungen der K. K.
Central-Commission XI. Jahrg. Neue Folge 1885 S. XLVI.)

6. Interessante Gebilde aus Glas sind auch die kleinen
Kugeln aus Glas mit einer ganz feinen Öffnung und einem
Durchmesser von 3—4 cm, die gewöhnlich als Schminkkugeln bezeichnet werden. Auch bei Mariamünster hat sich eine solche gefunden. (Siehe Tfl. IX 4.) Außer dieser wurden noch zwei,

die in einem mit Ziegeln umstellten Grabe in der Nähe von
Bingen gefunden worden sind, für das Museum erworben. Die
bei Mariamünster gefundene ist von papierdünnem grünlichem
Glase und mit einem weißen Glasfaden umwunden, die beiden
anderen haben gelbe und blaue Farbe. Alle drei haben einen
ganz kleinen Halsansatz und eine Öffnung von der Dicke einer
feinen Nadel. Ob diese Kugeln wirklich bei der Toilette zum
Schminken gebraucht werden konnten, ist der Verfasser nicht im
stande anzugeben, wahrscheinlich erscheint es ihm nicht. Die
Kugeln gleichen sehr den bei uns zum Schmucke des Weihnachts-
baumes verwandten Kugeln und hatten vielleicht auch einen ähnlichen Zweck.

7. Flaschen sind eine größere Zahl in die Sammlung gekommen, einige von sehr eleganter Form. Tfl. X 1 veranschaulicht eine 27 cm hohe, sehr schlank und hübsch gebaute Flasche
aus Engers. Am Fuße derselben ist der hohle Rand mit einer
hellroten Masse ausgefüllt, was das Aussehen der Flasche sehr
verschönert. Tfl. X 2 gibt die 24 cm hohe, in dem Bermersheimer Steinsarge gefundene Flasche wieder. Der Fuß derselben
ist zwar nicht so elegant wie der der vorigen, dafür ist sie mit
einem zierlichen, aus zwei Glasstäben geflochtenen Henkel versehen. Auch in Mariamünster wurde ein schönes kleineres
Fläschchen dieser Form gefunden. Von der anderen Form mit
kugelförmigem Bauche und entweder nach oben sich erweiterndem
oder cylinderförmig aufsteigendem Halse wurden eine größere Anzahl gefunden, eine der größten ist als Beispiel Tfl. IX 1
wiedergegeben. Dieselbe ist 27 cm hoch, hat einen Bauchumfang
von 58 cm und hat durch Oxydierung eine sehr schöne grüne
Farbe angenommen. Auch von der Form der Teil I Tfl. II 3
abgebildeten großen cylinderförmigen Flaschen mit zwei am oberen
Rande ansitzenden breiten Henkeln von der Länge des Halses
hat sich in demselben Sarge, in dem das Gesichtsglas stand, eine
Flasche gefunden. Dieselbe ist dünner (Durchmesser $9^{1}.\mathrm{z}$ cm) und
niedriger (32 cm) als die früheren, die eine Höhe von 43 cm
haben. Von ähnlicher Gestalt, nur bedeutend niedriger und mit
Reifen versehen sind die tonnenförmigen Flaschen aus grüngelbem
Glase, die zum Teil den Fabrikstempel des Frontinus tragen,

weshalb oben S. 83 f schon von denselben gesprochen worden ist. In größerer Zahl fanden sich die kleinen viereckigen Fläschchen, meist aus bläulichem Glase mit breitem Henkel und ohne alle Verzierung, ebenso die noch niedrigeren grünlichen Fläschchen aus dickem Glase von der Gestalt des Tfl. X 3 wiedergegebenen. Die kleinen Salbfläschchen verschiedener Form übergehen wir und erwähnen nur noch ein ganz kleines, bei Mariamünster gefundenes, 5½ cm hohes flaches Fläschchen aus weißem Glase mit 2 schönen aus blauen Glasfäden gebildeten Henkelchen, oder vielmehr Verzierungen an den beiden Seiten. (Siehe Tfl. IX 4.)

Von den Glasbechern veranschaulicht Tfl. VIII 3 ein schönes, 12 cm hohes Exemplar, das übrigens in der Mitte steht zwischen Kanne und Becher und von der gewöhnlichen, in zahlreichen Exemplaren vertretenen Form der Becher, wie sie Teil 1 Tfl. II 5 veranschaulicht, abweicht.

Von den abweichend von den oben besprochenen stärker gewölbten Schalen sind Tfl. X 4 u. 5 zwei wiedergegeben, von denen die erstere oben mit einem flachen Rande, die andere aber in halber Höhe mit einem breiten, gewölbten und nach unten umgebogenen Rande versehen ist. Endlich sei noch auf eine große in Mariamünster gefundene Schale mit aufgesetzten großen blauen Nuppen hingewiesen.

Wir haben in den letzten Zeilen im Anschluß an die beigegebenen Abbildungen wenigstens auf einige Hauptarten der neuen Gläser hingewiesen. Es sind unter denselben noch viele zur Besprechung einladende Exemplare, doch verbietet der dieser Arbeit zugemessene Raum, noch weiter auf dieselben einzugehen.

d. Zur militärischen Ausrüstung gehörende Gegenstände.

Zu den Teil I S. 114—118 in diesem Abschnitte aufgezählten Gegenständen militärischer Ausrüstung sind seitdem nur 3 italische Schleuderbleie mit den oben Seite 84 angegebenen Inschriften hinzugekommen.

Das Teil I schon erwähnte bei der Fundamentierung des Treppenhauses am Stadthaus gefundene Ortband einer römischen Schwertscheide veranschaulicht Tfl. XIII 3.

Endlich sei hier noch erwähnt, daß sich in dem in Flonheim gefundenen fränkischen Fürstengrabe, dessen Inhalt jetzt eine Hauptzierde des Paulus-Museums bildet, statt des Skramasaxes ein römischer Gladius gefunden hat, höchst wahrscheinlich ein Beutestück. Leider ist das Schwert nur teilweise erhalten.

e. Zur häuslichen Einrichtung, zur Kleidung, zum Schmucke und zum Spiele dienende Gegenstände.

Die hierher gehörigen Gegenstände sind in den Tischen unter dem Orgeleinbau ausgestellt und sollen hier nach der im ersten Teile gewählten Reihenfolge aufgezählt und, wo es nötig erscheint, mit einigen Bemerkungen begleitet werden.

1) Zu den früher schon ausgestellten Stücken bemalten Stucks sind eine Anzahl auf dem Tafelacker von Dörr und Reinhart gefundene hinzugekommen.

2) Stücke einer kleinen Wage aus Engers; desgl. ein Stück aus Alsheim.

3) Ein schönes 3 1/2 cm hohes Tintenfäßchen aus Bronze mit noch beweglichem Deckel aus Kreuznach.

4) Mehrere Schreibgriffel (stili) aus Bronze und Knochen, zum Teil mit Reischen verziert.

5) Eine Bronzeschüssel (siehe oben S. 45 f) und ein topfartiges Bronzegefäß aus der Umgegend von Mainz. Dasselbe ist mit 2 durch Vernietung hergestellten Reparaturen versehen. Höhe desselben 22 cm, Durchmesser der Öffnung 12 cm.

6) Eine Schöpfkelle aus Bronze mit einem 20 cm langen, wagrecht abstehenden Stiele. Die Kelle hat einen Durchmesser von 8 cm. Auf der unteren Seite ist dieselbe mit einigen konzentrischen Kreisen verziert.

7) Eine kleinere Schöpfkelle mit flachem Boden und senkrecht in die Höhe stehendem Stiele aus Bronze, eine sogenannte trua oder trulla zum Ausschöpfen des Weines aus dem großen Mischkruge. Die Kelle hat einen Durchmesser von 5 cm und eine Höhe von 2 cm, der Stiel ist nur noch in einer Länge von 10 cm vorhanden, das Ende ist abgebrochen. Auf der Außenseite sind die

Kelle sowohl wie der Stiel durch verschiedene eingravierte Linien verziert.

8) Ein Durchschlag (colum) aus Bronze mit schönem, durch die Löcher gebildeten Muster, ähnlich dem von Guhl und Koner, Leben der Griechen und Römer, Fig. 451 k abgebildeten. Der Durchschlag hat einen Durchmesser von 8 cm, der wagrecht abstehende Stiel eine Länge von 20 cm.

9) Ein Bronzelöffel (ligula) mit abgesetztem, oben spitz ohne Verzierung auslaufendem Stiele; zwei kleinere derartige Löffel aus Bronze mit abgesetztem Stiele und verziertem Stielende, ein schwerer Löffel aus Blei mit gegliedertem Stielende, vier Bronzelöffel mit runder Höhlung und geradem, nicht abgesetztem Stiele mit spitzem Ende (cochlear), ein ähnliches kleines Löffelchen aus Knochen und ein Löffelchen aus Weißmetall.

10) Ein Stiel eines Zuschlagemessers aus Bein, $9^1/_2$ cm lang. Derselbe ist durch verschiedene Linien und einen schmalen, schön gegliederten Ansatz am unteren Ende verziert. Ferner verschiedene Röhrchen aus Knochen, wahrscheinlich Stiele von Messern.

11) Ein Messergriff (?) aus Bronze aus einem römischen Grabe bei Engers. Derselbe stellt einen flach aufliegenden, den Kopf auf die Vorderpfoten duckenden Hund vor.

12) Mehrere bei Mariamünster gefundene Messer aus Eisen.

13) Ein eigentümliches 10 cm langes Instrument aus Eisen. Der Stiel desselben verdickt sich nach hinten ein wenig und bricht stumpf ab ohne jede Verzierung: wo er nach vorn in den 1 cm langen, etwas breiteren und keilförmig zugespitzten Teil übergeht, ist er ein wenig verziert.

14) Mehrere verzierte Knöpfe aus Bronze und kleine Beschlagstücke, darunter eins mit einem trompetenförmigen Ornament.

15) Zwei Pincetten aus Bronze (im ganzen jetzt 10 von den verschiedensten Formen).

16) Beschläge von Verbrennungskisten sind auch in den zwei letzten Jahren, wie oben angegeben, wiederholt gefunden worden, ebenso sind aus Engers ein Schloßblech und verschiedene wahrscheinlich zu dem Beschläge eines Kästchens gehörende Ringe und Henkel aus Bronze in das Museum gekommen.

17) 6 weitere Bronzeschlüssel (im ganzen jetzt 12) von verschiedener Form und 2 Griffe von solchen. Einige der Schlüssel sind Hohlschlüssel. Besondere Beachtung verdienen drei kleine Ringschlüssel, von denen der eine bei Mariamünster zusammen mit dem noch zu erwähnenden Spiele gefunden worden ist. An dem Bronzering sitzt ein kleines, ziemlich flach· auf dem Finger aufliegendes Schlüsselchen auf.

18) Ein kleiner Schloßriegel mit Löchern für einfallende Stifte (man vergl. das im ersten Teile unter Nr. 23 S. 121 Gesagte.)

19) Ein viereckiger bei Mariamünster gefundener Handspiegel aus Weißmetall, dessen Fläche zum größten Teile noch spiegelt. Derselbe ist 93 mm lang und 8 cm breit.

20) Ein kreisrunder Spiegel von $8^1/_2$ cm Durchmesser aus Weißmetall. Derselbe ist ein klein wenig gewölbt, auf der Hohlseite durch eine Anzahl Kreise ornamentiert, auf der anderen Seite ohne alle Verzierung und teilweise noch spiegelnd. Mit demselben ist ein kleiner $^1/_2$ cm breiter Streifen aus dem gleichen Metalle mit einem erhöhten Knopfe am Ende gefunden worden. Zu welchem Zwecke derselbe diente, muß dahin gestellt bleiben.

21) Zwei ineinander passende Schalen von Weißmetall mit einem Durchmesser von etwas über 10 cm; wahrscheinlich sind die beiden Schalen ein Hohlspiegel mit dazu gehörigem Deckel, der zugleich als Konverspiegel dienen konnte. (Siehe Teil I S. 122.) Spuren eines Charniers sind allerdings nicht vorhanden.

22. Ein S t r i e g e l (strigilis) aus Bronze, eines der bekannten zum Abreiben der Haut beim Baden gebrauchten Schabeisen. Dasselbe hat, mit dem umgebogenen Teile gemessen, eine Länge von $28^1/_2$ cm, der umgebogene Teil ist 9 cm lang. Es besteht aus dem eigentlichen Schaber und dem nahezu 10 cm langen Griffe. Der Schaber ist an der Innenseite vertieft, die etwas gewölbte Außenseite ist mit einem einem Schilfblatte ähnlichen Ornament verziert. Der Griff zeigt deutlich, daß er früher wahrscheinlich mit einer Hornplatte oder mit Email belegt war.

23. Drei kleine, etwa $1^1/_2$ cm im Quadrat große Weihrauchkapselchen und ein rundes, alle mit drei Öffnungen an der einen Seite. Die obere glänzende Seite des runden ist mit drei zweigartigen Ornamenten in Niello verziert.

24. Verschiedene Spinnwirtel: wir erwähnen insbesondere den halbverkohlten aus Gagat (siehe oben S. 28), einen aus Knochen und einen aus Glas. Der aus Knochen ist auf der einen Seite leicht gewölbt, auf der anderen flach und mit konzentrischen Kreisen verziert, der aus Glas ist nach beiden Seiten gewölbt, hat einen Durchmesser von etwas über 3 cm und ist schneckenhausähnlich gewunden.

Zur Kleidung und zum Schmucke dienende Gegenstände.

1. Eine römische Sandale mit zum größten Teile erhaltenem Riemenwerk; der Veranschaulichung wegen ist dieselbe über einen Fuß aus Gips gezogen. Gefunden wurde dieselbe, ebenso wie die gleich noch weiter anzuführenden Schuhteile vor einer Reihe von Jahren in Mainz, und zwar gehörte sie zu dem großen Funde von Ledersachen und Schuhmachergeräten, der mit Ausnahme weniger Stücke im Mainzer Museum aufbewahrt wird.

2. Zwei größere Sandalensohlen, die eine mit, die andere ohne Nägel, und eine kleine Sandalensohle für ein Kind.

3. Ein Stück Leder mit Fabrikstempel.

4. Drei Stücke Gewebe von einem römischen Gewande, gefunden mit anderen römischen Sachen in Mainz.

5. Ein Gürtelkrappen aus Bronze.

6. Eine größere Anzahl von Gewandnadeln, sogen. Fibeln, aus Bronze, einige vergoldet oder versilbert. Zu den im ersten Teile Seite 123 bereits besprochenen Formen sind noch verschiedene charakteristische neue Formen hinzugekommen, so insbesondere zwei bei Bingen gefundene schnallenförmige Fibeln, mehrere frührömische Fibelformen, eine weitere sehr schön vergoldete Armbrustfibel, verschiedene Fibeln mit verziertem Bügel, eine z. B. mit dem oben erwähnten Stempel, eine andere mit einem kleinen Kopfe und der Darstellung eines Gladiators. Doch können wir auf die Einzelheiten nicht weiter eingehen, besonders da es nicht möglich war, dieselben auch durch bildliche Darstellung zu veranschaulichen. Nur auf die jetzt in der Zahl von 17 Stück vorhandenen Emailfibeln mag noch besonders hingewiesen werden. Eine derselben veranschaulicht Tfl. XVI 3, mehrere bestehen aus

einer runden, in verschiedene Felder eingeteilten Scheibe mit einem erhöhten Knopfe in der Mitte, zwei andere haben eine kegel= förmige Gestalt (etwa wie ein fränkischer Schildbuckel), eine hat die Gestalt eines halben Rades mit mehreren kleinen Zacken am Rande, eine andere, leider stark zerstörte, die eines ganzen Rades mit einem Kreuze statt der Speichen in der Mitte. Erwähnt sei hierbei endlich auch ein emaillierter Knopf aus Bronze.

7. Haarnadeln zum Feststecken des Haares. Zu den früher vorhandenen sind mehrere aus Bronze und Knochen und zwei aus Gagat hinzugekommen. Ein sehr feines Nädelchen hat einen aus 5 Perlen gebildeten Knopf.

8. Von den jetzt durch 11 Stück vertretenen Aufsteckkämmen (siehe Tfl. XIII 2) ist oben Seite 149 schon gesprochen worden. Bei denselben liegt ein für einen solchen Kamm vorbereitetes, aber noch nicht eingesägtes Knochenstück von 12 cm Länge und ein anderes trapezförmiges von 63 mm Länge, das an der Schmalseite bereits angekerbt ist.

9. Außer diesen Kämmen ist aus einem auf dem Gebiete der Kunstwollfabrik gefundenen Steinsarge ein schöner 13 cm breiter Toilettenkamm hinzugekommen. Derselbe hat einen $5^1/_2$ cm hohen reich verzierten Rücken. Siehe die Abbildung Tfl. XIII 1.

10. Ein auf beiden Seiten eingesägter, 7 cm langer und 6 cm breiter Staubkamm, gefunden in Mainz, zusammen mit anderen römischen Sachen.

11. Verschiedene der sogen. Melonenperlen.

12. Eine Halskette, bestehend aus 12 ungefähr $2^1/_2$ cm langen, oben und unten durchbohrten Bernsteinstäbchen.

13. Ein herzförmiger Anhänger aus Bronze.

14. Mehrere Hals= und Armringe aus Bronze von ähnlichen Formen wie die früher bereits vorhandenen. Ein Halsring mit dem Teil I S. 124 besprochenen knopfscherartigen Verschluß hat sich auch bei den letzten Ausgrabungen in Mariamünster wieder gefunden, auch sei auf zwei Armringe mit eigentümlichem federnden Verschlusse besonders hingewiesen. Vergl. Lindenschmit, Altertümer unserer heidnischen Vorzeit, zu Tfl. 3 des 5. Heftes des 2. Bds., wo ähnliche Ringe abgebildet sind.

15. Ein kleiner goldener Ohrring aus dünnem Golddrahte, gefunden in einem sonst ausgeraubten Steinsarge bei Mariamünster.

16. Mehrere Ringe aus Bronze und Horn in verschiedenen Größen.

17. Ein ganz kleiner Stein mit vertieft eingeschnittener Figur: derselbe hat leider durch das Feuer des Leichenbrandes stark gelitten.

Hieran reihen wir noch mehrere zum Pferdegeschirr gehörige Gegenstände, nämlich:

18. 5 Phalerä, rund verzierte Bronzescheibchen von 5½ cm Durchmesser, die eine ist in der Mitte mit einem Kopfe verziert, zu einer anderen gehört ein in Bronzeblech getriebenes Köpfchen, eine dritte hat Verzierungen in Niello.

19. Ein 9 cm breites Kummetbeschläg aus Bronze, gefunden an der „Gutleutbrunnen" genannten Stelle südlich von Maria- münster.

Daß wiederholt Spielsteine bei Mariamünster gefunden worden sind, darunter einer aus Mosaikglas, ist oben schon er- wähnt worden. Besonders hingewiesen sei nur nochmals auf das mit einer Glasschale und einem Ringschlüssel zusammen gefundene vollständige Spiel aus 25 durch Farbe und Ornament in 5 Ab- teilungen zerfallenden Steinen. Dabei lagen zwei in der Mitte durchbohrte Bronzescheibchen und ein in der Mitte eingekerbter Griff aus Horn.

f. Chirurgische Instrumente.

1. Eine feine silberne Sonde.

2. Drei weitere Schröpfköpfe aus Bronze. Nach Fröhner La verrerie antique S. 102 gibt es auch solche aus Glas; es dürfte von Interesse sein, daß vor einigen Tagen an der Hermann- straße in römischem Schutte (siehe oben S. 32) ein ganz dünn- wandiges Thongefäß genau von derselben Form und Größe wie die Schröpfköpfe aus Bronze gefunden worden ist. Es ist deshalb neben denselben im Museum aufgestellt.

g. Werkzeuge und Handwerksgeräte.

1) Eine ganz dünne Bronzenadel, oben und unten in zwei Arme gespalten, unseren Filetnadeln ähnlich.

2) Ein ähnliches bei Mariamünster gefundenes, etwas dickeres Bronzeinstrument, bei dem die beiden Arme weiter auseinander gebogen sind; ein drittes Instrument von derselben Form findet sich in der im ersten Teile bereits besprochenen Sammlung chirurgischer Instrumente des Herrn Major von Heyl. Bei allen dreien stehen die vier Arme auf den beiden Seiten nicht in einer Ebene. Die Länge der Instrumente beträgt bei dem ersten 17½ cm, bei dem zweiten 20 cm, bei dem des Herrn Major von Heyl 13½ cm.

3) Ein Feuerstahl, zusammengerostet mit einer Schere.

4) Eine Beißzange.

5) Mehrere eiserne Haken.

6) Verschiedene im römischen Schutte gefundene Mühlsteine: im ganzen sind es jetzt sechs Stück und mehrere Bruchstücke von solchen.

Am Schlusse dieser Übersicht über den Zuwachs der römischen Abteilung des Paulusmuseums in den letzten zwei Jahren fühlt sich der Verfasser gedrungen, nochmals seiner Freude über die unsere Sammlung so wesentlich ergänzende und vervollkommnende Bereicherung Ausdruck zu geben und damit zugleich den Wunsch zu verbinden, daß das Glück derselben auch fernerhin gewogen bleibe, und daß dem Paulus-Museum, das echtem Bürgersinne und edler Begeisterung für die große Vergangenheit der Vaterstadt seine Entstehung verdankt, immer mehr die Gunst und Förderung der ganzen Bürgerschaft zu teil werde.

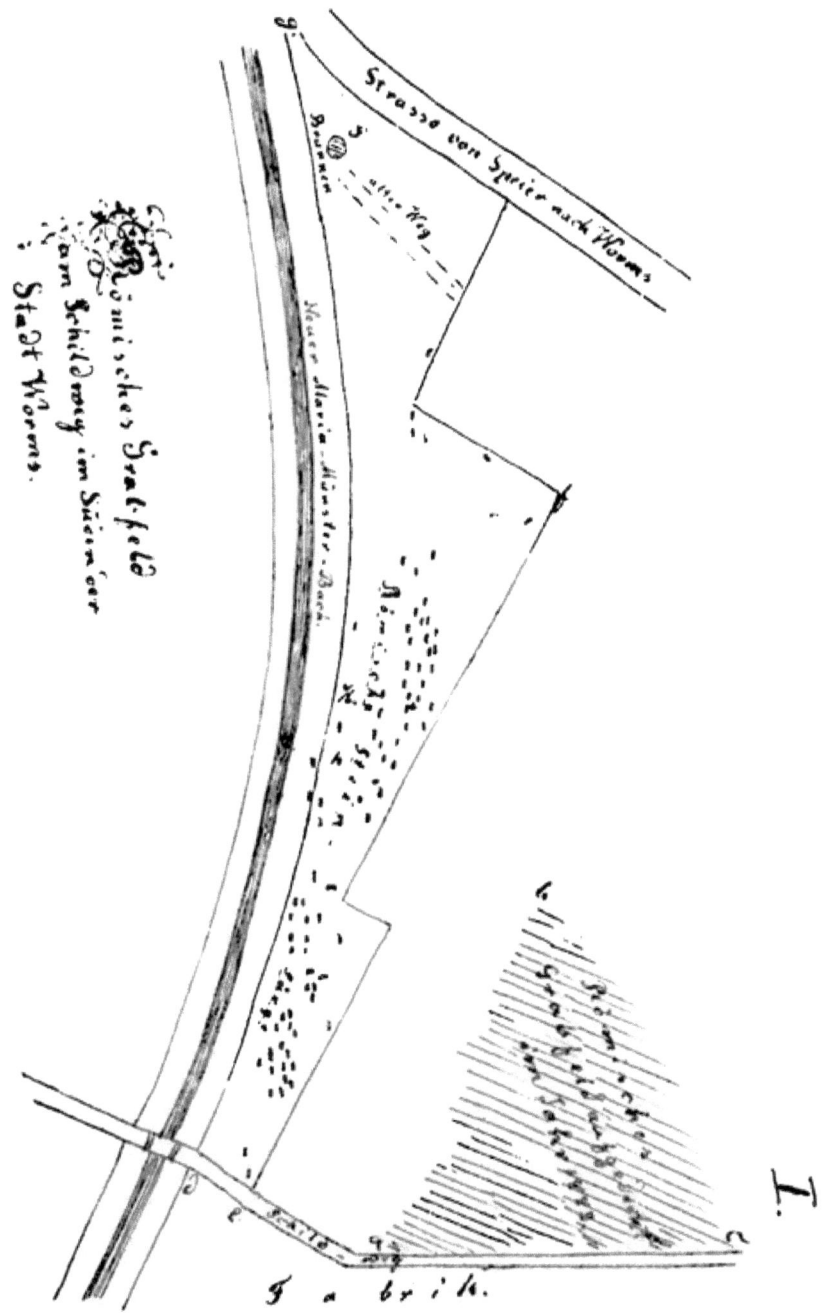

Strasse von Speier nach Worms

Brunnen

alter Weg

Neuer Maria-Münster-Bach

Römisches Grabfeld
am Schildweg im Südwesten
Stadt Worms.

Fabrik.

Norden.

I.

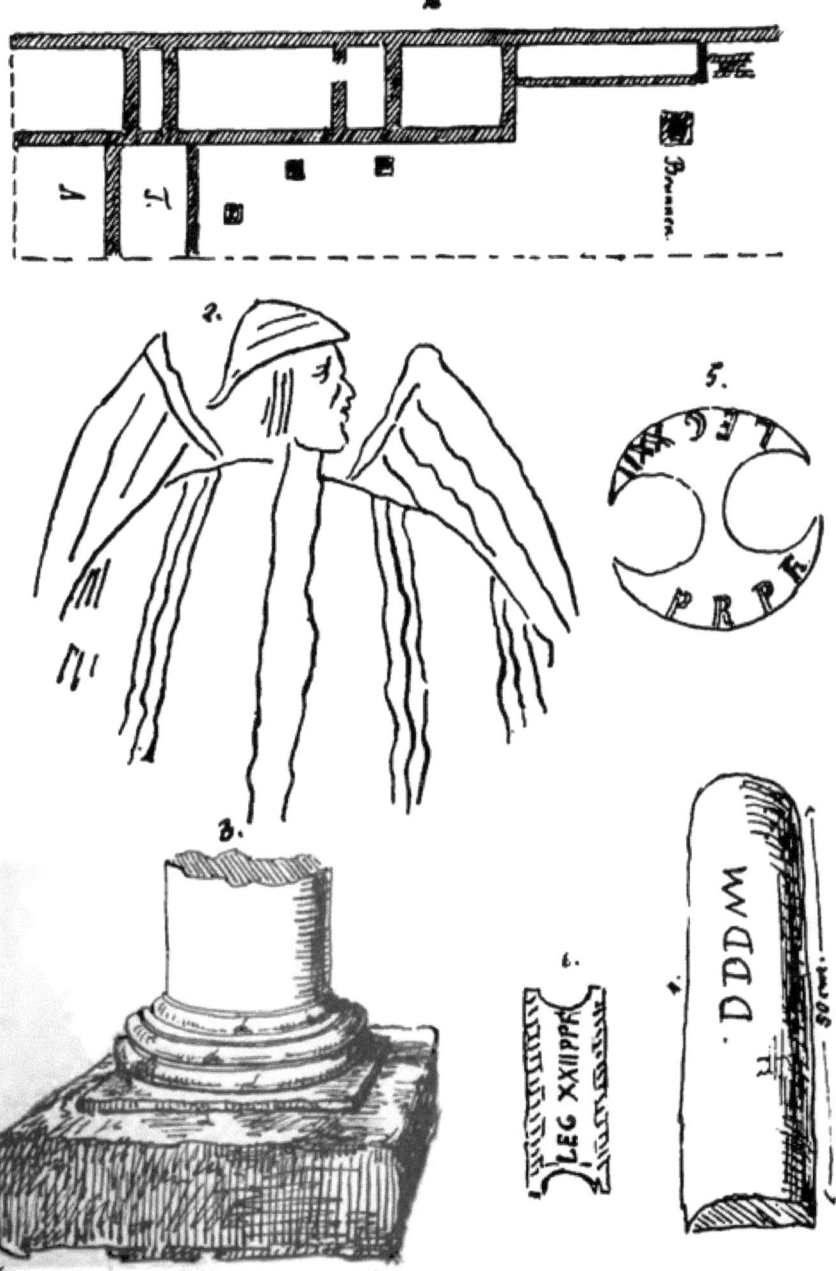

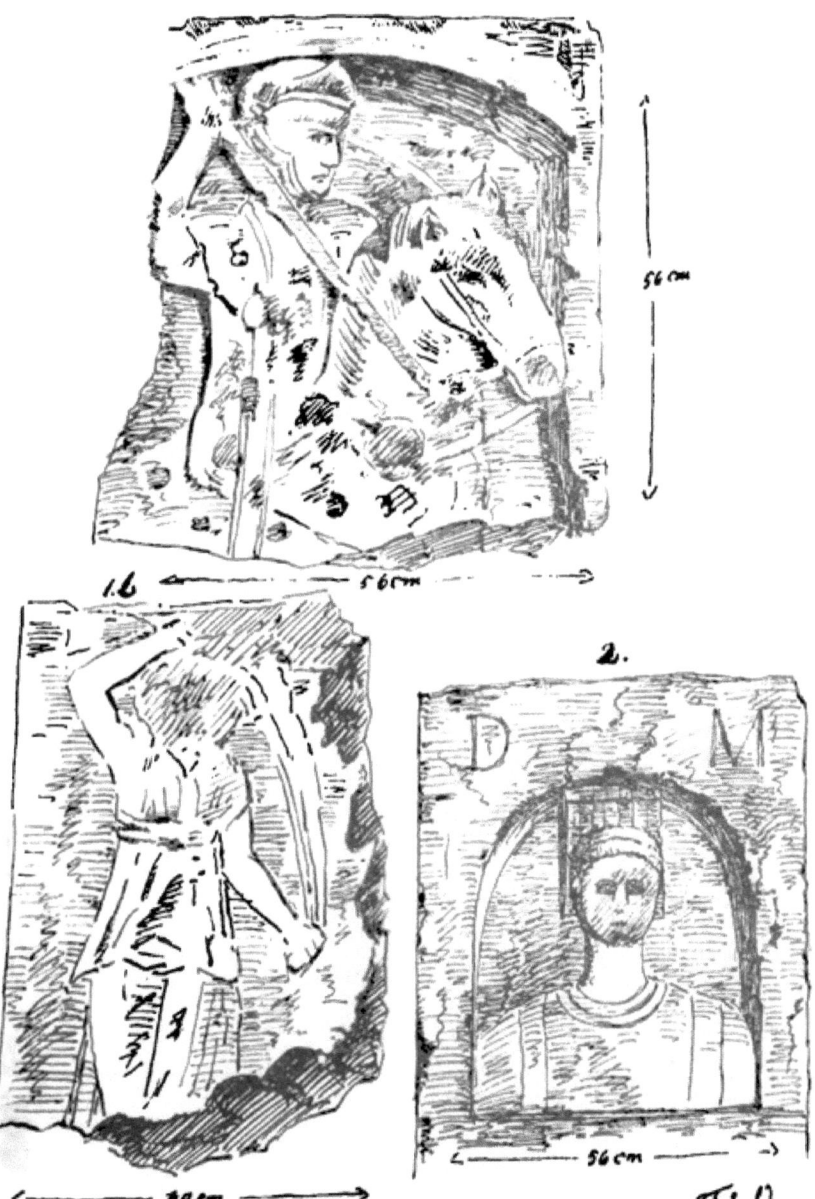

III

1. a.

56 cm

56 cm

1.b.

40 cm

2.

D M

56 cm

T. Solden

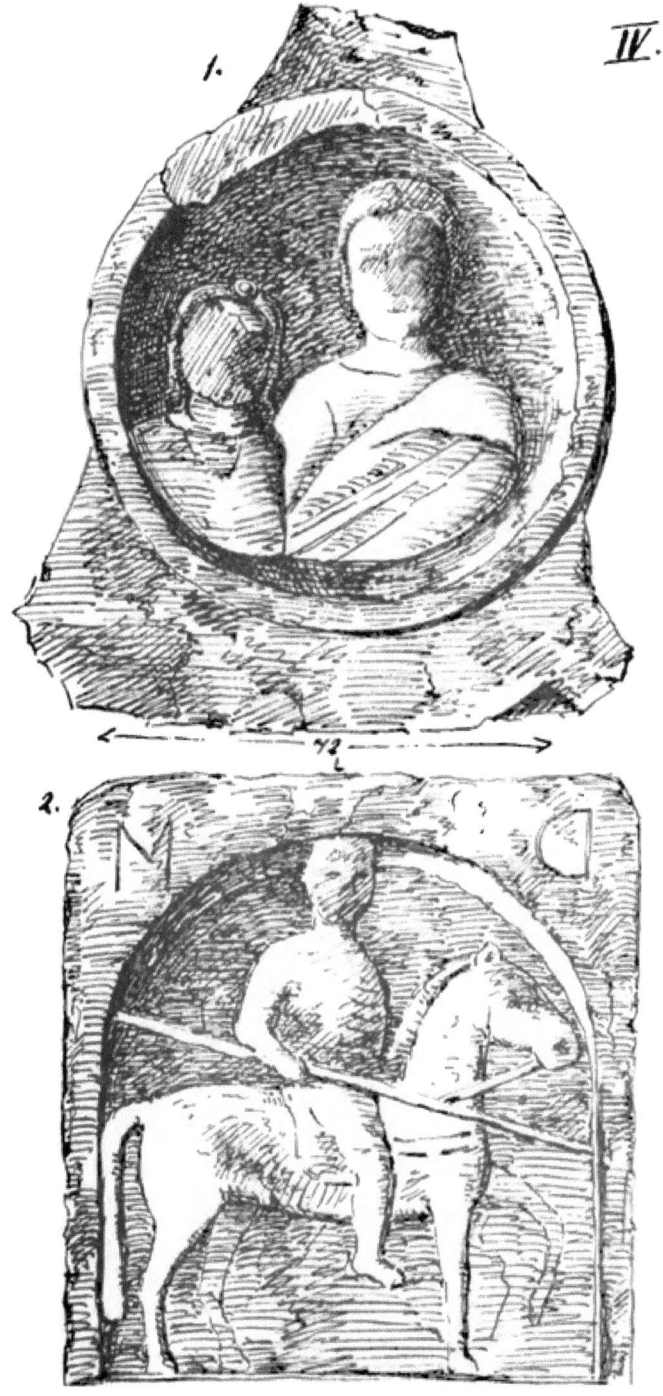

1.

SEV·LVRLO·IVENI·QVI
VET·AI·XXV·M·VE·SEVRIO
FLORNINQ·FRÆR·QV·AN
XXII·M·X·NEGOTIAE·C·AD·
LICONIVS·MER·INFELIX·QV
SIBIAILIS·OPAV·FIERI·CON
Z·AVOTVM·FILIS·NEN

2.

F.Soldan

VI

1

20cm

21

48 cm

T. Joldan.

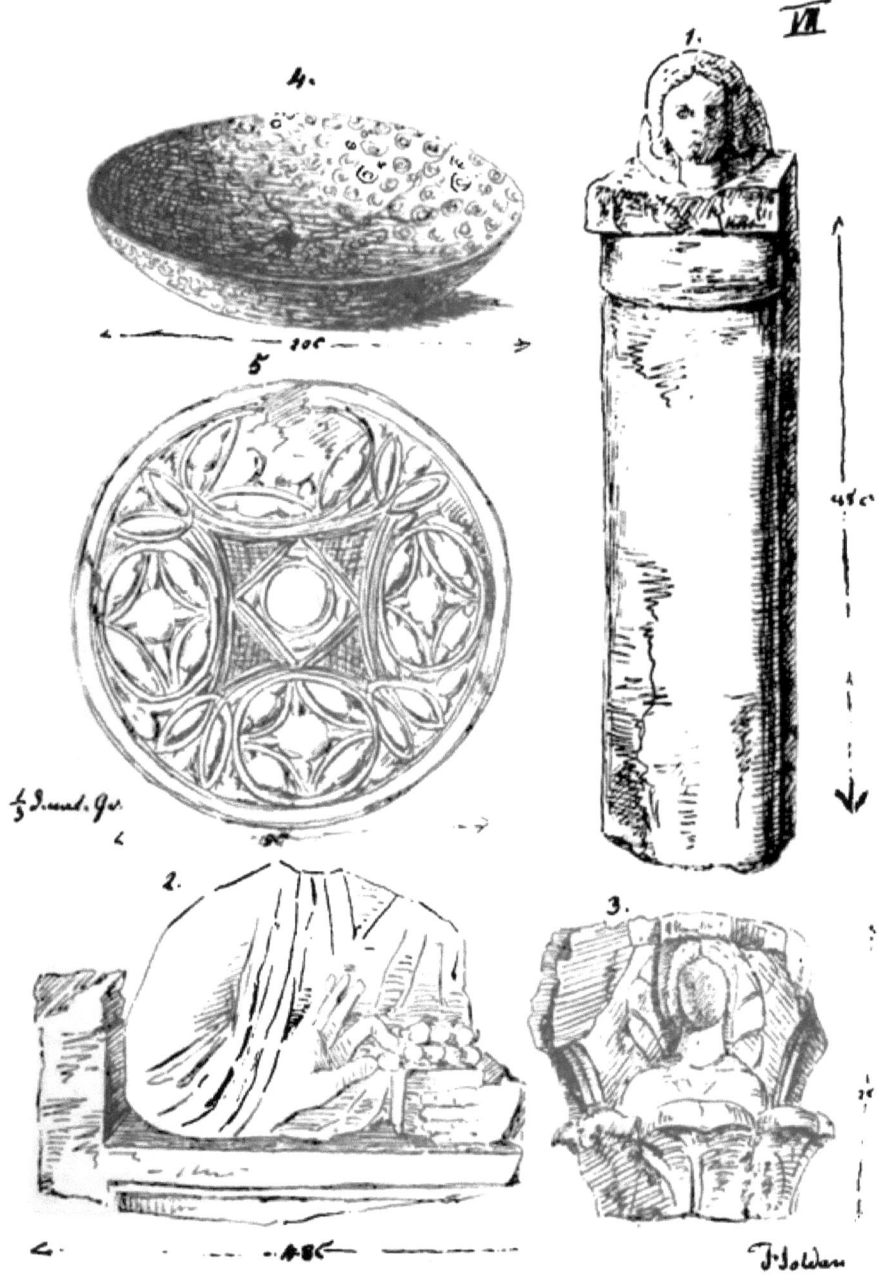

VII

4.

5.

1.

2.

3.

⅓ Grand. Gr.

J. Solden

1a

1b.

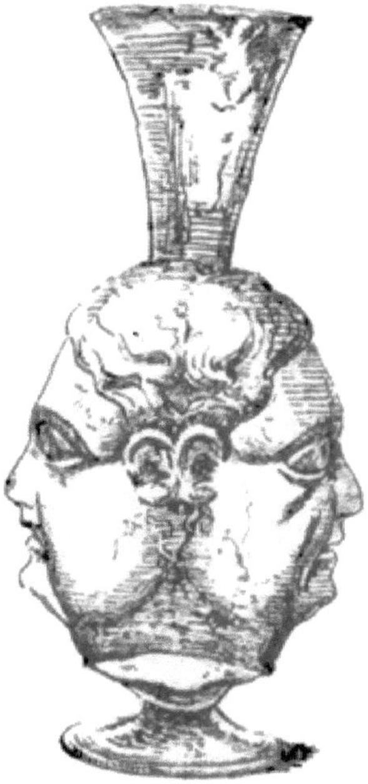

26 cm h

26 cm. h.

2.

3.

← - - - - - - 19 cm - - - - - →

12 cm hoch.

IX

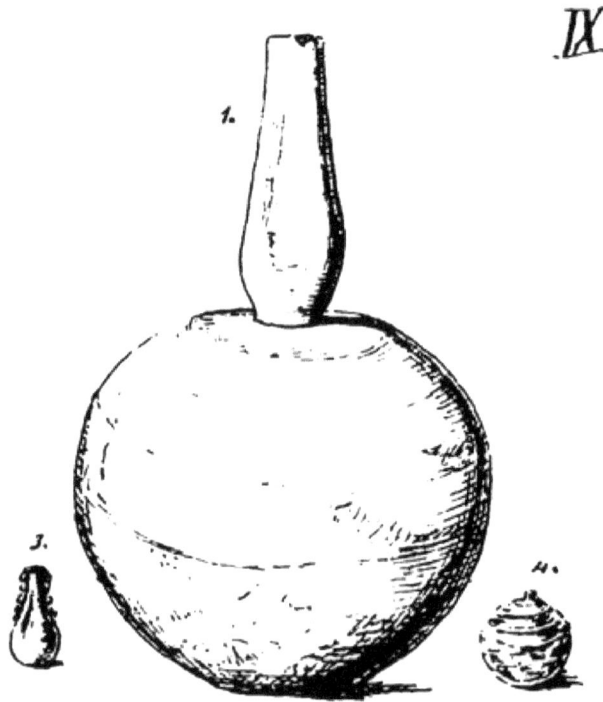

27 cm h.

⅓ d. nat. gr.

18 cm h.

F. Soldan.

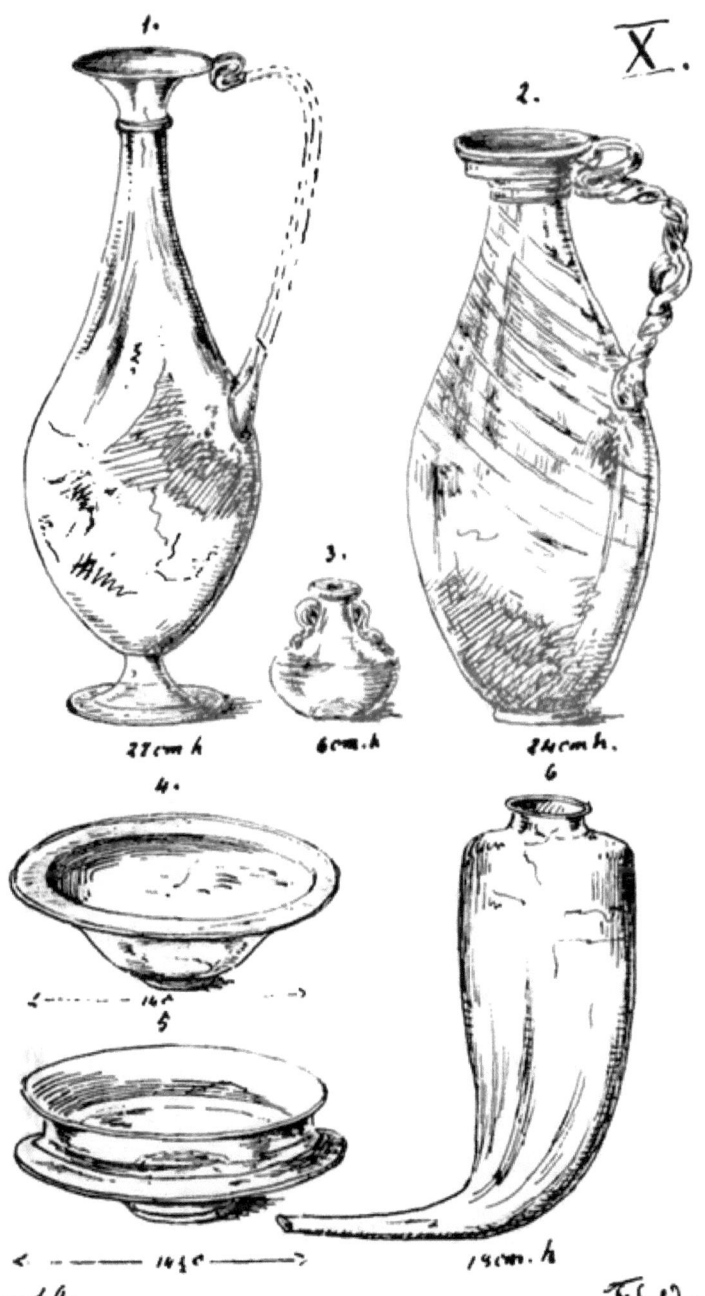

1.

2.

X.

3.

27 cm. h   6 cm. h   24 cm. h

4.   6

5.

14 c   14 c   19 cm. h

F. Soldan

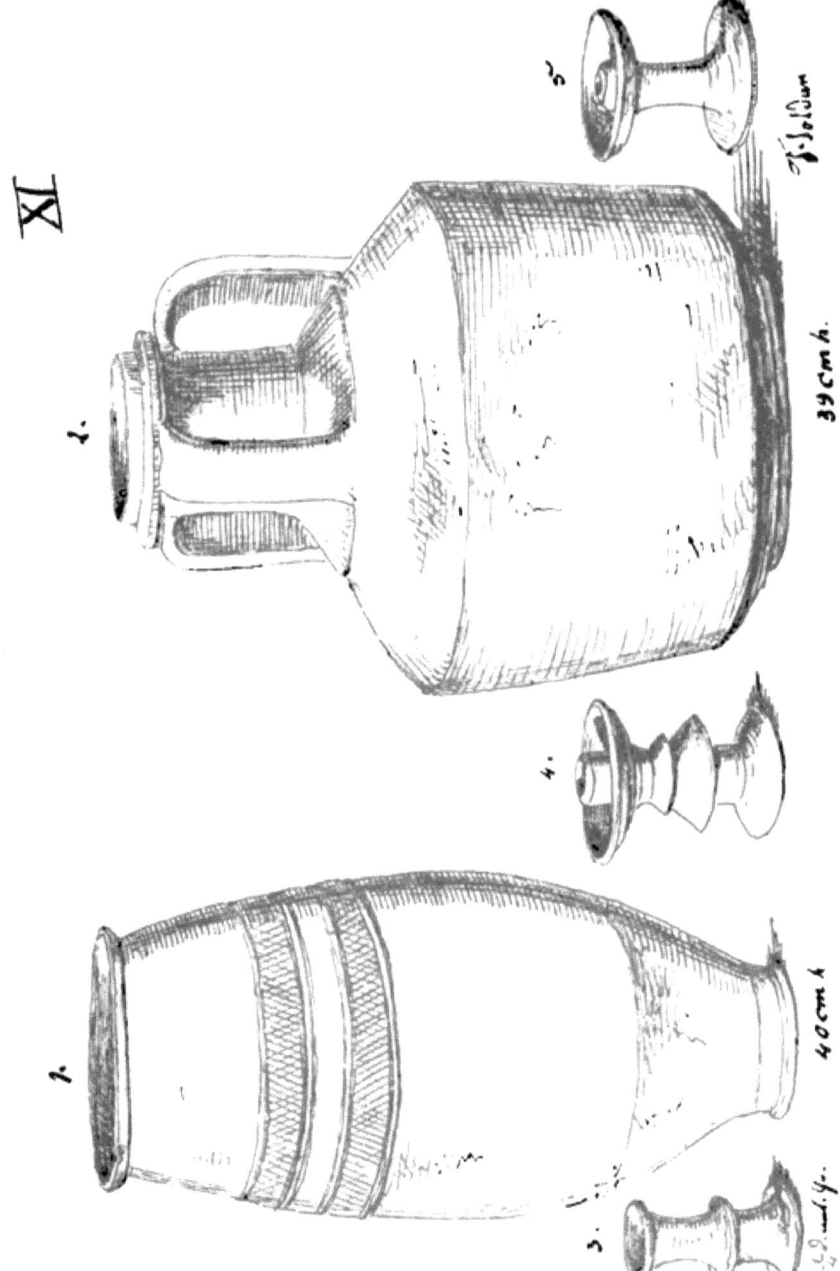

XI.

1.

2.

3.

4.

5.

39 cm h.

40 cm h.

XII.

1.

14½ cm h.

2.

18 cm h.

3.

4.

16 cm h.

12 cm h.

5.

6.

24 cm h.

17 cm h.

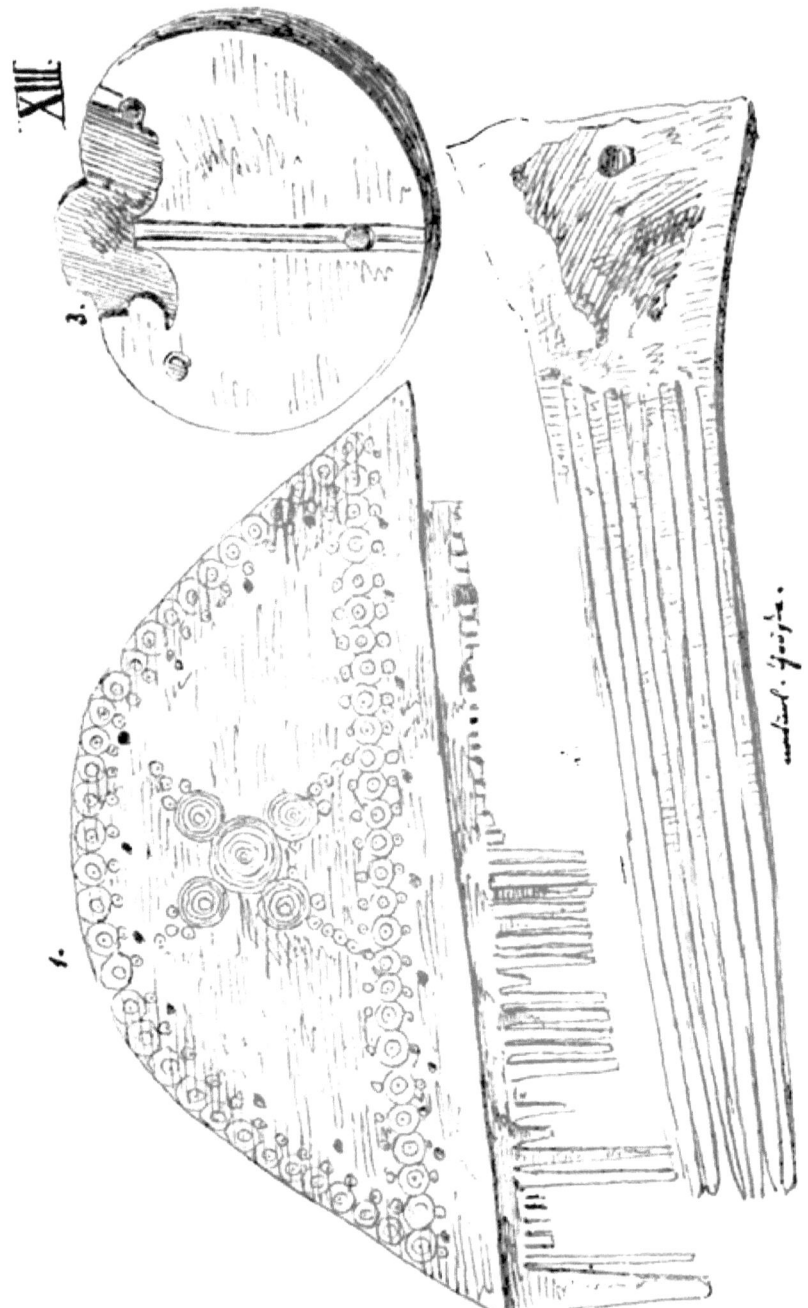

XII.

16.

1. INIMICORVM NOMINA
2. DEFIXVS SILENS ADIMPI
3. DANNILINI · · · TISSO
4. NICINVSANMONIS
5. LATINVSVALIRI
   NDINTOR IVLI
6. HIRCIVSCOMITI
7. MANSVITTVSSIINOTALIVM
8. MONTANVS
9. ANINVS MATVRIKRIVS
10. QVARTIO SINI I
11. SINI ENIKINIHY
12. INTVMIKRVS KANIIY
13. SIMILIS CRISCIINTIS
14. LVCANVSSIONIS
15. COMMVNIS MIIRKTORIS
16. FILLIVS OFILLIONIS
17. NVMTISS IN SILVM

I IANVVISVSIOY

CONSVMMTI

INIMICORVM
NOMINA AD
INFIK OF ILLA

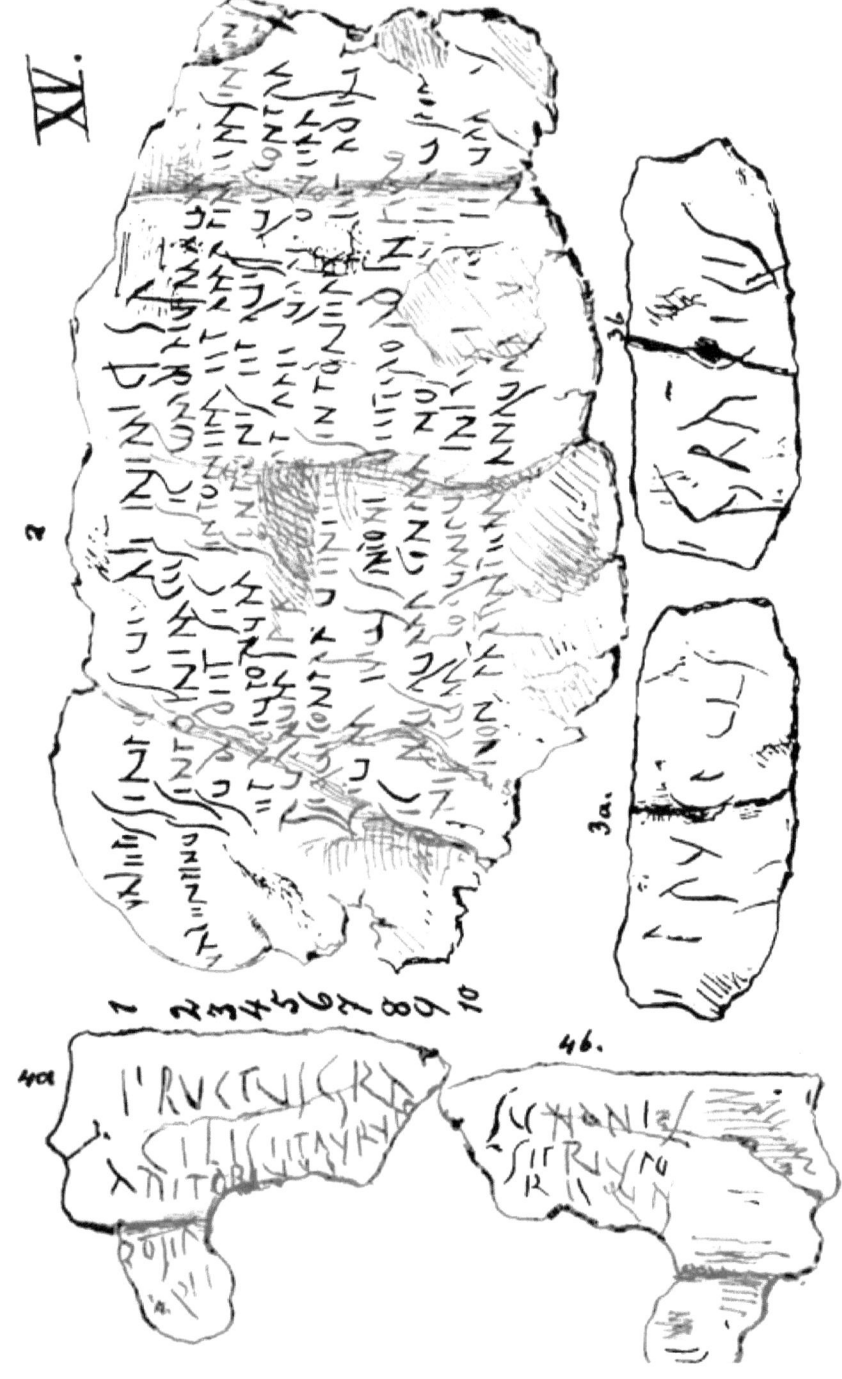

XVI

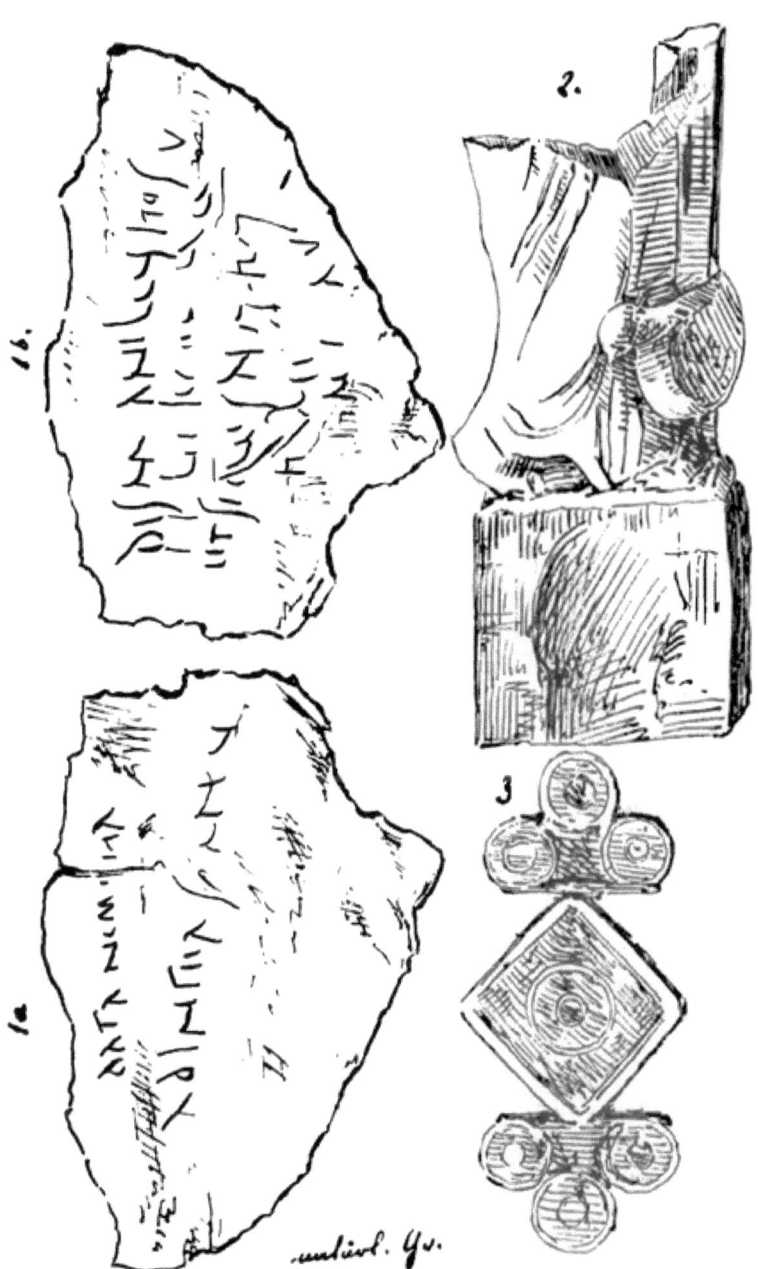